Journal of the Study of Premodern Multilingual Textbooks

譯學과 譯學書

第 5 號

2014. 3

國 際 譯 學 書 學 會

譯學과 譯學書 ·第5號·

目 次

· *Lao Qita* and *Piao Tongshi* ······························ Chung, Kwang··005

· Study on Directly Interpreted Books ························· Yang, O-Jin···059
  on Chinese Studies (直解類漢學書)

· 近代以來汉籍西学在东亚的传播研究 ······················· 張西平···101

· 中韩译学机构研究 ··· 张 敏···125

· 关于≪蒙语老乞大≫研究的三个问题 ························ 陈岗龙···137

· 国际俗字与国别俗字 ··· 何华珍···153
     —基于汉字文化圈的视角—

· 活字本『老乞大諺解』における印出後の訂正について ················ 竹越孝···171
     —奎章閣所藏本を中心に—

· 『老朴集覽』引書考 ·· 田村祐之···205

· 한중연 소재 만한합벽(滿漢合璧) 영조(英祖) ························· 김양진···231
  고명(誥命) 자료의 만문(滿文)에 대하여

▪ 2014년 국제역학서학회 제6차 학술대회 일정 ·················· 255
▪ 국제역학서학회 임원 현황(학회 조직) ························· 257
▪ 국제역학서학회 회칙 ··· 258
▪ 학회지 논문의 편집 방침 ····································· 264

Lao Qita and Piao Tongshi*

Chung, Kwang

(Korea, Korea University)

\<Abstract\>

\<노걸대\>와 \<박통사\>

이 논문은 조선시대의 한어 학습 교재인\<노걸대\>와 \<박통사\>(이하 \<노박\>으로 약칭)와의 상호 관계에 대하여 고찰한 것이다. 두 교재가 모두 한어의 本業書로 기본 교과서이었으며 \<노박\>은 원래 元帝國의 공용어였던 漢兒言語를 교육하기 위하여 편찬된 것으로 중국에서 공용어의 변천에 따라 \<원본 노걸대\>, \<산개노걸대\>, \<노걸대신석\>, \<중간노걸대\> 등과 \<원본 박통사\>, \<산개박통사\>, \<박통사新釋\>으로 변천하였다. 그리고 훈민정음의 발명으로 刪改本을 번역한 {번역}\<노걸대\>가 있었으며 倭亂·胡亂 이후에 이를 다시 언해한 \<노걸대諺解\>가 간행되었다. 이어서 \<新釋노걸대諺解\>와 \<重刊노걸대諺解\>도 차례로 간행되었다. \<박통사\>도 한글 발명 이후에 산개본을 번역한 {번역}\<박통사\>가 있었고 \<박통사新釋諺解\>도 간행되었다.

\<노박\>은 거의 동 시대에 편찬된 것이며 \<박통사\> 제39과 '高麗和尙(고려 중)'에 등장하는 步虛和尙이 元의 大都에서 설법한 丙戌년과 \<노걸대\> 제105화 '돌아갈 날의 吉日은?(第卦)'에 등장하는 "今年交大運丙戌"을 근거로 하여 元의 至正丙戌(1346)을 전후한 시기에 중국을 여행한 고려 역관들의 공동 저술로 보았다.

이것은 {원본}\<노걸대\>에 大都의 물가가 寶鈔로 명시되어 있는데 이를 통해서 \<노걸대\>의 물가가 대체로 至正(1341~1367) 연간의 시세를 반영하고 있어 위에서 \<노박\>이 이때에 여행한 고려 역관의 저술이라는 필자의 주장을 뒷받침하고 있다.

\<노박\>은 한어의 강독 교재이었으므로 내용에 있어서 상호 보완적이며 긴밀한 관계가 있었다. 두 교재가 모두 漢語 학습의 강독 교재이므로 한어 교육에 관한 내용이 많으며 중국의 음식이름, 속담과 관용구, 北京에서의 외국생활에 필요한 병원 가기, 교역을 위한 물품의 사고팔기가 주된 대화의 소재이었다. 생활언어 중심의 한어 학습교재라고 할 수 있다.

---

* This is a revised and English version of Chung (2014) in Lingua Humanitas, vol. 15.

** This work was supported by the Academy of Korean Studies Grant funded by the Korean Government (MOE)(AKS-2011-AAA-2101).

<노박>은 모두 106 장면으로 나누어 각 장면에서 예상되는 대화로 구성되었으며 <노걸대>가 遼東을 거쳐 大都, 즉 北京에 이르는 旅程에서 여러 장면을 설정하고 이를 연속적으로 이끌어간 교재라면 <박통사>는 단절된 106개의 장면을 설정하고 거기에서 일어나는 대화를 교재로 한 것이다.

다만 후대에 간행된 <노걸대諺解>에서는 비교적 분량이 많은 제72화 여러 가지 옷감(各樣各色緞子)'을 둘로 나누어 1話를 늘려서 107話로 하였고 <新釋老乞大諺解>와 <重刊老乞大諺解>에서는 여기에 4話를 더 늘려 111話로 하였다. 제4장에서 <노걸대> 106화, 107화의 제목과 新釋, 重刊의 111話를 摘示하였다. 아울러 <박통사>의 제106課에 대하여도 그동안의 연구를 종합하여 各課의 제목을 붙여 정리하였다.

끝으로<노박>은 서로 난이도가 다른 한어 교재로서 <노걸대>는 초급, <박통사>는 중급 수준임을 주장하였다. 譯科에서도 初試에는 <노걸대>에서만 출제하였으나 한 단계 높은 수준의 <覆試>에서는 <박통사>에서도 출제하여 이 교재가 <노걸대>보다 더 전문적인 지식을 학습하는 중급교재임을 알 수 있다고 하였다.

Key Words : *Lao Qita*, *Piao Tongshi*, The Foreign Language Textbooks in the Joseon Dynasty, the Bureau of Official Interpreters, Chinese Language Hanyu, the Sahak (four schools) of the Sayeokwon, Chinese School of Sayeokwon

I. Introduction

1.0

Lao Qita (老乞大) and *Piao Tongshi* (朴通事), traditionally called *Lao · Piao* (老朴), were the basic textbooks for teaching Hànyǔ (Chinese language, 漢語) at the Sayeokwon, the Bureau of Official Interpreters (司譯院) in the Joseon Dynasty. The foreign language textbooks, often called the majors (本業書), used in the Sahak (four schools, 四學) of the Sayeokwon include *Lao · Piao* for Chinese studies (漢學), *the Extensive Course in New Japanese* (捷解新語) for Japanese studies (倭學), *Manchu Lao Qita* (淸語老乞大) and *the Sanguozhi Translated* into *Three Languages* (三譯總解) for Manchu studies (淸學), and *the Mongolian Lao Qita* (蒙語老乞大) and the

Extensive Course in Mongolian (捷解蒙語) for Mongolian studies (蒙學). Moreover, there were dictionaries of allied words (類書) that served as dictionaries for these languages such as the *Dictionary of Chinese Allied Words* (譯語類解) for Chinese studies, the *Dictionary of Mongolian Allied Words* (蒙語類解) for Mongolian studies, the *Dictionary of Japanese Allied Words* (倭語類解) for Japanese studies, and the *Dictionary of Manchu Allied Words* (同文類解) for Manchu studies.

The most widely known textbooks for Hànyǔ (漢語) in the Korean Peninsula, *Lao Qita* and *Piao Tongshi* (henceforth abbreviated as *Lao·Piao*), attracted worldwide attention in the sense that they demonstrated the true nature of Gǔguānhuà (old Mandarin, 古官話) in the historical transition of the Chinese language, and have been studied in Korea as well as in Japan and China, and in the West, including by Dyer (1979, 1983, 2006) from Australia. Particularly in 1998, *Old Version of Lao Qita* (舊本老乞大), which appeared to be the original copy of *Lao Qita*, was discovered in Gyeongsang Province in South Korea by the bibliography professor Nam Kwon-heui and introduced to the academic world by the author. This material was expected to reproduce Hànéryányǔ (漢兒言語), a common language of the Yuán (元) Dynasty, which has been the language of reverie among Chinese scholars. Consquently, greater interest has been focused on *LaoPiao*.

However, research on *LaoPiao* has been conducted sporadically and the findings have not been communicated well among the researchers, so that already well-known facts have been reported repeatedly. In addition, articles have occasionally cited information subsequently identified as incorrect, confusing younger scholars. In particular, some of the rising scholars have published papers featuring claims of 'newly discovered' facts that were actually revealed about half a century ago.

This article was prepared as a part of an invitation for a keynote address

at the fourth Conference of the Association for the Study of Pre-modern
Multilingual Textbooks held on July 28th 2011, Seoul, Korea, The theme
of the Seoul Conference was 'Exchange of Language and Culture in East
Asia and Reinterpretation of the Study of Pre-modern Multilingual
Textbooks' and it seemed necessary at this point to shed light on *LaoPiao*,
the main textbook for teaching Hànyǔ, which this article attempts do by
examining the previous studies on *LaoPiao* and presenting an overview of
the relationship between *Lao Qita* and *Piao Tongshi*.

II. Various Versions of *LaoPiao*

2.0.

Much bibliographical research has been conducted on the printed editions
of the currently existing *Lao Qita* and *Piao Tongshi* after Shinpei Ogura
(小倉進平) in 1940. However, Chung (2002b) is probably the first to study
the pre-modern multilanguage textbooks separately. Chung (2002b) attempted
to conduct comprehensive studies of rare versions of *Lao Qita* and *Piao
Tongshi* after the *Old Version of Lao Qita* (舊本老乞大) was discovered in
1998 and introduced as a part of research on Chinese literature books.

The *Old Version of Lao Qita* (舊本老乞大) that often appears in Se-jin
Choi's *Collection of Difficult Words in LaoPiao* (老朴集覽) is actually the
old version of *Lao Qita* before its revision by Géguí (葛貴) of the Míng
during the early phase of King Seongjong (成宗)'s reign in Joseon. Choi,
however, considered this version to be the original and due to the discovery
of this original copy, the genealogy of *Lao Qita* was organized at last. This
means that *LaoPiao* had to be reorganized according to the historical
transition of Hànyǔ, and Chung (2002b) organized the *Lao Qita* via the

following.

2.1.

First and foremost, the compilation of *Lao Qita* is assumed to be the end of the Goryeo Dynasty (for more information, refer to the Compilation of *LaoPiao* in the next section), and the transition of Chinese language, was followed by four major reorganizations: *Original Version of Lao Qita* (原本 老乞大), henceforth abbreviated as *Original Lao*, 原老), *Revised Version of Lao Qita* (刪改本老乞大, henceforth abbreviated as *Revised Lao*, 刪老), *Newly Interpreted Lao Qita* (老乞大新釋, henceforth abbreviated as *New Lao*, 新老), and *Reissued Lao Qita* (重刊老乞大, henceforth abbreviated as *Reissued Lao*, 重老). In other words, there was the Original Version which applied Hànéryányǔ, the common language of Beijing during the Yuán Dynasty, and this was revised into Nánjīng Guānhuà (南京官話) as the Revised Version during the Míng (明) Dynastyby Géguí (葛貴) and Fāngguìhuò (方貴和) who followed the envoy of Míng between the 11th and 14th years (1480-1483) of the reign of King Seongjong (成宗) in the Joseon Dynasty (Chung, 2002b: 210, 242-243).

Moreover, because the Qīng (清) Dynasty, established by Manchus, also chose Beijing as the capital city, Beijing Mandarin was used as an official language during this period. The *Newly Interpreted Lao Qita* was the *Lao Qita* of the past modified with the pronunciation and phrases of Beijing Mandarin by two Korean Interpreters of Chinese language, Kim Chang-jo (金昌祚) and Byeon Heon (邊憲), and it was published with a preface written by Hong Kye-hee (洪啓禧) at the Kyoseogwan (校書館) in the 37th year (1761) of the reign of King Youngjo (英祖) in the Joseon Dynasty. Because this version was considered to have many vulgar expressions, it was modified again in the standard form of Chinese language (雅言) used in the Qīng Dynasty by the Korean interpreter Li Shu (李洙) as the fourth version called *Reissued Lao Qita*, and was published in the 19th year (1795) of King Jeongjo (正祖) in the Joseon Dynasty (Chung, 2002b: 169-173). The *Reissued Lao Qita* (重刊老乞大) and the *Korean Translation of Reissued Lao Qita* (重刊老乞大諺解) are the last revised versions of the *Lao Qita*, and most of the currently existing *Lao Qita* are considered to be one of these two versions. The four revised versions of *Lao Qita* can be organized as shown in the chart below.

Title of the Book	Years of Compilation and Publication	Compilers and Publishers	Reflected Hànyǔ	Location of the Collection
Original Version of *Lao Qita*	End of Goryo~ Beginning of Joseon	Official Interpreters of Goryeo	Yuán Dynasty Beijing Hànyǔ	Private collection
Revised *Lao Qita*	Joseon 11th~14th year of King Seongjong (成宗)	Géguí (葛貴) and Fāngguìhuò (方貴和) of Míng	Míng Dynasty Nánjīng Guānhuà	Located at Kyujanggak and at Sanki(山氣) Collection
Newly Interpreted *Lao Qita*	Joseon 37th year of King Youngjo (英祖)	Korean Interpreters such as Byeon Heon (邊憲)	Qīng Dynasty Beijing Mandarin	Located at Kyujanggak (奎章閣), Yonsei University, etc.
Reissued *Lao Qita*	Joseon 19th year of King Jeongjo (正祖)	Korean Interpreters such as Li Shu (李洙)	Qīng Dynasty Refined speech (雅語) of Beijing	Located at Kyujanggak , etc.

2.2.

After the Hunmin-jeongeum was established in the 25th year (1443) of King Sejong (世宗) in Joseon, Hànyǔ syllables of Chinese characters became the main syllables of *Lao Qita* as the correct pronunciation, and the meaning of the original text was interpreted. In other words, the Hànyǔ syllables of Chinese characters written in *Revised Lao Qita* were divided and notated in the correct pronunciation (正音) and popular pronunciation (俗音), and the meaning of the original text was translated into the language of Joseon. Similarly, *Translated Lao Qita* (飜譯老乞大) Volumes One and Two were transcribed in Hunmin-jeongeum and interpreted by Choi Se-jin in the 10th year (1515) of King Jungjong (中宗) in the Joseon Dynasty; moreover, the revised version (刪改本) was notated and translated again after the Japanese Invasion (壬辰倭亂) in the 11th year (1670) of King Hyeonjong (顯宗), and it was published as *Korean Translated Lao Qita* (老乞大諺解, henceforth abbreviated as Translated Lao, 老諺) at Kyoseogwan (校書館), the Publishing Bureau of Joseon Kingdom.

In addition, at about the same time, scholars including Kim Chang-jo (金昌祚) and Byeon, Heon (邊憲) translated and annotated *Newly Interpreted Lao Qita* (老乞大新釋) and published it under the title of *Korean Translation of Newly Interpreted Lao Qita* (新釋老乞大諺解, henceforth abbreviated as *Translation New Lao*, 新老諺) in the 39th year (1763) of King Youngjo. Finally, the work of scholars including Li Shu (李洙) in *Reissued Lao Qita* (重刊老乞大) was annotated and published as *Korean Translation of Reissued Lao Qita* (重刊老乞大諺解, henceforth abbreviated as *Translation Reissued Lao*, 重老諺) in the 19th year (1795) of King Jeongjo (正祖). This can be organized in the chart below:

Title of the Book	Years of Korean Translation	People who translated the document into Korean	the basis version	Printing type	Location of the Collection
Translated Lao Qita	10th year of King Jungjong (中宗) (1515)	Assumed to be Choi Se jin (崔世珍)	Revised version	Xylographic book (木版本)	Private collection of Volume I and II
Korean Translation of Lao Qita	11th year of King Hyunjong (顯宗) (1670)	Anonymous Officers of the Sayeokwon (司譯院)	Same as above	Published at, Kyoseogwan (校書館) and Pyeongyang	Kyujanggak (奎章閣) (No.1528, 2044, 2304)

	and 21st year of King Youngjo (英祖) (1745)			Province (箕營刊板)	
Korean Translation of Newly Interpreted Lao Qita	30th year of King Yongjo (英祖) (1763)	Byeon Heon (邊憲)etc.	Newly Interpreted version	Published at Pyeongyang Province (Provincial Office)	1 copy located at Columbia University, New York
Korean Translation of Reissued Lao Qita	19th year of King Jeongjo (正祖) (1795)	Li Shu (李洙)etc.	Reissued version	Reissued by the Sayeokwon (司譯院)	Kyujanggak, The University of Tokyo Okura Library (小倉文庫), etc.

The revised versions and interpreted versions of *Lao Qita* demonstrate not only the periodical language changes in the common language used in China after Hànéryányǔ, the common language used in Beijing during the Yuán Dynasty, but also the changes in the language of Joseon in the form of the colloquial style as used at the time of publication.

2.3.

Along with *Lao Qita*, *Piao Tongshi* also demonstrates the similar changes in the official Chinese language (公用漢語). That is, although not much is known about the *Original Piao Tongshi*, which was estimated to be compiled at the same time as *Lao Qita*, it was quoted as the original copy of *Piao Tongshi* in Kim Chang-jo's *Words Collection of Lao·Piao* (老朴集覽). This proves the existence of the *Original Piao Tongshi* (原本朴通事, henceforth abbreviated as *Original Piao*) as it was demonstrated in *Old Version of Lao Qita* (舊本老乞大). It is assumed that Original Piao, along with Original Lao, reflected Hànéryányǔ of the Yuán Dynasty and was used as the Hànyǔ textbook at the end of the Goryeo Dynasty.

Just as *Lao Qita* was modified by Géguí (葛貴) from Míng in the 14th year (1483) of King Seong Jong (成宗) in Joseon, *Piao Tongshi* was also revised (刪改) and used as a textbook for learning Nánjīng Guānhuà (南京官話) of the Míng Dynasty. *Revised Piao Tongshi* (刪改朴通事, henceforth abbreviated as *Revised Piao*) was used as the Chinese language textbooks for nearly 300 years without major reediting until *Newly Interpreted Piao Tongshi* (朴通事新釋) was published. This was used as the original version of Choi Se-jin's *Translated Piao Tongshi* (飜譯朴通事, henceforth abbreviated as *Translated Piao*) Volume One, Two, and Three as well as *Korean Translation of Piao Tongshi* (朴通事諺解, henceforth abbreviated as *Translated Piao*) Volume One, Two, and Three, which were annotated during the reign of King Sukjong (肅宗) after the Japanese and Manchu Invasions.

When *Lao Qita* was interpreted as the textbook for teaching Beijing Mandarin used in the Qīng Dynasty, *Piao Tongshi* was also modified and published as *Newly Interpreted Piao Tongshi* (朴通事新釋, henceforth abbreviated as *New Piao*). Hong Kye-hee (洪啓禧)'s preface of *Newly Interpreted Lao Qita* includes an article that explains how *Piao Tongshi* was given to Kim Chang-jo, who was the interpreter officer in Pyongyang provincial office, to be newly interpreted; however, his name was not included in the list of interpreters' names written at the end of the book, *Newly Interpreted Piao Tongshi* (一簑, Ilsa collection kept at Seoul National University), and it only reports that Byeon Heon (邊憲) and Lee Dam (李湛) participated as prosecutors. This is probably due to the assumption that Kim Chang-jo (金昌祚) was too old and weak to participate or was already deceased by the time the book was published (Chung, 2002b: 176).

Unlike *Lao Qita*, there is no reissued version of *Piao Tonshi*. Therefore, the versions of *Piao Tongshi* can be classified into the original version (原本), revised version (刪改本), and newly interpreted version (新釋本), which slightly modified the revised version. This is summarized in the chart below:

Title of the book	Years of compilation and publication	Publisher	Reflected Hànyǔ	Location of the Collection
Original Version of Piao Tongshi	End of Goryeo (麗末) ~Beginning of Joseon(鮮初)	Goryeo Sayeokwon (司譯院) Officers	Yuán Dynasty Hànéryányǔ	Lost
Revised Piao Tongshi	Joseon 11th~14th year of King Seongjong (成宗)	Géguì (葛貴) and Fāngguìhuò (方貴和) of Míng	Míng Dynasty official language (官話)	Lost
Newly Interpreted Piao Tongshi	Joseon 41st year of King Yongjo (英祖)	Joseon Officers Byeon Heon (邊憲) and Lee, Dam (李湛)	Qīng (清) Dynasty Beijing Mandarin	Seoul National University Illsa collection (一簑文庫), The National Library of Korea, etc.

2.4.

After the Hunmin-jeongeum was established, the main text of *Piao Tongshi* also took all the Chinese characters as the correct pronunciation, and was interpreted using the pronunciation of Hànyǔ. This appears to have begun with Choi Se-jin's *Translated Lao·Piao* during the reign of King Jungjong in the Joseon Dynasty, and the first book of *Translated Piao*, the re-engraved xylographic book in a copper type of Choi Se-jin's translated version, was maintained at the National Assembly Library in Korea. Based on R*evised Piao Tongshi*, this translated version used Hunmin-jeongeum to transcribe Hànyǔ pronunciation of Chinese characters and translated its meaning. Thus, it is assumed that the original version of Parts One, Two and Three of this book was published as a printed book in a copper type.

Revised Piao Tongshi was interpreted again after the Japanese Invasion (倭亂) and Manchurian Invasion (胡亂). During the early phase of the reign of King Sukjong (肅宗), the first vice-premier (左議政) Kwon, Dae-won (權大運), who was the supervisor at the Bureau of Official Interpreters (司譯院,

hereafter B.O.I.), asked several officers including Byeon Seom (邊暹) and Bak Se-hwa (朴世華), to interpret *Piao Tongshi* and published it with the attached preface written by Lee Dam-myung (李聃命), a professor of the Chinese studies (漢學) at B.O.I. and an officer (校理) at the national publishing bureau (校書館) in the 3rd year (1677) of King Sukjong in the Joseon Dynasty (Refer to Chung, 2002b: 200 and the preface written by Lee Dam-myung in *Translation Piao* (朴諺)). Both the printed version and the re-engraved xylographic version of this book are kept at the royal library (奎章閣) as well as at other libraries.

In the 41st year of King Yeongjo (英祖), *Newly Interpreted Piao Tongshi* (朴通事新釋) – a modified version of *Revised Piao Tongshi*, which adapted Beijing Mandarin used in the Qing Dynasty – was published almost at the same time as the publication of *Korean Translation of Newly Interpreted Piao Tongshi* (朴通事新釋諺解), and the printed versions were kept at the court library(藏書閣) of Academy of Korean Studies, Korea University Library, and Seoul National University Library till present day (Chung, 2002b: 202-203).

The following chart summarizes the translated versions of *Piao Tongshi*.

Title of the Book	Years of Korean Translation	People who translated the document into Korean	Original Version for the Korean Translation	Printing style(板式)	Location of the Collection
Translated Piao Tongshi	10th year of King Jungjong (中宗) (1515)	Assumed to be Choi, Se jin	*Revised Piao Tongshi*	Copper type copy	1 copy of Part I (re-engraved xylographic version) at National Assembly Library
Korean Translation of Piao Tongshi	3rd year of King Sookjong (肅宗) (1677)	12 people including Byen Seom (邊暹), Bak Se-hwa (朴世華)	Same as above	Xylographic book	Kyujanggak (奎章閣), Korea University Mansong collection (晩松文庫)

Korean Translation of Newly Interpreted Piao Tongshi	41st year of King Youngjo (英祖) (1765)	Byeon Heon(邊憲), etc al.	Newly Interpreted Piao Tongshi	Kyoseokwan copy	AKS Jangseogak (藏書閣), Korea University Mansong collection (晚松文庫), Seoul National University Antique Library (古圖書) etc.

Unlike *Lao Qita*, Piao *Tongshi* does not have the revised version. This evidence demonstrates that *Piao Tongshi*, compared to *Lao Qita*, was not a typical Hànyǔ textbook. This is discussed in detail in Chapter Six: Are *Lao·Piao* textbooks for elementary and intermediate levels?

III. A Chronicle of *Lao·Piao* Compilation

3.0.

The author has already pointed out that the old versions (舊本) of *Lao Qita* and *Piao Tongshi* existed in Chung (1977) as quoted in the following passage.

···the appearance of *Lao Qita* and *Piao Tongshi* (henceforth abbreviated as *LaoPiao*) in documents can be traced back to the early phase of King Sejong's reign, and it seems to have been revised several times since then; our interest lies on the book that Choi Se-jin actually saw and based his translation on as the original. First of all, what is left and kept of these two books can be classified into two groups: Chinese version and Translated Korean version. It can be said that there were two versions – Old (舊本) and New (新本) – of the original book that Choi Se-jin referred to before the revision. That is, there is evidence such as the 'Writing of the Old Book (舊本書作)' or 'Writing of the Old Version (舊本作)' in *Difficult Words Collection of Lao·Piao* (老朴集覽) that demonstrates the existence of the old version (舊本) other than the original (原本)···the Old Book is considered to be the one before the revised version mentioned in the Annals of Seongjong (成宗實錄) in October in the 11th year of King Seongjong (成宗), who said "Select those who are proficient at Hànyǔ and have them revise *Lao Qita* and *Piao Tongshi* (上曰且選能漢語者刪改老乞大朴通事)." Since this Old Book has not been passed down, its full account is not known, but it is assumed to be not very different from the Chinese version that came after (Chung, 1977: 134-136).

In this article, the author emphasized that the Old Book, which Choi Se-jin considered as the original, was present at the time Choi was translating *Lao·Piao*, and that Choi referenced this book. Moreover, the possibility of this book being the original was claimed. In fact, *Lao Qita*, which was applicable to the Old Book, was excavated and reported in academia. *Lao Qita*, introduced by Chung et al.(1998, 1999), corresponds to the book Choi, Se-jin quoted and mentioned as the 'old book' in *Words Collection of Lao· Piao* (老朴集覽) (Chung, 2000b), and this was claimed to be the original version or its printed version of *Lao Qita* published at the end of Goryeo and at the beginning of the Joseon Dynasty (Chung, 2002b).

At present, no documentation exists that reports when and by whom the original book of *Lao·Piao* was published. It simply has been implied that parts of *Lao·Piao* were based on the travel notes of someone who traveled in China. There are quotes from *Original Lao* (Chung, 2010: 19-20) such as "Friends, where are you from? We are from the capital city of Goryeo (伴當, 恁從那裏來? 俺從高麗王京來.)," and also from *Translated Lao* (vol. 1, 1 recto 2-3 line) such as "I came from the capital city of Goryeo (我從高麗 王京來 - 내高麗王京으로셔브터오라)," which suggest that *Lao Qita* was compiled at the beginning of the Goryeo Dynasty.

In addition, Yang (1995) suggest that the specific compilation date could be identified through the flooding of the bridge of Lǔgōuqiáo (蘆溝橋) mentioned in *Piao Tongshi*. To be specific, the sentence in the third chapter of *Translated Piao* (vol..1, 6 verso 6-7line), which was interpreted in Korean based on *Revised Piao*, "今年雨水十分大, 水滾過蘆溝橋獅子頭, 把水門都衝壞了, 渰了田禾, 無一根兒" mentions 'Lǔgōuqiáo (蘆溝橋)' which is a bridge over Yǒngdìnghé (永定河, now called Lǔgōuhé, 蘆溝河) in the suburb located in the southwest of Beijing.

This bridge was constructed from the 20th year (1189) of Dading (大定), the Jin (金) Dynasty to the 3rd year (1192) of Míngchāng(明昌). It was 265 meters long and 8 meters wide. There were eleven stone holes on the bridge and 485 delicately carved stone lion heads on the guardrail. Each lion head was shaped differently and appeared to be grand and lively. According to Yang (1998), it is possible to track the exact date of the flooding in the bridge of Lǔgōuqiáo with a reference to the district office investigation because the climate was dry and floods were very rare in this area.

3.1.

The most widely known study attempts to determine when the compiler had traveled to China based on the article about Boheo, 步虛 monk (和尙) who appeared in *Piao Tongshi*. Chapter 39 'Goryeo monk' of the *Translated Piao* includes the following article about him.

南城永寧寺裏, - 南城永寧寺더레,
聽說佛法去來。 - 블웜니ᄅᆞᄂᆞᆫ양드르라가져
一箇見性得道的高麗和尙, - 흔見性得道흔고렷화상이,
法名喚步虛, - 즁의일후믈블르듸보혜라ᄒᆞ느니,
到江南地面石屋法名的和尙根底, - 강남ᄯᅡ해石屋이라ᄒᆞ논일훔엣즁의손듸가니,
作與頌字, - 숑을지서주니,
迴光反照, - 그숑애두르신부톄광명을도ᄅᆞ혀보허즁의모매비취여시ᄂᆞᆯ,
大發得悟, - ᄀᆞ장횐ᄎᆞ리블가ᄶᅵᄃᆞ로믈어더,

拜他爲師傅, - 그를절ᄒ야스승사마,

得傳衣鉢, - 法衣法鉢를뎐슈ᄒ야,

廻來到這永寧寺裏, - 도라와이永寧寺애와,

皇帝聖旨裏, - 황뎻셩지로,

開場說法裏。 - 법셕시작ᄒ야셜월ᄒ리러라.

(*Translated Piao*, vol. 1, 74 recto 7th line- 75 verso 4th line)

The Goryeo monk 'Boheo (步虛)' in this article is annotated in the first part of the *Collection of Piao Tongshi* (朴通事集覽) in *Lao·Piao Collection* (老朴集覽) as follows:.

步虛:俗姓洪氏, 高麗洪州人, 法名普愚, 初名普虛, 號太古和尙。有求法於天下之志, 至正丙戌春, 入燕都, 聞南朝有臨濟正脉不斷, 可往印可。盖指臨濟直下雪嵓嫡孫石屋和尙淸珙也。遂往湖州霞霧山天湖庵謁和尙, 嗣法傳衣。還大都, 時適丁太子令辰十二月二十四日, 奉傳聖旨, 住持永寧禪寺, 開堂演法。戊子東還, 掛錫于三角山重興寺。尋往龍門山, 結小庵, 額曰小雪。戊午冬, 示寂放舍利玄陵, 賜諡圓證國師, 樹塔于重興寺之東, 以藏舍利。玄陵, 卽恭愍王陵也。-'Boheo(步虛)' is from the county of Hongju (洪州) during the Goryeo Dynasty and has the last name of Hong (洪). His Buddhist name is Bowoo (普愚), his first name is Boheo (普虛), and his pen name (號) is Taego Monk (太古和尙). Seeking the ways of Buddha by traveling the world, he went into the capital city of Yan (燕), Yānjīng (燕京) in spring of the Year of the Dog in 1346 (丙戌年) during Zhizheng (至正), the Yuán Dynasty and heard that he was able to get an approval from Línjìzong (臨濟宗) of southern branch (南朝) who was following the mainstream teaching of Buddhism. This generally seems to refer to Qīnggǒng (淸珙), Shíwū (石屋) monk, the directly related legitimate grandson of Línjìzong. Therefore, he reached the Tiānhú temple (天湖庵) at Mt. Xiáwù (霞霧山) in Húzhōu (湖州), visited the monk, learned the Buddhist teachings and came back to the large city. At that time, it was December 24th, which was the birthday of Dīng Crown Prince, so he received the king's order and was able to open a Buddhist sanctuary and preach as the chief priest of Yǒngningshan temple (永寧禪寺). In the Year of the Rat in 1348 (戊子年), he came back to the east (annotated as Goryeo by the author) and decided to stay at Jungheung temple (重興寺) in Mt. Samgak (三角山). Later, he moved to Mt. Yongmun (龍門山) and built a small temple and hung a frame called 'Little Snow (小雪).' In the winter of the Year of the Horse in 1378 (戊午年), he passed away and his cremated remains were kept in Hyunleung (玄陵, Tomb of King Munjong and his mother). The king granted him the posthumous title as the Most Reverend Priest YuánZhèng (圓證國師) and had a stone pagoda built on the east of the temple to keep the remains. This Hyunleong (玄陵) is the Tomb of King Gongmin (恭愍王陵) of today(Chung & Yang, 2011: 268-269).

Based on this, Min (1966) considered this Goryeo monk Boheo (步虛) in *Piao Tongshi* as the eminent Buddhist priest Bowu (普愚). He stayed in Yānjīng (燕京) of Yuán from the 6th year of Zhìzhèng (至正) in 1346, and based on the fact that it was a traveler from Goryeo who visited this area during this time and wrote an article, *Piao Tongshi* is regarded to have been written in the mid-fourteenth century.

3.2.

There is further evidence that supports the tracking of the year in which *Piao Tongshi* was published, which is the part about the funeral of a person named Lǎocáo (老曹) mentioned in Yang (1995). In this part, the date written in 'a funeral bier (殃榜)' states "he was born at, bìngchèn year, and died aged 37 years old at 2:30~3:30 AM, on the 12th of Februry, rénchén year (壬辰年二月朔丙午十二日丁卯, 丙辰年生人三十七歲, 艮時身故)" (*Piao Interpreted*, 朴諺, vol. 2nd, 41verso 6-8 line), and based on the teaching of the monk Boheo who preached this, it is estimated to be Zhìzhèng (至正) the Year of the Dog (丙戌) in 1346, and compared to this, 'rénchén (壬辰)' is assumed to be Zhìzhèng (至正) the Year of the Dragon (壬辰) in 1352. *Piao Tongshi* is assumed to be written by the Goryeo traveler who visited the big city of Beijing during the time not far from this period.

3.3.

As mentioned above, *Lao Qita* always appears with *Piao Tongshi*. If these two books were written in a similar period, *Lao Qita* would have been written in the middle of the fourteenth century. At the end of *Original Lao* (原老), the 105th lesson 'Fortune Telling (筭卦)' (Chung, 2010:369) mentions that when the Goryeo merchants asked Mr. Five Tiger (五虎) about their return date, the fortune teller said, "Your luck begins this year and you will collect more wealth and your fortune will multiply after the Year of the Dog (今年交大運, 丙戌已後財帛大聚, 强如已前數倍)." (Chung, 2010:367-368). From this, it can be inferred that 'this year' meant the Year of the Dog.

This 'Year of the Dog' is the year that the monk Boheo had preached in *Piao Tongshi*. In other words, in the 6th year of Shùndì (順帝) Zhìzhèng (至正) of the Yuán Dynasty in 1346, or in the Year of the Dog during the 2nd year of King Chungmok (忠穆王), the authors of *Lao·Piao* had traveled to China and mentioned that it was the Year of the Dog as they recorded the preaching of the monk Boheo in Yānjīng (燕京), the funeral of Lǎocáo (老曹), and the predicted return date in *Lao·Piao*.

On this author's argument, Kin et al. (2002:345-346) interpreted the part "今年交大運丙戌, 已後財帛大聚" in *Translated Lao* (飜老) as "This year, the luck lies on the Year of the Dog, so the fortune will accumulate from now on(今年は大運が丙戌にかかるから、これからは財産が大いに集まり)", and stated that "There is an argument that the year Goryeo monk Boheo came to the Big City (大都) was the 6th year of Zhìzhèng, but it is probably not right (『朴通事』に見える高麗僧、歩虚が大都に来た至正六年(1346、丙戌)とする説もあるが、おそらくそうではなかろう。)", and responded negatively to the author's argument.

However, this criticism is the result of overlooking the special usage of Hànyǔ in *Lao Qita*. The difficult phrases that had caused problems when interpreting *Lao·Piao* had already been asked and answered by the officers of the Sayeokwon when they visited China and displayed them under the names of Explanation of Characters (字解), Collections of Difficult Words (集覽), Pronunciation and Meaning (音義), Questions (質問) and referred to them when they were teaching *Lao·Piao*. When Choi, Se-jin translated Lao· Piao, he quoted these books from the Sayeokwon many times, and when he finished translating, he explained these difficult phrases and compiled them as a book called *Collection of Words in Lao·Piao* (老朴集覽) (Chung, 2011:426-427). This book survived the war and is now kept in Dongguk University Library.

In the 'explanations of single words(單字解)' of *Collection of Words in Lao·Piao*, the character 'jiāo(交)' from this phrase "今年交大運丙戌" is interpreted as follows:

[敎: 平聲, 使之爲也。 通作交。] 交: 同上。 又吏語, 交割卽交付也。- ['jiāo (敎)' means "to be told to do something, to let someone do something" in a level tone. It is normally written with the character 'jiāo (交)'.] The meaning of '交' is as explained above. In Imun (吏文), 'trading (交割)' means 'delivering things (交付)' (Chung & Yang, 2011:37).

As mentioned above, 'jiāo (交)' has the similar meaning of "being told to do something, interacting" as the character 'jiāo (敎)', thus it seems right to translate the line in question "今年交大運, 丙戌已後財帛大聚", as "The big fortune will come into action this year, so your wealth will accumulate after the Year of the Dog" (Chung, 2010:368). In other words, the big fortune is coming into action, not being caught. In this sense, it is reasonable to interpret 'this year (今年)' as 'the Year of the Dog (丙戌)' considering the context in *Original Lao* (原老).

3.4.

Another assumption about the year in which *Lao·Piao* was produced derives from tracking which time period the various prices of commodities in Beijing were reflecting. This was discussed after the excavation of what is assumed to be the *Original Lao Qita*. However, it was difficult to estimate the prices of commodities accurately in *Revised Lao Qita* because the currency used in Lao·Piao has changed from bǎochāo (寶鈔), paper money used in the Yuán Dynasty, to white silver coin (白銀) and government silver coin (官銀).

It became clear in *Original Lao Qita* that the currency used for trading goods was paper money called bǎochāo (寶鈔) in Yuán. During the Yuán Dynasty, paper money called 'bǎochāo (寶鈔) or chāo (鈔)' was used, and according to Naonori Maeda (前田直典, 1973), ten types of paper money called 'zhōngtǒngchāo (中統鈔)', with face value of 10 wén (文), 20 wén, 30 wén, 50 wén, 100 wén, 200 wén, 300 wén, 500 wén, 1 guàn (1貫 = 1,000 wén), and 2 guàn were issued in 1260, the first year of zhōngtǒng(中統元年). The currency units such as 'guàn (貫)' or 'wén (文)' were only written on the face of the bill, and they were actually called 'dǐng (錠, also written as 定), liǎng (兩), qián (錢), and fēn (分)' which were used to measure the original weight of silver. One fēn was equal to 10 wén; 1 qián to 100 wén, 1 liǎng to 1 guàn; and 1 dǐng to 50 liǎng.

In the *Original Lao Qita*, all the commercial activities were dealt with in zhōngtǒngchāo (中統鈔) units. In the 24th year of Zhìyuán (至元) (1287) in Yuán, the value of the currency actually decreased and zhìyuánchāo (至元鈔) was issued. As a result, zhōngtǒngchāo (中統鈔) was devalued as 1/5, and in the 2nd year of Zhìdà (至大) (1309), zhìdàchāo (至大鈔) was issued as well, causing the value of zhìyuánchāo (至元鈔) to drop to 1/5. However, even after zhìyuánchāo (至元鈔) was issued, zhōngtǒngchāo (中統鈔) units were used in actual transactions. In the 4th year of Zhìdà (至大), which was four years after zhìdàchāo (至大鈔) was issued, this currency fell out of use, and zhìyuánchāo (至元鈔) was used in place of zhōngtǒngchāo (中統鈔) with the price five times higher.

There are scenes in which the main character of the *Original Lao* tries to buy rice with 2 and a half liǎng (41st lesson), and picks up the paper money worth 1 and a half liǎng that he received as change (47th lesson). In another scene, he tries to pay for 2 liǎng worth drinks with 2 and a half liǎng, which has the actual value of zhèngtǒngchāo (正統鈔) 2 and a half guàn (zhìyuánchāo (至元鈔) 500 wén), and gets 5 qián as change, but the paper money is considered bad, leading him to pay 1 and a half liǎng and 5 qián instead (50th lesson). However, in reality, there were no bǎochāo (寶鈔) with a face value of 2 and a half liǎng (2 guàn 500 wén) or 1 and a half liǎng (1 guàn 500 wén), and so it should be viewed as 500 wén and 300 wén zhìyuánchāo (至元鈔) being used as the price of five-fold zhōngtǒngchāo (中統鈔), respectively. Therefore, 5 qián (500 wén) bǎochāo (寶鈔) must have actually been 1 qián (100 wén) zhìyuánchāo (至元鈔), which is concrete evidence that zhìyuánchāo (至元鈔) was being circulated among the general public at the price of zhōngtǒngchāo (中統鈔).

In relation to this, Hunada (2001:17~20) used the original version of *Lao Qita* to study the various prices of commodities, and concluded that most of the prices were those of the Yuán Dynasty from the end of the 13th century to the early 14th century. This is very credible since it supports the author's assumption that it was written by Goryeo people who were traveling from the capital city, Gaegyeong (開京) of Goryeo to Tadu, the capital city of Yuán around 1340.

According to Chung and Seo (2010), the prices of commodities reflected in *Lao Qita* were compared to the prices of the realm of Zhìzhèng (至正) in the Yuán Dynasty. Compared to those that show the general prices of the Zhìzhèng (至正) era such as *Dīngjùsuànfa* (丁巨算法) which reflect the prices of year 1355 or *Jìzāngshígu* (計贓時估) reflecting the prices of the year 1368, prices in *Lao·Piao* are lower than the latter and higher than the former, which suggests that these prices reflect those between 1355 and 1368.

3.5

To summarize the above discussion, it is assumed that *Lao·Piao* were the written work of officers of the Goryeo Sayeokwon who traveled to Beijing and stayed there for few months during the latter years of Yuán, that is the years of Zhìzhèng (至正) (1341~1367). However, Dyer (2005) views *Lao Qita* as written duringthe Yuán Dynasty and *Piao Tongshi* as written duringthe early Míng Dynasty. In other words, since *Piao Tongshi* has few stories about Mongolians and describes them as low class, Dyer argues that *Piao Tongshi* should not be viewed as a written work of the Yuán Dynasty.

This argument is difficult to accept because the old version of *Piao Tongshi* is mentioned in Choi Se-jin's *Difficult Words Collection of LaoPiao* (老朴集覽), and this should be viewed as indicating the *Original Piao Tongshi* that was written during the Yuán Dynasty along with *Original Lao* (原老). The modifications made to this by Géguí (葛貴) of Míng in later years included in the *Revised Piao* (刪朴), and the currently existing ones are these versions, or the translated or interpreted versions based on the revision, which makes Dyer's argument possible, but there are a lot of corrections compared to *Revised Lao* (刪老) that pass down the newly excavated *Original Lao*, (原老). Thus, if there was a lot of deleting and restructuring of *Piao Tongshi* between *Original Piao* (原朴) and *Revised Piao* (刪朴), it would be wrong to view *Piao Tongshi* as being published during the Míng Dynasty.

For example, the *Revised Lao* (刪老), the restructured version of *Original*

Lao Qita, writes of Mongolians as Tartar people(達達人) who are running away, that is escaping Mongolians, as shown in "那人們却是達達人家走出來的。因此將那人家連累、官司見着落跟尋逃走的。- 그사룸 둘히쏘다대사룸미도 망ᄒ야나가니어늘, 이젼츠로그사라미지블다가조차버므러구의이제저ᄒ야도망ᄒ 니를츄심ᄒ라ᄒᄂ니",(<飜老> 50b 2~7 line)" (<飜老> 50b 2~7 line), but *Original Lao* Lesson 39 says "那人每却是達達人家走出來的軀口。因此將 那人家連累, 官司見著落根尋逃軀有。- They were slaves who escaped from Mongolian household, and the household is being punished for being involved in the matter. Now the government officers are in charge of chasing the escaped slaves." (2010; 141). This shows that "escaped slaves from Mongolian household" in *Original Lao* has changed into "escaped Mongolians" in the *Revised Lao*, which was restructured by Géguí (葛貴) of Míng.

It is only natural that the status of Mongolians changed after the fall of Yuán of Mongolia and the rise of Míng of China (漢人). Since "the escaped slaves from Mongolian household" in the original version of *Lao Qita* of the Yuán Dynasty has changed into Mongolians in the revised version of the Míng Dynasty, it is highly likely that the status of Mongolians was different in original *Piao Tongshi* and in *Revised Version*, and that the revised version described Mongolians as people of low class. By this, it is clear that the restructuring of *Lao·Piao* conducted by Géguí (葛貴) of Míng introduced many alterations.

Considering the example of the preaching of the monk Boheo(步虛和尙) in Yānjīng (燕京) or the contents of existing *Revised Piao* (刪朴), it is arguable that *Piao Tongshi* and *Lao Qita* were written by people who traveled to Yānjīng (燕京) of Yuán during the years of Zhìzhèng (至正). If *Piao Tongshi* was written during the Joseon Dynasty, there is no reason for the story of Goryeo monk Boheo (步虛) to appear in this book. However, *Original Piao* (原朴) has not been found yet, which prevents any hasty conclusion from being made and explains the eager anticipation awaiting the discovery of *Orginial Piao Tongshi*.

IV. The Connection of *Lao ·Piao* Based on the Contents

4.0

Is there any connection between the contents of *Lao Qita* and *Piao Tongshi* which were both Hànyǔ textbooks during the late Goryo (麗末) and early Joseon (鮮初)? There seems to be no full-scale research on this matter. *Lao ·Piao* has similar style of writing, vocabulary, and contents, as well as sharing certain expressions, and the same sentences appear in different citations. Not only that, since *Lao ·Piao* were both textbooks for Hànyǔ exposition, the contents were suitably divided into 106 chapters or 107 lessons, and while *Lao Qita* has appropriate amount of teaching material divided and arranged into each lesson, *Piao Tongshi* has different length for each chapter depending on the topic. In Chung (2007), *Original Lao* (原老) was viewed as being divided into 107 lessons, and *Translated Piao* (飜朴) as arranged into 106 chapters.

The contents of *Lao Qita* unfold as a consistent form of travel notes. It appears that the original version was arranged into 106 lessons like *Piao Tongshi* and used as Hànyǔ textbook. However, in later years, the Hànyǔ teachers of the Sayeokwon divided the sections of *Lao Qita* by trial and error. For instance, in the *Revised Lao* (刪老) of the Sanki Collection (山氣文庫) which was actually used as a textbook for Hànyǔ learners, the owner of the book divided the stories will fully and drew cramp with a black ink brush to divideit into 98 lessons. However, in *Lao Qita Interpretation* published by Kyoseokwan(校書館), there are 4 flowers fish tail at the end of each scene to officially mark the change of scenes, and there are 106 lessons in total.

Piao Tongshi also marked the end of each chapter in *Translated Piao* (飜朴) by changing lines, which seemed have occurred in *Piao Tongshi* before *Lao Qita*. *Lao Qita* is a travel note about a Goryeo merchant traveling to Beijing, and it describes the sequential events that happen along the journey, in which the merchant meets a Chinese traveling merchant Mr. Wang of Liáodōngshěng (遼東城) on the way and they travel to Beijing together. On the other hand, in *Piao Tongshi*, separately prepared non-sequential scenes are arranged into chapters.

The contents of *Lao·Piao* are related because they both teach similar idiomatic phrases or proverbs. Therefore, the same or similar contents keep repeating themselves. This indicates that *Lao Qita* and *Piao Tongshi* are connected as different levels of textbooks for teaching Hànyǔ, and more about this is discussed in the following part VI. Are *Lao·Piao* Hànyǔ textbooks for elementary or intermediate levels?

The fact that similar idiomatic phrases and the same proverbs were used suggests that *Lao·Piao* were published as beginning and intermediate level textbooks for Hànyǔ education. In this article, the 106 chapters or 107 lessons of arranged scenes of *Lao·Piao* are analyzed based on the repetitive contents of *Lao·Piao*, and their characteristics are studied.

4.1

Most of all, studying Hànyǔ in Hakdang (school, 學堂) is shown repetitively in both *Lao·Piao*. This indicates that they were used as textbooks of Hànyǔ studies.

Piao Tongshi contains the following conversation in *Translated Piao* (飜朴) Chapter 24 regarding studying in Hakdang (school, 學堂).

你師傅是甚麼人?	｜네스승은엇던사룸고?
是秀才。	｜이션븨라.
你如今學甚麼文書?	｜네이제므슴그를비호는다?
讀毛詩尚書。	｜모시샹셔닑노라.
讀到那裏也?	｜어드메닐거갓는다?
待一兩日了也。	｜흔두날만기드리면무츠리라.
你每日做甚麼功課?	｜네날마다므슴이력ᄒ는다?
每日打罷明鍾起來洗臉,	｜미실바루텨든니러눗시븟고,
到學裏,	｜흑당의가,
師傅上唱喏,	｜스승님씌읍ᄒ고,
試文書的之後,	｜글바틴후에,
回家喫飯,	｜지븨도라와밥먹고,
却到學裏上書,	｜쏘흑당의가글듣고,
念一會,	｜흔디위외오다가,
做七言四句詩,	｜칠언쇼시짓고,
到晌午寫做書,	｜바릭낫만ᄒ거든셔품쓰기ᄒ야,
寫差字的手心上打三戒方。	｜즈그르스니란숫바당의세번젼반티ᄂ니라.

Translated Piao Part I 49앞 1~50앞 5

Related to this, the following is written in lesson 2 and lesson 3 of *Lao Qita* in the *Original Lao*.

Lesson 2

恁是高麗人, 却怎麼漢兒言語說的好有?	｜You are a Goryeo person. How do you speak Hànyǔ so well?
俺漢兒人上, 學文書來的上頭,	｜Because I learned words from Chinese person
些小漢兒言語省的有。	｜I can speak little bit of Hànyǔ.
你誰根底, 學文書來?	｜Who did you learn it from?
我在漢兒學堂裏學文書來。	｜I learned it in Korean Hakdang.
你學甚麼文書來?	｜What books did you study?
讀論語、孟子、小學。	｜I read *Confucian Analects*, *Mencius*, and *Xiǎoxué*.

恁每日做甚麼工課?	What kind of lessons did you have?
每日清早晨起來, 到學裏,	I get up early every morning and go to school,
師傅行受了生文書。	from the teacher, I learn the parts of the books that I haven't learned before
下學到家, 喫飯罷,	After school I come home and eat my meal,
却到學裏寫做書。	and go back to school to write words.
寫做書罷對句, 對句罷吟詩。	After writing words, I rhyme the phrases, and after rhyming, I recite poetry.
吟詩罷, 師傅行講書。	After reciting poetry, I read the exposition of the books with the teacher.
講甚麼文書?	What kind of books do you read?
講小學論語孟子。	I read the exposition of *Xiǎoxué, Confucian Analects,* and *Mencius.*

Lesson 3

說書罷, 更做甚麼工課?	What lesson do you do after reading the exposition?
到晚師傅行撒簽,	In the evening, we go to the teacher to draw straws
背念書,	and the person who lost recite the book.
背過的師傅與免帖一箇,	After the recital, the teachers gives a evading card(免帖).
若背不過時, 教當直學生背起,	If (the student) cannot recite it, (the teacher) calls on the student on duty to turn hi around,
打三下。	and hits three times.

Chung (2010:23~27)

A comparison of these parts shows that *Lao Qita* and *Piao Tongshi* had similar methods of Hànyǔ education with very few differences. This suggests that *Lao·Piao* were published as textbooks for Hànyǔ education. However, while *Piao Tongshi* describes hitting of palms as punishment which is the same as the custom of Chinese corporal punishment, *Lao Qita* shows hitting of calves while the student is turned around which is similar to the methods of Seodang (village schools) of Joseon.

4.2

Next, names of food commonly appearing in daily conversations were also repeated in *Lao·Piao*. First, *Lao Qita* shows the order of Chinese dishes in *Original Lao* Lesson 83 'Chinese Dishes (漢兒茶飯)' as follows: 咱每做漢兒茶飯者。頭一道細粉, 第二道魚湯, 第三道雞兒湯, 第四道三下鍋, 第五道乾按酒, 第六道灌肺、蒸餅, 第七道紛羹、饅頭, 臨了割肉水飯, 打散。(Chung, 2010:283~284)

However, in *Revised Lao* (刪老) state: "咱們做漢兒茶飯着。頭一道團攛湯, 第二道鮮魚湯, 第三道雞湯, 第四道五軟三下鍋, 第五道乾按酒, 第六道灌肺、蒸餅, 第七道紛湯、饅頭, 打散。". This hints that there were modifications during the process of deleting and restructuring.

In *Piao Tongshi*, the following is written in the latter half of Chapter 1 Flower-Seeing Feast (賞花宴席) of *Revised Piao* (刪朴), which was the script of *Translated Piao* (飜朴): 第一道羊丞捲, 第二道金銀豆腐湯, 第三道鮮燈籠湯, 第四道三鮮湯, 第五道五軟三下鍋,第六道脆芙蓉湯, 都着些細料物, 第七道粉湯饅頭, 官人們待散也。

This reveals the differences between *Lao Qita* and *Piao Tongshi* as language education textbooks with the same contents written in slightly different expressions. Because there were many words or dialogues related to food in daily conversations, it seems that *Lao·Piao* tried to introduce different dishes in oder to teach more dish names.

4.3

The following proverb appears in both *Lao Qita* and *Piao Tongshi*. The

"馬不得夜草不肥, 人不得橫才不富" appearing in *Original Lao* (原老) Lesson 24 'Feed Fodder at Night' was a popular proverb in Hànéryányǔ of Yuán Dynasty as shown in the dialog of the play 『後庭花』「雜劇」 2折 '一枝花' of the Yuán Dynasty, which says "馬無夜草不肥, 人不得外財不富。 Horses that do not eat fodder at night do not get fat, and people who cannot gain other property cannot become rich." (Chung, 2010:96).

This proverb is also shown in *Revised Lao* (刪老) Lesson 24 as "常言道: 馬不得夜草不肥, 人不得橫材不富, - In a common saying, as a horse did not fatten up by not eating night fodders, a human did not become rich by not gaining a windfall income (常言에닐오되몰이밤여믈을엇디못ᄒᆞ면술지디못ᄒᆞ고사롬이쁜財物을엇디못ᄒᆞ면가옴여디못ᄒᆞ다ᄒᆞᄂᆞ니)" (*Translation Lao*, 老諺, 9-10 line, 29recto, vol. 1)"

In *Piao Tongshi*, at the end of *Translated Piao* (飜朴) vol. I, Chapter 11, there is a part that says "說的是。人不得橫財不富, 馬不得夜料不肥。 - Your speech is right! As a human did not become rich not to gain a windfall income, a horse did not fatten up in order not to eat night fodders (닐오미올타. 사롬도공ᄒᆞ쳔몰어드면가ᅀᆞ며디몯ᄒᆞ고몰도밤여믈몰어드면 [살]지디몯ᄒᆞᄂᆞ니라)", and the end of *Newly Interpreted Piao* (新朴) Chapter 11 also has a passage "俗語說: 人不得橫財不富, 馬不得夜料不肥, 這話是不差。 - In a proverb, a human does notbecome rich by not gain unexpected fortune, a horse does not fatten up by not eating night fodders (俗語에니ᄅᆞ되사롬이 橫財롤엇디못ᄒᆞ면가옴여디못ᄒᆞ고몰이夜草롤엇디못ᄒᆞ면술지디못ᄒᆞ다ᄒᆞ니이 말이그르지아니ᄒᆞ니라." allowing both *Lao·Piao* to educate this proverb that was widely used then.

4.4

As for the commonly used expressions, '千零不如一頓(one big pile is better than one thousand small scattered)' appears in both *Lao Qita* and *Piao Tongshi*. The expression used in *Original Lao* (原老) Lesson 60'

Selling the Horses (賣馬)', as "It is the same when you take it to the market. There is a saying that says it is better to have one big pile than to have one thousand small scattered, small piles. It is easier to sell everything to these people at once." (Chung, 1010:205), appears again in *Translated Piao* (飜朴) Chapter 4 Getting the Monthly Wages (月俸). That is, it is used as a figurative expression as "不要小車, 只着大車上裝去。千零不如一頓。- We don't need small carriage. Let's load a big wagon with them. A thousand small scattered piles are less valuable than one big pile. (쟈근술위말오, 굴근 술위예시러가져. 일쳔뜬거시흔무저비만ㄱ티니업스니라.)"

4.5

Lao·Piao contains many dialogues about the same proverbs. The part in *Piao Tongshi* Chapter 67 "老實常在, 脫空常敗–In a proverb, the righteous men stay honorable while those who play tricks are always defeated(고디식 흐니난덧덧이잇고섭섭흔이는덧덧이패흔다흐ㄴ니라" (*Piao translation*, 朴諺, 5~6 line, 47verso, vol. II) reappears in Lesson 86 of *Original Lao* (原老) in *Lao Qita* as "The righteous men stay honorable while those who play tricks are always defeated." (Chung, 2010:297), which is further interpreted as "常言道: 老實常在, 脫空常敗。- In a common saying, the righteous men stay honorable while those who play tricks are always defeated (샹녯말ㅅ매닐오 더, 고디시그니ᄂ당샹잇고섭섭흐니난당샹패흔다.)" (43 recto, vol. 2) in *Translated Lao* (飜老) Lesson 86. This shows that *Lao·Piao* were moral textbooks for students as well as Hànyǔ textbooks.

4.6

In addition, there are repetitive contents that consist of idiomatic phrases necessary for Goryeo people to live in Beijing. Piao *Translation* (朴諺) Chapter 47 Medicine for Headaches (腦疼) and *Original Lao* (原老) Lesson

84 'What Illness is This? (甚麼病?)' are similar because they are both about calling a doctor to treat illness. In addition, *Original Lao* (原老) Lesson 55 'Relatives Visiting from Goryeo (高麗客人)' and *Piao Translation* (朴諺) Chapter 46 'Guests from Goryeo (高麗客)' are similar because they are both about welcoming relatives or acquaintances from the homeland and listening to the news of home country while residing in Beijing. *Piao Translation* (朴諺) Chapter 84 'Letter Sent Home (家書)' and Chapter 106 'Story of Goryeo (高麗新聞)' both illustrate the dialogues about events that can happen while staying in Beijing for a long time while engaging in trades.

Meanwhile, both texts contain contents needed for doing business in Beijing as the topic. There are many topics regarding the prices of merchandise in Beijing such as that described in *Original Lao* (原老) Lesson 56 'Price of Things,' Lesson 62 'Price of Horses,' and Lesson 73 'Price of Silk,' along with *Piao Translation* (朴諺) Chapter 8 'Buying Silk 1 (買段子 1),' Chapter 38 'Buying Silk 2 (買段子2),' and Chapter 60 'Buying Silk 3 (買段子3).' Of course, *Original Lao* (原老) Lesson 72 'Buying Silk (1)' and Lesson 73 'Buying Silk (2)' also illustrate dialogues necessary for buying silk. These reveal the goods imported by Goryeo merchants.

V. Analyzing Scenes of *Lao · Piao* and Dividing Lessons and Chapters

5.0

Lao · Piao were published as Hànyǔ textbooks, and were divided into parts appropriate for each class, that is *Piao Tongshi* into 106 chapters, and *Lao Qita* into 107 lessons. The analysis of these scenes was conducted even before the Japanese Invasion and Manchu War, and new chapters in *Piao*

Tongshi were written in a new line from early on. However, *Lao Qita* had scenes that continued, and in the later years, arbitrary analysis was attempted by the Chinese teachers (Hànyǔ Hoonjang) at the Sayeokwon. Among the existing *Lao Qita*, there are documents of arbitrary analysis. It seems that students marked the shaped hook (「, 걱쇠) on the textbooks according to the instructions from the teachers.

In the Jiājìng version (嘉靖本) of *Lao Qita*, cited in Chung (2007b), there are cramp mark to divide it into 93 scenes, but it seems these markings were made not according to the contents but rather according to the appropriate amount of the text. However, it is assumed that from the beginning the compilers of this textbook wrote it in 106 lessons just like *Piao Tongshi*. Perhaps this number is connected with the number of classes of the Sayeokwon.

5.1

Lao Qita is about a trip of Goryeo merchants going to China to sell ramie fabric, horses, and Silla ginseng. Kin et al. (2002) and Chung (2002) have arranged the contents of *Lao Qita* according to the translation and annotation, and divided it into the following six parts- (1) meeting of Goryeo merchants and Chinese traveling merchant, Mr. Wang-, (2) lodging at the Wǎdiàn (瓦店) along the way-, (3) Joys and sorrows of homestay on the way to the big city-, (4) commerce and life of the big city-, (5) the right ways for people to live-, and (6) preparing for the homecoming and parting with the merchant Mr. Wang.

Kim et al. (2002) and Chung (2007b) have subdivided these six parts to analyze the contents of *Original Lao* (原老) into 106 lessons, and the following is the part from Chung (2007b).

Chapter 1 Meeting of Goryeo people and Chinese merchants

Lesson 1 Where do you come from? (恁從那裏來?)
Lesson 2 What did you learn, from whom? (你學甚麼文書來?)
Lesson 3 How did you learn? (做甚麼工課?)
Lesson 4 Why do you learn Hànyǔ? (學他漢兒文書怎麼?)
Lesson 5 Who was your teacher? (師傅是甚麼人?)
Lesson 6 Would you accompany us? (俺做伴當去?)
Lesson 7 Price of things in the big city (京裏價錢)
Lesson 8 Where will you stay for the night? (今夜那裏宿去?)
Lesson 9 How much is the price of feed for horses? (草料多少鈔?)
Lesson 10 Price of silk and cotton (綾絹錦子價錢)
Lesson 11 How long will you stay in the big city? (京裏)
Lesson 12 Who are your three traveling companions? (三箇伴當)

Chapter 2 Lodging at 瓦店

Lesson 13 Price of feed for horses (多少草料)
Lesson 14 Preparing fodder for horses (切草料)
Lesson 15 Cooking dinner (打火)
Lesson 16 Ways to stir-fry meat (炒肉)
Lesson 17 Calculating the price of lodging (盤纏)
Lesson 18 Ways to feed the horses (碾馬草, 鋪藁薦)
Lesson 19 Fixing the bridge (修橋)
Lesson 20 Meeting a burglar (賊)
Lesson 21 Traveler gets shot by an arrow (客人被箭射傷)
Lesson 22 Burglar gets caught (捕盜)
Lesson 23 Well (井)
Lesson 24 Give fodders at night (喂馬)
Lesson 25 Who guards the room? (誰看房子?)
Lesson 26 Drawing water from the well (打水)
Lesson 27 Well of Goryeo (高麗井)
Lesson 28 Leading the horse (牽馬)
Lesson 29 Setting off now (起程)

Chapter 3 To the big city

Lesson 30 Eating breakfast (早飯喫)

Lesson 31 Kind innkeeper (主人家哥)

Lesson 32 Help yourselves (喫得飽那不飽?)

Lesson 33 Reception for the travelers (好看千里客萬里要傳名)

Lesson 34 Next time at my place, no matter what (是必家裏來))

Lesson 35 Hitching horses and packing things (打馱馱)

Lesson 36 Where will we stay for the night? (尋箇宿處)

Lesson 37 Let's stay here for the night in your kindness (恁房子裏覓箇宿處)

Lesson 38 Not our house (宿不得)

Lesson 39 Let's sleep here for the night (俺宿一宿)

Lesson 40 We are not suspicious people (盤問)

Lesson 41 Would you sell some rice? (那裏將糴的米來?)

Lesson 42 Things are difficult because of poor harvest (今年生受)

Lesson 43 Fodder for horses? (就那與些草科如何?)

Lesson 44 Taking turns to guard the horses (睡覺)

Lesson 45 Let's pack and leave (收拾行李打馱馱)

Lesson 46 30 li to the 夏店 (夏店有三十里多地)

Lesson 47 Meal at a restaurant (店子茶飯)

Lesson 48 A drink at a bar (喫酒)

Lesson 49 How old are you? (你貴壽?)

Lesson 50 Paying for the drinks (廻鈔)

Chapter 4 Commerce and life in the big city

Lesson 51 關店 in front of shùnchéngmén (順承門關店)

Lesson 52 Could we lodge at this inn? (這店裏下俺麼?)

Lesson 53 Just arrived (纔到這裏)

Lesson 54 Would you sell this horse? (你這馬待要賣那?)

Lesson 55 Relatives visiting from Goryeo (高麗客人)

Lesson 56 Price of ginseng (賣行貨)

Lesson 57 How is the family doing? (家裏都好麼?)

Lesson 58 Who are the companions? (這伴當是誰?)

Lesson 59 Let's meet again (再廝見)

Lesson 60 Price of horses (賣馬)

Lesson 61 Types of horses (馬)

Lesson 62 Bargaining for horses (馬價)

Lesson 63 Will you buy or not? (商量價錢)

Lesson 64 Broker (牙家)

Lesson 65 Worn out money won't do (爛鈔不要)

Lesson 66 Let's write the contract for the transaction (寫馬契)

Lesson 67 Contract for the horses (馬契)

Lesson 68 Transit fee and taxes (牙稅錢)

Lesson 69 Would you like to return? (你更待悔交那?)

Lesson 70 To Zhuōzhōu to sell sheep (涿州賣羊)

Lesson 71 Selling at a loss (賤合殺賣與你)

Lesson 72 Different kinds of fabric (各樣各色緞子)

Lesson 73 Buying fabric 1 (賣段子 1)

Lesson 74 Buying fabric 2 (賣段子 2)

Lesson 75 Buying harness (買馬具)

Lesson 76 Buying bows (買弓)

Lesson 77 Buying bowstrings (買弓弦)

Lesson 78 Buying arrows (買箭弓)

Lesson 79 Buying plates (買什物)

Lesson 80 Family feast (親戚宴)

Lesson 81 Wagon (車子)

Lesson 82 Archery on a bet (賭射箭)

Lesson 83 Chinese dishes (漢兒茶飯)

Lesson 84 What illness is this? (甚麼病?)

Chapter 5 The right ways for people to live

Lesson 85 Living pleasantly (每日快活)

Lesson 86 Children education (老實常在, 脫空常敗)

Lesson 87 Making friends (掩惡揚善)

Lesson 88 Serving one's master (做奴婢)

Lesson 89 Helping out friends (接濟朋友)

Lesson 90 Dissipated life （執迷着心）

Lesson 91 Luxurious clothes for four seasons （按四時穿衣服）

Lesson 92 Flashy belts （繫腰）

Lesson 93 Stylish hat （帽子）

Lesson 94 Stylish shoes （穿靴）

Lesson 95 Last days of dissolute people （幇閑男女）

Chapter 6 Back to the homeland

Lesson 96 Now to Zhuōzhōu （涿州賣去）

Lesson 97 Selling ginseng （賣人蔘）

Lesson 98 Selling ramie fabric and hemp cloth （賣毛施布）

Lesson 99 Measurement of fabric （長短不等）

Lesson 100 Price of ramie fabric （毛施布價）

Lesson 101 Counterfeit money is not accepted （鈔的眞假）

Lesson 102 Things to sell back in the homeland 1 （買廻貨 1）

Lesson 103 Things to sell back in the homeland 2 （買廻貨 2）

Lesson 104 Things to sell back in the homeland 3 （買廻貨 1）

Lesson 105 Auspicious day for returning home? （筭卦）

Lesson 106 See you again （再見）

5.2

In the Hànyǔ textbooks organized after the Japanese and Manchu invasion of Korea, *Lao Qita* was divided into 106 parts. The Sigangwon （侍講院） collection cited by Chung (2007b) also used the black cramp to mark the different sections just as in the Jiājìng version （嘉靖本）, and wrote numbers for each section in the running head. This document, unlike the Jiājìng version, contained 106 sections but the numbers in the running head were corrected in several places, so that the final result was 108 sections. Chung (2004, 2006, 2010) have divided it into 106 sections while translating and annotating Chinese version of *Lao Qita*, *Translated Lao* （飜老）, and *Lao Translation* （老諺）.

It is the reprinted version of Kapin (甲寅字)'s *Lao Qita* (1703), collection of Sanki(山氣) collection (山氣文庫), that officially marked and published the analyzed sections of *Lao Qita*. This woodblock-printed book, commonly known as the Kāngxì version (康熙本) of *Lao Qita*, wrote each new section on a new line, marking a black square of four leaves of flower pattern (四葉花紋) in front of the first word of the first line, and had 107 lessons. Prior to this, the interpreted version, *Korean Translation of Lao Qita* (老乞大諺解) (규1528) that was published in 11th year of the King Hyunjong (1670), added a black fishtail square (黑魚尾) withtwo leaves in a flower pattern (二葉花紋) to mark each new lesson. The existing interpreted versions have 107 lessons, but this is because they took Lesson 72 from the traditional 106 lessons and divided it into two. This part was about buying silk in the market, but it appears to have been divided because the conversation was too long.

Newly Interpreted Lao Qita (老乞大新釋) and *Reissued Lao Qita* (重刊老乞大) which were published in later years, took the 107 lessons of *Lao Translation* (老諺), and extended Lesson 80 'Family Feast (親族宴)' into three, Lesson 83 'Selling Ginseng (賣人蔘)' into two, and Lesson 98 'Selling Ramie Fabric and Hemp Cloth (賣毛施布)' into two, resulting in the addition of 5 more parts to the original 106 lessons. Thus, there were 4 additional lessons to the 107 lessons of the Kāngxì version (康熙本), ending up with 111 lessons. In the *Newly Interpreted Lao Qita* (규4871~2) in the collection of Kyujanggak, each new section was marked with ○ mark. In the *Reissued Lao Qita* (重刊老乞大) (L175175~6) from the collection of Okura Library (小倉文庫) in the University of Tokyo, the numbers of sections are rubricated at the top of the main text in the running head, and there are 111 parts (Chung, 2002:195).

5.3

The differentiation of scenes in *Piao Tongshi* was easier to analyze than that of *Lao Qita*. Putting a title to each chapter was attempted by Yang, Oh-jin (1998) and modified by Park, Jae-yon (2003). As mentioned above, *Piao Tongshi* has marked the new scenes by changing lines since *Translated Piao* (飜朴), which determined the division of scenes from rather early on, making the division into 106 chapters. The analyzed scenes and the titles of each chapter are presentedbelow.

As Chung (2007) has divided the sections of *Lao Qita*, the main phrases or keywords of the translation and interpretation of each scene are put together to make titles for each of the 106 chapters divided in *Translated Piao* (飜朴) and *Piao Translation* (朴諺).

Analysis of *Piao Tongshi* Part I *Translated Piao* (飜朴)

Chapter 1 Flower-seeing feast (賞花宴席)
Chapter 2 Going to Goryeo after delivering the Royal message (差使)
Chapter 3 Bridge submerged by the flood (水渰蘆溝橋)
Chapter 4 Getting the monthly salary (月俸)
Chapter 5 Boil on the cheek (腮頰瘡)
Chapter 6 Coming to buy silk 1 (買段子1)
Chapter 7 Making knives (打刀子)
Chapter 8 Children's play for four seasons (四時耍子)
Chapter 9 Belt made with gold (金帶)
Chapter 10 Going to the pawnshop (印子鋪裏儅錢)
Chapter 11 Taking care of horses (洗馬)
Chapter 12 Playing the game of go (下碁)
Chapter 13 Viewing the moon (翫月會)
Chapter 14 Training the horses (操馬)
Chapter 15 Going to buy leather (買猠皮)
Chapter 16 The swindler (誆惑人)

Chapter 17 Scolding the monk who leads a loose lifestyle (和尙偸弄)

Chapter 18 Suffering from diarrhea (害痢疾)

Chapter 19 Riddles (謎話)

Chapter 20 Veterinarian (獸醫家)

Chapter 21 Cutting hair (剃頭)

Chapter 22 Getting a maiden (取娘子)

Chapter 23 Making a knee protecter(護膝)

Chapter 24 Going to school(上學)

Chapter 25 News of my household (我家書信)

Chapter 26 At the bathhouse (混堂)

Chapter 27 Traveling is tiring (路貧愁殺人)

Chapter 28 Shooting arrows (射箭)

Chapter 29 Giving birth (做了月子)

Chapter 30 Where are you staying? (那裏下着)

Chapter 31 Making bows (打弓)

Chapter 32 Writing a promissory note (借錢文書)

Chapter 33 Buying a horse (買馬)

Chapter 34 Guests visit (客人來)

Chapter 35 Birthday (生日)

Chapter 36 Scenery of the Xīhú Lake (西湖景)

Chapter 37 Exchanging things (東西對換)

Chapter 38 Buying silk 2 (買段子2)

Chapter 39 Monk of Goryeo (高麗和尙)

Analysis of *Piao Tongshi* Part II *Piao Translation* (朴諺)

Chapter 40 Various games at the playground (拘欄雜技)

Chapter 41 Rubbish chest (櫃子)

Chapter 42 Dyeing with paint (染東西)

Chapter 43 Reception for envoys (使臣來也)

Chapter 44 Documents for slave trade (賣奴文書)

Chapter 45 Fixing the wagon (修理車輛)

Chapter 46 Guests from Goryeo (高麗客)

Chapter 47 Medicine for headaches (腦疼)

Chapter 48 Gifts from Goryeo (高麗東西)

Chapter 49 Striking women (婦人無夫身無主)

Chapter 50 Things strong young men should do (閑良蕩)

Chapter 51 Going to see the statue of Bodhisattva of South Sea (參見菩薩像)

Chapter 52 Vacating the house (上直)

Chapter 53 Making hats (做冒)

Chapter 54 People surely meet disaster when they do bad things (若作非理必受其殃)

Chapter 55 Cold weather (天氣冷)

Chapter 56 Reception for people (貌隨福轉)

Chapter 57 Sightseeing mountains and rivers scenery(遊山翫景)

Chapter 58 Buying vegetables (買菜子)

Chapter 59 There are many thieves (賊廣)

Chapter 60 Buying silk 3 (買段子3)

Chapter 61 Contract for renting a house (房契)

Chapter 62 Fixing a leaking roof (房上漏雨)

Chapter 63 Asking about letters (問字樣)

Chapter 64 Going to the farm (莊)

Chapter 65 Decorating the room (收拾整齊)

Chapter 66 Resignation of a government official and the transition (替官)

Chapter 67 Righteous men stay honorable while those who play tricks are
        always defeated (老實常在脫空常敗)

Chapter 68 Taking care of a young child (孩兒)

Chapter 69 Dice game (下蟞碁)

Chapter 70 Wrestling (捽挍)

Chapter 71 Walking down the road (路行)

Chapter 72 Race of the jailers (牢子走)

Chapter 73 Making clothes (裁衣)

Chapter 74 On a hot day (天氣炎熱)

Chapter 75 Buying a cat (買猫)

Chapter 76 Mosquitoes (蚊子)

Chapter 77 Lawsuit (告狀)

Analysis of *Piao Tongshi* Part III *Piao Translation* (朴諺)

Chapter 78 Leather clothes get the moth (皮虫蛀)
Chapter 79 Stepping on the cicada larva (蝤蜒)
Chapter 80 Going to gain temple offering (布施去)
Chapter 81 Fixing furnace and floor heating system (整治炕壁)
Chapter 82 Getting scabies (疥痒)
Chapter 83 Going to see the Goryeo monk's Buddhiast service for the souls
　　　　　of the dead (盂蘭盆齋)
Chapter 84 Letter sent home (家書)
Chapter 85 Building a study (盖書房)
Chapter 86 Government position is good (光祿寺卿)
Chapter 87 Getting locked up in the jail (監了)
Chapter 88 Going to buy books (買文書)
Chapter 89 Buying pearls' (買珠兒)
Chapter 90 Drinking tea at the teahouse (茶房)
Chapter 91 Making silver ornaments (銀盞)
Chapter 92 Royal guards of the palace (衛門官人)
Chapter 93 Eating meals at a restaurant (食店喫飯)
Chapter 94 Playing Chinese-style golf (打毬兒)
Chapter 95 Paying taxes (租稅)
Chapter 96 Visit of the government official (幾時行?)
Chapter 97 Having a painter draw a portrait (有名的畵匠)
Chapter 98 Funeral of the Lǎocáo(老曹出殯)
Chapter 99 Cooking rice (炊飯)
Chapter 100 Spring has come (打春)
Chapter 101 Beijing palace gateway (北京城門)
Chapter 102 Fishing (打魚兒)
Chapter 103 Charging a thief (申竊盜狀)
Chapter 104 Writing a petition (寫狀子)
Chapter 105 Putting up notices (寫告子)
Chapter 106 Story of Goryeo (高麗新聞)

However, the length of each chapter is very inconsistent, with chapters

1, 88, 93, 100, and 106 twice or thrice longer than the other chapters, and Chapter 101 'Beijing Palace Gateway (北京城門)' having only 11 lines, making it quite different from *Lao Qita* which is evenly divided. Perhaps, the chapters of *Piao Tongshi* were divided in accordance with the 106 lessons of *Lao Qita* but failed to adjust the length. The longer chapters are those with many topics such as Chapter 106 'Story of Goryeo (高麗新聞)', Chapter 88 'Going to Buy Books (買文書)', and Chapter 1 'Flower-Seeing Feast (賞花宴席)'.

As discussed earlier, *Lao Qita* took Lesson 72 of *Original Lao* (原老), which is about buying silk in one store, and divided it into Lessons 72 and 73 in *Lao Translation* (老諺) according to the length of the dialogue, making a total of 107 lessons. It appears that *Piao Tongshi* did not undergo this kind of length adjustment.

5.4

The quantity of each chapter and lesson of *Lao·Piao* is very important to various tests and assignments. According to Chung (1990), Sayeokwon prepared many different assignments and tests to verify the knowledge and skills of the officers. Most of all, there were Yeokgwa (譯科), which was the final qualification test for the officers, along with interviews (取才) for selecting entourage interpreter officers (隨行譯官) or officers on full pay (祿官), as well as many Gogang (考講), monthly tests, and Wonshi (院試), terminal examinations, for education at the Sayeokwon. When the testing methods were written tests or interviews, it was notified in Kyungukdaejeon (經國大典), and Gogang and Wonshi of Sayeokwon were regulated in Tongmungwanji (通文館志).

For these testing systems, the questions were taken from *Lao·Piao* because they were the very basic textbooks for testing Chinese literature, or Hànyǔ, and there were many cases in which specific lessons of *Lao Qita* or specific chapters of *Piao Tongshi* were selected for expounding. There were no problems for *Lao Qita* since each part was divided into an appropriate amount, but for *Piao Tongshi*, each chapter had a different length and certain parts needed to be selected for expounding (Chung 1990; 1987). This is why *Lao Qita* was used more frequently as the Hànyǔ textbook for various tests than *Piao Tongsh* was.

The successful officers who had passed the Gwageo (state examination, 科擧) still had a certain amount of exposition that they were mandated to read in each quarter so that they did not forget foreign languages. Even in this case, certain chapters and lessons of *Lao·Piao* were chosen for the reading, but it was inconvenient to assign *Piao Tongshi* because different parts needed to be selected within each chapter. Therefore, *Lao Qita*, which has consistent amount of text for each lesson compared to *Piao Tongshi*, became the main textbook.

VI. Are *Lao·Piao* Hànyǔ Textbooks for Elementary or Intermediate Levels?

6.0

This article was prepared to answer the questions raised about this author's argument that *Lao Qita* was the Hànyǔ textbook for elementary level and *Piao Tongshi* for intermediate level. Chung (1988) has claimed that *Lao Qita* was used as a beginner level Hànyǔ textbook, and that since *Piao Tongshi* was considered more difficult it was used as an intermediate level textbook, and it seems that researchers who had not thoroughly read *Lao·Piao* could not accept this.

As examined here, *Lao·Piao* could have been published in relation to each other, and used as complimentary textsfor educating Hànyǔ at the Sayeokwon. Therefore, what positions did *Lao Qita* and *Piao Tongshi* have as Hànyǔ textbooks?

6.1

As constantly emphasized above, *Lao·Piao* were the basic textbooks for various tests or assignments used to verify Hànyǔ abilities. There were many different kinds of testing systems to encourage government officers to learn foreign languages, among which the most important exam was the translation test (譯科) of the old state examination (科擧). As researched in Chung (1990), the state exam, Gwageo, was the most important national system that supported the Joseon Dynasty, and Gwageo was divided into literaryt and military arts, Munmu Daegwa (文武大科) and the miscellaneous examination, Jabgwa (雜科). Jabgwa was an important test that allowed middle class people (中人階級) to obtain a government positions as a government expert (技術官).

According to Chung (1990), the techniques included translation (譯), medicine (醫), the doctrin of the positive and negative(陰陽), geography (地理),· law (律科), and astronomy (天文科). That is, the translation exam (譯科) tests the translation skills, the medicine (醫科) of medical and pharmaceutical skills for curing illnesse of the human body, the doctrine of the positive and negative ((陰陽科) that tells fortunes, the geography (地理科) that reveals locations of the agricultural land and towns within the territory, the law (律科) that understands and executes law, and the astronomy (天文科) that studies the stars in the sky and manage the calendars. However, in a very strict hierarchical society as the Joseon Dynasty, this Jabgwa (雜科) was gradually mistreated and had been completely degraded by the end of Joseon (Chung 1990: 94). King Jeongjo did emphasize the importance of Jabgwa, but only for a while, and eventually Jabgwa became nominal and this led to the fall of Joseon by brining chaos to the Gwageo system.

6.2

As in the minor state and primary state exams (生員·進士科) of *Kyunggukdaejeon* (經國大典), the translation exam (Yeokgwa) had 2 stages of selection methods: first test (初試) and second test (覆試). Inchapter. 3 of *Kyunggukdaejeon*, every exam was categorized and the following testing methods (試式) were decided.

文科初試·覆試·殿試
生員·進士初試·覆試
譯科·醫科·陰陽科·律科初試·覆試

In chapter 4 of *Kyunggukdaejeon* 'selecting skilled people (取才)' clause, the test methods (試式) of the first (初試), second (覆試), final (都試) tests in the spring and autumn test of every year at state examination for military officers (武科) were regulated.

An examination of this test structure reveals that only exams for civil officials (Mungwa, 文科) had the three steps of testing with first, second, and final tests, and Jungshi (重試) was held every decade only for literary and military arts, Mungwa and Mugwa. All other had two steps of selecting methods: first (初) and second (覆). In effect, the various examination papers of the translation exam quoted by Chung (1990) show that there were two steps of first and second test.

The Chinese exam papers quoted by Chung (1990) include first test (初試), second test (覆試) and answer sheets (試券) of Liu Wun-gil (劉運吉) who took and passed the first test (初試) in the 12th year of King Jeongjo, and the 己酉式年試 second test (覆試) in the 13th year of King Jeongjo

(1789). These documents are reviewed to examine the questions of 譯科漢學 of 乾隆己酉, every three year (式年試).

The following Chinese literature assignments were written in Liu Wun-gil's answer sheet of 譯科初試, and the test was taken in '來己酉式年', in other words 己酉式年試의上式年 (1788).

老乞大: 自客人們打中火阿　止大片切着抄來吃罷
朴通事:
伍倫全備:
論語: 李氏旅於泰山
孟子
中庸
大學:　知止而后有定
飜經國大典

This shows that among the major textbooks, *Lao Qita* (老乞大), *Piao Tongshi* (朴通事), and *Oryunjeonbi* (伍倫全備), only *Lao Qita* (老乞大) was reflected in the questions of the first test, and among the Four Books, only 論語 and 大學 were reflected, i,. e., 飜經國大典, which is translation, was not reflected (Chung, 1990:112~134).

However, the answer sheet of the second test of 式年試, 今己酉式年試 which was conducted in 己酉 year (1789), comprised the following assignment.

老乞大:　自主人家還有一句話說　止明日好不渴睡
朴通事:　自咳今日天氣冷殺人　止吃幾盃解寒何如
伍倫全備:　自孃呵我捨不得孃去　止讀書做甚的
論語:　自成於榮
孟子:
中庸:
大學:
飜經國大典:　自隔等者止　下馬相揖

This shows that the questions about Chinese literature in '今己酉式年譯 科覆試' (1789年) were all from three major books (本業書 3册), from 論語 among the Four Books, and from translated 飜經國大典, and hence that, compared to '來己酉式年譯科初試', <朴通事> and <伍倫全備> of the major books (本業書) were added, and one subject from the Four Books was dropped. This indicates that the first exam tests the basic level of Hànyǔ based on the elementary level textbooks, while the second test comprised questions from rather difficult textbooks to test the specialized translation skills and knowledge.

By this, it is clear that *Lao Qita* was basic textbook just like the Four Books, where as *Piao Tongshi* had a higher level of difficulty. This is why Chung (1988) and others viewed *Lao Qita* as elementary level Hànyǔ textbook, and *Piao Tongshi* as intermediate. In addition, there were advanced textbooks that arranged Chinese classics such as *Oryunjeonbi* (伍 倫全備記), as shown in the answer sheet, into the Hànyǔ textbook.

Furthermore, researchers who had read and compared *Lao·Piao* have seen that compared to *Lao Qita*, *Piao Tongshi* has more difficult words and expressions, as well as more professional contents that were needed for the government officials to perform their tasks. That is, specialized information necessary for officials to perform their tasks in Beijing could be learned from *Piao Tongshi*, such as Chapter 32 'Writing Promissory Note (借錢文 書)', Chapter 44 'Documents for Slave Trade (賣奴文書)', Chapter 66 'Resignation of Government Officers and the Transition (替官)', Chapter 77 'Lawsuit (告狀)', Chapter 95 'Paying Taxes (租稅)', Chapter 103 'Charging a Thief (申竊盜狀)', Chapter 104 'Writing a petition (寫狀子)', and Chapter 105 'Putting up Notices (寫告子)'.

VII. Conclusion

7.0

The relationship between two Hànyǔ, *Lao Qita* and *Piao Tonghi*, which were Chinese textbooks of the Joseon Dynasty, studied. Both books were major Hànyǔ books and functioned as basic textbooks, but despite their being the focus of abundant research, no full-scale research has been conducted specifically to review the relationship between the two. Therefore, this article has concenturated on studying the connection between the two textbooks.

7.1

Lao·Piao were textbooks published to educate Hànéryányǔ which was the official language of Yuán Empire, and they were modified as the official language of China changed, from *Original Lao Qita*, *Revised Lao Qita*, and *Newly Interpreted Lao Qita*, to Reissued Lao Qita and from *Original Piao Tongshi*, *Revised Piao Tongshi*, to *Korean Translation of Piao Tongshi*. Original *Lao Qita* published in order to educate the Han language of the big city of Yuán, *Revised Lao Qita* to educate Nánjīng Guānhuà of Míng, *Newly Interpreted Lao Qita* to educate Beijing Mandarin of the Qīng(清) Dynasty, and this was edited to standard Běijīng Guānhuà in *Reissued Lao Qita*. *Piao Tongshi* was also modified when *Lao Qita* was being extended and newly interpreted, and there are *Revised Piao Tongshi* and *Newly Interpreted Piao Tongshi*.

In addition, *Translated Lao Qita* is the translation of the revised version after the creation of Hunmin-jeongeum, and *Korean Translation of Lao Qita* interpreted it again after the Japanese and Invasion Manchu War. Following this, *Newly Interpreted Korean Translation of Lao Qita* and *Reissued*

Korean Translation of Lao Qita were also published respectively. Similarly, *Piao Tongshi* included *Translated Piao Tongshi* which translated the revised version after the creation of Hangul, and *Newly Interpreted Korean Translation of Piao Tongshi*.

7.2

Lao·Piao was published in a similar era, and based on the 丙戌 year when the monk Boheo (步虛), appearing in *Piao Tongshi* Chapter 39 'Monk of Goryeo', preached in the big city, and "今年交大運丙戌" from Lesson 105 'Auspicious Day for Returning Home? (筭卦)' of *Lao Qita*, it appears that these were written by Goryeo government officials who were traveling in China around the time of 至正丙戌(1346) of Yuán.

The *Original Lao Qita* mentions the price of goods in bǎochāo (寶鈔), which shows that the prices in *Lao Qita* were reflecting the market price of Zhìzhèng (至正) (1341~1367), especially that of 1355~1368, which further supports this author's argument that *Lao·Piao* was written by Goryeo government officers who were traveling during this time.

7.3

Lao Qita and *Piao Tongshi* were textbooks for Hànyǔ exposition with complimentary and closely connected contents. Since both books were used as textbooks for Hànyǔ exposition, many contents were about educating Hànyǔ, and the main topics included names of Chinese dishes, proverbs and idiomatic phrases, and language necessary for daily life while living abroad in Beijing such as going to a hospital and trading. It was a textbook for learning Hànyǔ based on language used in everyday life.

7.4

Lao·Piao are both divided into 106 parts, each of which consists of dialogues expected in a given situation. Whereas *Lao Qita* is a book in which various scenes were selected within a continuous storyline of a trip past Liáodōng to the big city, Beijing, *Piao Tongshi* is arranged with dialogues that occur in 106 separate scenes.

However, *Korean Translation* of *Lao Qita*, published in later years, divided the long Lesson 72 'Various Fabric' into two lessons, to give 107 lessons, and *Newly Interpreted Korean Translation of Lao Qita* (新釋老乞大諺解) and *Reissued Korean Translation of Lao Qita* (重刊老乞大諺解) extended the lessons to 111 by adding 4 more. In Chapter 4 of *Lao Qita*, the titles of lessons 106 and 107, and the 111th lesson New Interpretation and Reissued version were proposed. The titles for the 106 chapters of *Piao Tongshi* were arranged based on the cumulative research done in the past.

7.5

In conclusion, *Lao·Piao* are two Hànyǔ textbooks with different levels of difficulty: *Lao Qita* for the elementary level and *Piao Tongshi* for the intermediate level. In Yeokgwa (譯科), the first comprised questions based on *Lao Qita*, whereas the questions of the second test, which is a higher level, were based on *Piao Tongshi*, indicating that the latter was used as an intermediate level textbook with more specialized knowledge compared to that of *Lao Qita*. Futhewrmore, it was also considered that there was *Oryunjeonbi* (伍倫全備) among the majors (本業書) that had a higher level of difficulty and more extensive vocabulary.

<References>

The references published in Korea and China are sorted according to the Korean alphabetical order based on the sound of Sino-Korean characters of the names of authors. Those published in Japan are based on the pronunciation of Japanese Kana (假名) by 50ondzu(音圖).

Kang (1978), 姜信沆,『朝鮮時代의 訳学政策과 訳学書 I』, 塔出版社, 서울
_____ (1985);『李朝時代의 訳学政策과 訳学者 II], 塔出版社, 서울
_____ (1988); "朝鮮時代漢學關係譯學者들의 業績에 대하여",『한국학의 과제와 전망』
            (제5회 국제학술회의 세계한국학대회논문집 I), 한국정신문화연구원.
            서울 연세대학교인문과학연구소), 제11집
_____ (1964b), 閔泳珪; "老乞大辯疑",『人文科学』(연세대학교 인문과학연구소), 제12
            집延世大出版部 영인본 <淸語老乞大>의 付禄으로 게재됨.
_____ (1966); "朴通事著作年代",『東国史学』(동국대), 제9·10집
Pak (2003), 朴在淵,『交點<老乞大> <박통사> 原文諺解比較資料』, 鮮文大學校中韓飜
            譯文獻研究所, 牙山
Ahn (1988), 安秉禧, "최세진의 '吏文諸書輯覧'에 대하여",『周時経学報』(주시경연구
            소), 제1호. 탑출판사
_____ (1994); "해제: <老乞大>와 그 諺解書의 異本", 이상택 편:『고전작품역주·연구
            및 한국근대화과정연구(1~2)』, 서울대학교한국문화연구소
_____ (1996); "老乞大와 그 諺解書의 異本",『인문논총』(서울大学校人文学研究所), 제
            35집
Yang (1995), 梁伍鎭, "朴通事製作年代小攷",『한국어학』(고려대) 제2집
_____ (1998); "老乞大朴通事研究-漢語文에 보이는 語彙와 文法의 特徵을 中心으로-",
            고려대학교 대학원 박사학위 청구논문, 서울: 太學社에서『老乞大朴通
            事研究』로 간행됨.
_____ (2008);『漢學書老乞大朴通事研究』, 제이앤씨, 서울
_____ (2010);『譯學書研究』, 博文社, 서울
Yu (1960), 劉昌惇, "朴通事考究",『인문과학』(연세대인문과학연구소), 제5집
Lee (1966a), 李丙疇, "老朴集覧考究",『論文集』(東國大人文科学) 제2호
___ (1966b), 李丙疇編校;『老朴集覧考』, 進修堂, 서울
Chang (1965), 張基槿; "奎章閣所藏漢語老乙大 및 解本에 대하여",『亜細亜学報』, 제1호.
Chung et al. (1999), 鄭光·南權熙·梁伍鎭, "元代漢語 <老乞大>──신발굴역학서資料

                <舊本老乞大>의 漢語를 중심으로—,『국어학』(국어학회), 제33호

_____ (2000); "<元代漢語本老乞大>의 解題",『元代漢語本老乞大』, 慶北大學校典叢書9, 慶北大学校出版部, 대구

Chung et al. (1992), 鄭光·宋基中·尹世英; "高麗大學校博物館所藏司譯院冊板",『省谷論叢』(省谷學術文化財團), 제23집

Chung & Yang (2011), 鄭光·梁伍鎭;『老朴集覽譯註』, 태학사, 서울

Chung & Yun (1998), 鄭光·尹世英;『司譯院訳学書冊版研究』, 고려대학교출판부, 서울

Chung & Han (1985), 鄭光·韓相権; "司訳院과 司訳院訳学書의 変遷研究",『德成女大論文集』(덕성여대), 第14集.

Chung & Seo (2010), 鄭丞惠, 徐炯國; "역학서에 반영된 물가와 경제",『어문논집』()제60호, pp. 153~187

Chung (1971), 鄭光; "司訳院 訳書의 表記法 研究",『国語研究』(서울대학교국어연구회), 第25号.

_____ (1974); "飜訳老乞大朴通事의 中国語音 표기 연구",『국어국문학』(국어국문학회), 제64호

_____ (1977); "최세진연구 1--老乞大·朴通事의 飜訳을 중심으로--",『덕성여대논문집』(덕성여대), 제10집

_____ (1987); "朝鮮朝訳科漢学과 漢学書 –英·正祖代訳科漢学試券을 중심으로–",『震檀学報』(진단학회), 제63호

_____ (1988);『司訳院倭学研究』, 太学社, 서울.

_____ (1989); "訳学書의 刊板에 대하여",『周時経学報』(周時経研究所), 제4집.

_____ (1990);『朝鮮朝訳科試券研究』, 성균관대학교 대동문화연구원, 서울

_____ (1999a); "元代漢語의<旧本老乞大>",『中国語研究開篇』(일본早稲田大学中国語学科), 제19호, pp.1~23

_____ (1999b); "訳学書研究の諸問題",『朝鮮学報』(日本朝鮮学会), 第170輯

_____ (1999c); "新発見<老乞大>について", 日本大阪市立大学文学部, 中国学·朝鮮学教室招請講演, 일본大阪市立大学講堂日時:1999年 6월 6일오후 2시~5시

_____ (2000);『原刊老乞大研究』(解題·原文·原本影印·併音索引)

鄭光主編, 編者梁伍鎭·南權熙·鄭丞惠, 外語教學与研究出版社, 北京

_____ (2000a); "최세진 生涯의 研究에 대한 再考와 反省",『語文研究』(韓国語文教育研究会), 제28권 1호(통권 105호/49~61)

_____ (2000b); "<老朴集覽>과 <老乞大>·<朴通事>의 旧本",『震檀学報』(震檀学会), 제89호

_____ (2002a);『原本老乞大』(解題·原文·原本影印·併音索引), 鄭光主編, 梁伍鎭·鄭丞惠

共編, 外語敎學与硏究出版社, 北京
___ (2002b); 『譯學書硏究』, J&C, 서울
___ (2004); 『역주原本老乞大』김영사, 서울
___ (2006); 『역주번역 노걸대와 노걸대언해』, 100대 한글 문화유산 45, 신구문화사, 서울
___ (2007a); "山氣文庫소장 {刪改} <老乞大>에 대하여", 『語文硏究』(韓國語文敎育硏究會), 제35권제1호(통권 133호) pp. 7~30
___ (2007b); '漢語敎材 <노걸대>의 장면분석, "『國語學』(韓國國語學會), 제49호, pp.235-252
___ (2010); 『역주원본노걸대』, 박문사, 서울국판, 2004년 김영사판본의 수정본
___ (2011); 『노박집람』해제, 鄭光·梁伍鎭(2011: 407~5010).
___ (2012); "고려본 <용감수경>에 대하여", 「<龍龕手鏡>에 대한 국제워크숍 기조강연요지」, 장소: 고려대민족문화연구원, 일시: 2012년 5월 25일.
___ (2014); "<노걸대>와 <박통사>", Lingua Humanitatis 15-3, pp. 11~57
Luō (1978), 羅錦堂; "老乞大諺解·朴通事諺解影印本刊行序文", 王必成(1978)의序
_____ (1978); "影印本刊行序文", 『老乞大諺解·朴通事諺解』(影印本), 聯経出版事業公司, 台北
Luō & Cài (1959), 羅常培·蔡美彪; 『八思巴字与元代漢語(資料彙編)』, 北京.
Xú (1990), 徐世榮編; 『北京土語辭典』, 北京出版社, 北京
Yáng (1957), 楊聯陞; "老乞大朴通事裏의語法語彙", 『慶祝趙元任先生六十五歲論文集上冊』(中央硏究院歷史語言硏究所集刊第29本), 台北 이 논문은 개고되어 王必成(1978)에 재록됨.
Lǚ (1985), 呂叔湘; 『近代漢語指代詞』, 学林出版社, 上海
___ (1987); "<朴通事>里의指代詞", 『中国語文』1987-6, 中国語文雜誌社, 北京
Wang (1978), 王必成; 『老乞大諺解·朴通事諺解』(影印本), 聯経出版事業公司, 台北
Liù (1987), 劉公望; "<老乞大>里의語気助詞也'", 『漢語学習』1987-5.
Lì (1981), 李学智; "老乞大一書編成経過之臆測", 『中韓関係史硏討会発表論文』, 台北中央硏究院.
Lin (1987), 林燾; "北京官話溯源", 『中国語文』(中国語文雜誌社) 1987-3, 北京
Dīng (1978), 丁邦新; "老乞大諺解·朴通事諺解影印本刊行序文", 『老乞大諺解·朴通事諺解』(影印本), 聯経出版事業公司, 台北
Zhū (1958), 朱德熙; "<老乞大諺解> <朴通事諺解> 書後", 『北京大学学報』1958-2. 이 논문은 杭州大学中文系語言研究室編『老乞大·朴通事索引』, 語文出版社, 北京. 의 序文(代序)로 전재되었다.
Hu (1984), 胡明揚; "<老乞大>複句句式", 『語文研究』(中国語文雜誌社), 1984-4, 北京.
Inaba (1933), 稲葉岩吉; "朝鮮疇人考-中人階級의存在에就いて-", 上·下, 『東亞經濟研究』,

第17卷第2·4號

Iriya (1973), 入矢義高; 陶山信男; “『朴通事諺解老乞大諺解語彙索引』序”, 采華書林

Oda (1953), 太田辰夫; “老乞大の言語について”,『中国語学研究会論集』제1호.

Oda & Sato (1996), 太田辰夫·佐藤晴彦編;『元版孝經直解』, 汲古書院, 東京

Ogura (1940), 小倉進平;『增訂朝鮮語學史』, 刀江書院 東京

Ogura & Kono (1964), 小倉進平·河野六郎;『增訂補註朝鮮語學史』, 刀江書院東京

Kin et al. (2002), 金文京外;『老乞大--朝鮮中世の中國語會話讀本--』, 金文京·玄幸子· 佐藤晴彦譯註, 鄭光解說, 東洋文庫 699, 平凡社, 東京』

Nakamura (1961), 中村完; “紹介＜朴通事上＞”,『朝鮮学報』(일본朝鮮学会), 제18집.

Funada (2001), 船田善之; “元代史料としての舊本＜老乞大＞ - 鈔と物價の記載を中心 として”,『東洋學報』(財團法人東洋文庫), 83-1, pp. 1~30

Furuya (2006), 古屋昭弘; “「官話」と「南京」についてのメモ - 「近代官話音系國際 學術硏討會」に參加して”, 中國語學硏究≪開篇≫(好文出版社) Vol. 25, 東京, pp. 119~123

Maeda (1973), 前田直典;『元朝史の硏究』, 東京大學出版會, 東京

Miyazaki (1946), 宮崎市定;『科擧』, 秋田屋, 東京

_____ (1987);『科擧史』, 平凡社, 東京

Dyer (1979); Svetlana Rimsky-Korsakoff Dyer, “Structural Analysis of *Lao Ch'i-ta*”, Unpublished Ph. D. thesis, Australian National University, Canberra.

____ (1983); *Grammatical Analysis of the Lao Ch'i-ta, With an English Translation of the Chinese Text*, Faculty of Asian Studies Monographs: New Series No. 3. Australian National University, Canberra.

____ (2005); *Pak the Interpreter* - an annotated translation and literary-cultural evaluation of the PiaoTongshi of 1677, The Australian National University, Canberra, Pandanus Books.

Courant (1894~6); M. Courant: *BibliographieCorèenne*, Tableau littèraire de la Corèecontenant la nomenclature des ouvragespublièsdansce pays jusqu'en 1890, ainsique la description et l'annalysedètaillèes des principauxd'entrecesouvrages. 3 vols. Paris.

_____ (1901); Supplèment à la bibliographieCorèenne.(Jusqu'en 1899), 1 vol. Paris.

Poppe (1954); N. Poppe, *Grammar of Written Mongolian*, Otto Harrassowitz, Wiesbaden.

____ (1964); *Introduction to Altaic Linguistics*, Otto Harrassowitz., Wiesbaden.

Ramstedt (1957); G. J. Ramstedt, *Einfuhrung in die altaischeSprachwissencchaft I*, Lautlehre, MSFOu 104: 1, Otto Harrassowitz, Wiesbaden.

□ 성명 : 정광(鄭光)
　　주소 : (139-221) 서울시 노원구 중계 1동 두타빌 A동 301호
　　전화 : +82-10-8782-2021
　　전자우편 : Kchung9@daum.net

□ 이 논문은 2013년 12월 10일 투고되어
　　　　　　2014년 1월 13일부터 2월 14일까지 심사하고
　　　　　　2014년 2월 28일 편집회의에서 게재 결정되었음.

Study on Directly Interpreted Books on Chinese Studies (直解類漢學書)[*]

Yang, O-Jin

(Korea, Duksung Women's University)

<Abstract>

우리나라는 역사적으로 오래 전부터 외국어 인재 양성을 위한 전문 교육기관인 사역원을 설립하고 외국어 인재를 선발하는 제도적 장치를 마련하였으며 이에 부응하는 다양한 외국어 학습서들을 개발하였다. 본 연구에서는 조선시대 외국어 학습서인 역학서의 종류와 역관(譯官) 등용을 위한 취재(取才)방식을 살펴보고 그 중 중국어 학습서의 한 부류인 직해류 한학서를 중심으로 그 종류와 언어적 특징을 고찰하였다. 본 고찰에 의하면 조선시대 외국어 교육기관인 사역원(司譯院)에서 사용된 외국어 학습서에는 중국어를 배우던 漢學書 외에 몽골어를 배우던 몽학서(蒙學書), 일본어를 배우던 왜학서(倭學書), 만주어를 배우던 청학서(淸學書) 등 다양한 교재를 사용하였으며, 취재 방식에는 강서(講書)·사자(寫字)·역어(譯語) 등 다양한 방법을 사용하였음을 알 수 있다.

직해류 한학서는 대체로 정통 한문(文言文)을 백화문으로 번역하는 형식을 취하였지만 언어면에서 각기 나름대로의 특징들을 지니고 있다. 우선『노재대학』은 시기적으로『성재효경』보다 앞선 시대의 한어를 반영하고 있을 것으로 예측되나 사실은 현대와 가까운『성재효경』의 언어가 오히려 훨씬 난해한 표현을 많이 사용하고 있음을 알 수 있다. 이것은『노재대학』의 한어가 정통 백화문(宋代漢語)을 반영하고 있는 것에 비해『성재효경』의 언어는 지배 민족인 몽골족 언어의 영향을 많이 받은 이른바 몽문직역체한어(元代漢語)의 특징을 반영하고 있기 때문인 것으로 보인다. 한편『훈세평화』는 비록『직해소학』의 축절식(逐節式) 해석 형식의 부족점을 극복하기 위하여 편찬한 것이기는 하나 기존 직해류 한학서의 영향을 완전히 벗어나지는 못한 것임을 알 수 있다.

---

[*] This study was funded by The Academy of Korean Studies (AKS-2011-AAA-2101: 「Comprehensive Study on the Translation Books in the Joseon Dynasty」)

The titles of directly interpreted books mentioned in this article will be represented in Mandarin Chinese using pinyin romanization for convenience, and the titles of other books will be rendered with their Sino-Korean pronunciations.

Key Words：漢學書, 直解類, 魯齋大學, 成齋孝經, 直解小學, 訓世評話

1. Introduction

Historically, Korea has implemented the policy of serving the powerful and befriending the neighbors (事大交隣), thus many generations of dynasties put emphasis on studying the languages of the neighboring countries. Therefore, professional educational institutions were established to foster talent in foreign languages, institutional strategies were prepared to select those with talents in languages, and foreign language translation books were developed to serve the purpose of teaching foreign languages. Due to geopolitical reasons, Chinese language education was considered the most important, and books on Chinese Studies (漢學書) – textbooks for teaching Chinese language – were widely used. During the Joseon Dynasty, Confucian scriptures such as *Sishusanjing* (四書三經) were initially used as books on Chinese studies, but as the official language changed in China, language textbooks corresponding to such changes were reported to be used. This means that there were textbooks that were written in colloquial style such as *Laoqida* (老乞大) and *Piaotongshi* (朴通事), and dictionaries for acquiring vocabulary such as *Yiyuleijie* (譯語類解), *Laopiaojilan* (老朴集覽), and *Yulujie* (語錄解). Moreover, there were so-called directly interpreted books (直解類), that explained authentic Chinese (漢文) into colloquial stylelanguage (白話文), such as *Luzhaidaxue* (魯齋大學), *Chengzhaixiaojing* (成齋孝經), *Zhijiexiaoxue* (直解小學), and *Xunshipinghua* (訓世評話). Until now, there has been considerable research conducted on foreign language translation books; however, not much attention has been paid to studies on the directly interpreted books on Chinese studies. The present study closely examines the types of translation books used historically and the methods of recruiting exams for appointing official interpreters, focusing on the types and linguistic characteristics of the directly interpreted books on Chinese studies, which was one of the Chinese language textbooks.

2. Types of Foreign Language Translation Books (譯學書) and Methods of Talent Selection (取才)

According to the literature, the language textbooks used at the Sayeokwon (司譯院), the institute for foreign language education during the Joseon Dynasty, included not only the Chinese books for learning Chinese, but also different textbooks for learning other foreign languages such as Mongolian language books (蒙學書) for Mongolian studies, Japanese language books (倭學書) for Japanese studies, and Manchu language books (女眞學書, later called 淸學書) for Manchu studies. During the reign of King Sejong in the Joseon Dynasty, there was a talent selection exam for appointing official interpreters, which included three parts: Hanlihak (漢吏學, the study of the language used in diplomatic documents between Korea and China), Jahak (字學, the study of the origin, sound, and meaning of words), and Yeokhak (譯學, translation of foreign languages). In the *Sejong Chronicles* (世宗實錄) of March of the 12th year (1430), the types and range of translation books can be estimated by looking at the list of books for talent selection (取才書) submitted by the Sangjeongso (詳定所)1) of Muojo (戊午條).

---

1) Sangjeongso (詳定所) was a temporary organization established to legislate regulations and laws or prepare policies and systems in the Joseon Dynasty.

Hanlihak (漢吏學): Language used in diplomatic documents between Korea and China

Shujing (書), *Shijing* (詩), *Sishu* (四書), *Luzhaidaxue* (魯齋大學), *Zhijiexiaoxue* (直解小學), *Chengzhaixiaojing* (成齋孝經), *Shaoweitongjian* (少微通鑑), *Qianhouhan* (前後漢), *Lixuezhinan* (吏學指南), *Zhongyizhinan* (忠義直言), *Yongzixue* (童子習), *Dayuantongzhi* (大元通制), *Zhizhengtiaoge* (至正條格), *Yuzhidagao* (御製大誥), *Piaotongshi* (朴通事), *Laoqida* (老乞大), *Shidawenshutenglu* (事大文書謄錄), *Zhishu* (製述): *Zouben* (奏本), *Qiben* (啓本), *Ziwen* (咨文).

Jahak (字學): Study of the origin, sound, and meaning of words
Dazhuan (大篆), *Xiaozhuan* (小篆), *Bafen* (八分)[2]

Yeokhak (譯學): Study of Foreign Language Translation
Hanhun (漢訓): Study of Chinese language (books for Chinese studies)
Shujing (書), *Shijing* (詩), *Sishu* (四書), *Zhijiedaxue* (直解大學), *Zhijiexiaoxue* (直解小學), *Xiaojing* (孝經), *Shaoweitongjian* (少微通鑑), *Qianhouhan* (前後漢), *Gujintonglue* (古今通略), *Zhongyizhinan* (忠義直言), *Yongzixue* (童子習), *Laoqida* (老乞大), *Piaotongshi* (朴通事)

Monghun (蒙訓): Study of Mongolian language (books for Mongolian studies)
Dailouyuaji (待漏院記), *Zhenguanzhengyao* (貞觀政要), *Laoqida* (老乞大), *Kongfuzi* (孔夫子), *Subashi* (速八實), *Baiyanbodou* (伯顔波豆), *Tugaoan* (吐高安), *Zhangji* (章記), *Juliluo* (巨里羅), *Hechihouluo* (賀赤厚羅)

Seoja (書字): Short letters and writings
Weiwuzhen (偉兀眞), *Tieyuezhen* (帖月眞)

Woehun (倭訓): Study of Japanese language (books for Japanese studies)
Xiaoxi (消息), *Shuge* (書格), *Yilubo* (伊路波), *Bencao* (本草), *Tongzijiao* (童子教), *Laoqida* (老乞大), *Yilun* (議論), *Tongxun* (通信), *Tingxunwanglai* (庭訓往

---

2) *Bafen* (八分) is the style of writing that falls between *Lishue* (隷書) and *Zhuanshu* (篆書), and is also called *Bafenti* (八分體) or *Bafenshu* (八分書).

來), *Jiuyangwuyu* (鳩養物語), *Shuzi* (書字)

Compared to the above-mentioned Three Studies (三學), the section on Manchu studies was established later in the Sayeokwon, and so does not appear in the *Sejong Chronicles* (世宗實錄) as one of the various fields of study for the talents selection. Thus, some aspects of books on Manchu studies and other foreign language translations can be found in the translation book sregistered in the *Gyeonggukdaejeon* (經國大典) (1485) Vol. 3 [Yejeon (禮典, Book of Courtesy)] 'Yeokgwa (譯科, Test for Interpreters)' article (鄭光, 2002:27).

Preliminary test for interpreters (譯科初試):
額數: 漢學二十三人, 蒙學、倭學、女眞學各四人(司譯院錄名3)試取)
Number of examinees: 23 people for Chinese studies, 4 people each for Mongolian studies, Japanese studies, and Manchu studies (names are registered at the Sayeokwon before taking the test)4)

The first test of Chinese studies (漢學鄕試):
黃海道七人, 平安道五十人 (觀察使定差使員錄名試取)
The regional test for Chinese studies is set for 7 people in Hwanghae Province (黃海道) and 15 people in Pyongan Province (平安道). (A provincial governor will dispatch a delegated administrator to register names and then administer the test.)

Exposition of the meaning of the old writings (講書):
漢學-四書 (臨文), 老乞大、朴通事、直解小學 (背講)

---

3) 'Nokmyong (錄名)' refers to the examinee registering his name after getting his references checked by submitting his documents, including information regarding the government position, names, and family clan of the examinee himself and ancestors going back four generations before the exam. The examinee must pass the short ability test called 'Joheulgang (照訖講)' and have the background of the ancestors of four generations examined in order to register for the exam.

4) Henceforth, the Korean translation of the *Gyeonggukdaejeon* is taken from the *Translated and Interpreted Gyeonggukdaejeon*, (譯註經國大典) (Yoon, Gukil: 1991: Yeogang Publisher).

For Chinese studies, give an exposition of the *Sishu* (四書) (by reading them), and *Laoqida* (老乞大), *Piaotongshi* (朴通事), and *Zhijiexiaoxue* (直解小學) (by memory).

Writing (寫字):

For Mongolian studies, transcribe from *Wangkehan* (王可汗), *Shouchengshijian* (守成事鑑), *Yushijian* (御史箴), *Gaonanjiatun* (高難加屯), *Huangdujiaxun* (皇都大訓), *Laoqida* (老乞大), *Kongfuzi* (孔夫子), *Tieyuezhen* (帖月眞), *Tugaoan* (吐高安), *Baiyanbodou* (伯顔波豆), *Dailouyuanji* (待漏院記), *Zhenguanzhengyao* (貞觀政要), *Subashi* (速八實), *Zhangji* (章記), *Hechihouluo* (何赤厚羅), *Juliluo* (巨里羅)

For Japanese studies, transcribe from *Yilubo* (伊路波), *Xiaoxi* (消息), *Shuge* (書格), *Laoqida* (老乞大), *Tongzijiao* (童子敎), *Zayu* (雜語), *Bencao* (本草), *Yilun* (議論), *Tongxun* (通信), *Jiuyangwuyu* (鳩養物語), *Tingxunwanglai* (庭訓往來), *Yingyongji* (應永記), *Zabi* (雜筆), *Fushi* (富士)

For Manchu studies, transcribe from *Qianzi* (千字), *Tianbingshu* (天兵書), *Xiaoerlun* (小兒論), *Sansuier* (三歲兒), *Zishiwei* (自侍衛), *Basuier* (八歲兒), *Quhua* (去化), *Qisuier* (七歲兒), *Chounan* (仇難), *Shierzhuguo* (十二諸國), *Guichou* (貴愁), *Wuzi* (吳子), *Sunzi* (孫子), *Taigong* (太公), *Shangshu* (尙書)

譯語: 漢學、蒙學、倭學、女眞學 (並飜經國大典臨文)
Translation (譯語): Translate *Gyeonggukdaejeon* (經國大典) for Chinese studies, Mongolian studies, Japanese studies, and Manchu studies (open-book).

The final exam of test for interpreters (譯科覆試):
額數: 漢學十三人, 蒙學、倭學、女眞學各二人 (本曹同本院提調錄名試取)
Number of examinees: 13 people for Chinese studies, 2 people each for Mongolian studies, Japanese studies, and Manchu studies (Names are registered at Bonjo (本曹) with the Sayeokwon public service (提調) before taking the test)

講書: 同初試(願講五經、少微通鑑、宋元節要者, 聽臨文)
Exposition of the meaning of the old writings: The same as the preliminary

test (If examinees prefer to explain *Wujing* (五經), *Shaoweitongjian* (少微通鑑), or *Songyuanjieyao* (宋元節要), they can do so with their books open.)

寫字、譯語: 同初試
Writing and Translation: The same as the preliminary test

As mentioned above, *Gyeonggukdaejeon* regulates that 23 people for Chinese studies, and 4 people for Mongolian, Japanese, and Manchu studies be selected respectively at Gyungshi (京試) administered in Seoul as the first test, which was the preliminary test for interpreters, where examinees got verification of their qualification and registered their names before taking the test. For Hyangshi (鄉試), the regional test of Chinese studies, 7 people from Hwanghae Province and 15 people from Pyongan Province were selected, and the examinees registered their names through the delegated administrator dispatched by the province governor before taking the test.

As for the methods of testing, exposition of the meaning of the old writings (講書), transcription (寫字), and translation (譯語) were used. For Chinese studies, exposition was mainly utilized. *Sishu* (四書)–*Lunyu* (論語, The Analects of Confucius), *Mengzi* (孟子, Mencius), *Zhongyong* (中庸), and *Daxue* (大學) – were tested using the explanation through open-book reading (臨文講書) style, which required examinees to open their books, read the contents in Chinese pronunciation, and then interpret in Korean language. On the other hand, *Laoqita*, *Piaotongshi*, and *Zhijiexiaoxue* were tested using memorization (背講) method in which participants recited the contents from memory and explained them. For Mongolian, Japanese, and Manchu studies, transcribing (寫字) method was usually used in which examinees memorized and wrote the contents asked in the test. For translation part, Chinese, Mongolian, Japanese, and Manchu studies all used open-book translation (臨文飜譯) method which require examinees to look at the book of *Gyeonggukdaejeon* and translate the contents into Korean language.

In the final exam, which was the actual test, 13 people from Chinese studies and 2 people from Mongolian, Japanese, Manchu studies were selected respectively, and the examinees had to get verification of their qualification and register their names with the public office of the Sayeokwon at Yejo (禮曹) to take the test. The exposition method of the final exam was the same as the preliminary test, but when the examinees wished to explain *Wujing* (五經), *Shaoweitongjian* (少微通鑑), or *Songyuanjieyao* (宋元節要), open-book reading method was used where the examinees read the material from the book and explained the contents. Transcription and translation methods were the same as the preliminary test.

According to the records of *Tongmoongwanji* (通文館志)5)(1970) Vol. 2, [Quanmian (勸獎)] Keju(科擧) Article, which was compiled by the Sayeokwon after *Gyeonggukdaejeon*, it was regulated that each of the test cover 8 foreign language translation books; 8 books of Chinese studies, 8 books of Mongolian studies, 8 books of Japanese studies, and 8 books for Manchu studies. The selection process of the official interpreter of the Sayeokwon during the Joseon Dynasty had been restructured several times as it went through Japanese Invasion of Korea and the Manchu War. After the times of *Qicitenglu* (啓裔緝謄錄) and *Shoujiaojilu* (受教輯錄) of 1698, *Dianlutongkao* (典錄通考) of 1706, and *Tongmoongwanji* (通文館志), Xudadian(續大典) of 1746 is the finally established version. According to the records in *Lidian*

---

5) The first book of *Tongmoongwanji* was compiled by the translation officer Kim Jinam (金指南) and his son Kyungmun (慶門) during the reign of King Sookjong in the Joseon Dynasty, and it is the revised version (改鑄甲寅字本) which consists of 8 volumes and 3 books published as private property of Lee Sunbang (李先芳), Byun Jeongro (卞廷老) from the Office of Chinese Studies (漢學官) and Nam Dukchange (南德昌) from the Office of Manchu Studies (淸學官) in 1720 (46th year of King Sookjong).

(禮典) *Yike* (譯科) Article of *Xudadian*, there are some differences compared to the *Gyeonggukdaejeon*: parts about proctors (試官) were added; *Zhijiexiaoxue* (直解小學) was replaced with *Wulunquanbei* (五倫全備) for exposition test in Chinese Studies; and other changes were made for books for transcription test (鄭光, 1990:79).

3. Types of Directly Interpreted Books on Chinese Studies (直解類漢學書)

3.1 *Luzhaidaxue* (魯齋大學)

Luzhaidaxue (魯齋大學), also known as *Daxuezhijie* (大學直解, Directly Interpreted Daxue), has been considered lost (失傳) for a long time in Korea. Also, in the Luzhai (魯齋) Article of the annotation of *Gyeonggukdaejeon*, there is a record that says "魯斋許衡元人" and so it was assumed that Xuheng (許衡) of the Yuan Dynasty complied it. Therefore, there has been almost no research on this book in Korean academia. However, this document was included in the collection of literature of Chinese language of Yuan Dynasty (元代漢語), *Jindaihanyuyufaziliaohuibian* (近代漢語語法資料彙編) (YuandaiMingdaiJuan (元代明代卷)), published in China, which allowed examination of real appearance of Chinese language. The source of this document is known to be based on *Taiwan Wenyuange Sikuquanshuyingyinben* (臺灣文淵閣四庫全書影印本).

The evidence of *Luzhaidaxue* being used as the book for Chinese studies in Joseon Dynasty can be found in the following literature.

『世宗實錄』(1426):

禮曹據司譯院牒啓: 在前四孟朔取才, 依三館例, 以四書·詩·書·古今通略·小學·孝經·前後漢·魯齋大學·老乞大·朴通事, 周而復始, 臨文講試… (『世宗實錄』 권33, 8년 8월조)

The Sejong Chronicles (世宗實錄) (1426):

The Office of Protocol reported through a simple official document of the Sayeokwon, "In the old days, the traditions of Three Government Office (三館) were followed when administering recruiting exams in the first month of each season (四孟朔)[6], which required periodic repetition of open-book reciting of *Sishu, Shijing, Shujing, Gujintonglue, Xiaoxue, Xiaojing, Qianhouhan, Luzhaidaxue, Laoqida,* and *Piaotongshi*…" (The *Sejong Chronicles*, Vol. 33, August of the 8th year).

『經國大典』(1471):

承文院官員, 每旬提調講所讀書詩·書·四書·魯齋大學·直解小學·成齋孝經·小微通鑑·前後漢·吏學指南·忠義直言·童子習·大元通制·至正條格·御製大誥·朴通事·老乞大·吏文謄錄, 又製吏文給分數, 歲杪通考定等第(『經國大典』 禮典獎勸條)

Gyeonggukdaejeon (經國大典) (1471):

For the officials of Seungmoonwon (承文院, The Office of Diplomatic Documents), it was required to give exposition on books that the administrative officers (提調) studied every decade (每旬), which included *Shijing, Shujing, Sishu, Luzhaidaxue, Zhijiexiaoxue, Chengzhaixiaojing, Shaoweitongjian, Qianhouhan, Lixuezhinan, Zhongyizhinan, Yongzixue, Dayuantongzhi, Zhizhengtiaoge, Yuzhidagao, Piaotongshi, Laoqida,* and *Liwentenglu.* Also,they were required to compose Liwen (吏文), which were graded, and the scores were accumulated at the end of the year and used to rank them.

According to the aforementioned records, the scale of books for Chinese studies used in the Sayeokwon and Seungmoonwon for the talent selection exams can be presumed, and it can be categorized into the Confucian

---

6) '四孟朔取才' means that the exams that were held in the first month of each season, spring, summer, fall, and winter; in other words, the exams were held in the first month of the year, April, July, and October in the Joseon Dynasty.

classics, *Sishu*, *Liwen*, and conversation books. Also, it can be noted that *Luzhaidaxue, Zhijiexiaoxue, Chengzhaixiaojing, Laoqita*, and *Piaotongshi* were mainly used as the conversation books.

Xuheng (許衡, 1209~1281), the author of *Luzhaidaxue*, was a Confucian scholar during the end of the Song and beginning of the Yuan Dynasty. He was from Henei (河內) of Yuan (current Henan Qinyang, 河南沁陽), and his ja(字, a name, other than the given name, used for calling adults) was Zhongping (仲平) and ho (號, another name used in a more informal manner) was Luzhai (魯齋). He was a scholar knowledgeable of the Chungchu Confucianism (程朱理學) and held government positions as Jibhyundaehaksa (集賢大學士) and Gookjajejoo (國子祭酒), and wrote books such as *Luzhaiyisu* (魯齋遺書). His biography can be found in Yuanshi (元史) Vol. 158, 45th Liezhuan (列傳) and Mengwuershiji (蒙兀兒史記) Vol. 86, 68th Liezhuan (列傳). *Luzhaidaxue* is Daxue that he interpreted into written colloquial Chinese of that time, and the title of the book is originated from his ho (號) Luzhai, and it is included in *Luzhaiyisu* (魯齋遺書) Vol. 3. The actual year of publication of *Luzhaidaxue* is unknown but it can be assumed that it was published before 1281, during the living years of the author. It is the oldest directly interpreted book of Chinese studies that was used in the Joseon Dynasty, and it appears to have had direct influence on the publication of other Directly Interpreted Books of Chinese studies such as *Chengzhaixiaojing*.

3.2 *Chengzhaixiaojing* (成齋孝經)

Chengzhaixiaojing, also known as *Zhijiexiaojing* (直解孝經, Directly Interpreted Books of Filial Duty) or *Xiaojingzhijie* (孝經直解, The Book of Filial Duty Direct Interpretation), was published in China during the mid Yuan Dynasty, and it was used as one of the initial books on Chinese studies in Korea along with *Luzhaidaxue*, as indicated in the examples of literature mentioned earlier. Another indication can be found in the records of the

Sejong Chronicles as follows:

『世宗實錄』(1423):
禮曹據司譯院牒呈啓: 老乞大·朴通事·前後漢書·直解孝經等書, 緣無板本, 讀者傳
寫誦習, 請令鑄字所印出. 從之.(『世宗實錄』 권20, 5년 6월 임신조)
The Sejong Chronicles (1423)
The Office of Protocol requested through a simple official document of the
Sayeokwon, "Since there is no printed copies of *Laoqita, Piaotongshi,
Qianhouhanshu,* and *Zhijiexiaojing,* people who have read them are copying
them to pass on and teach others, and we request that orders be given to the
Printing Office to print these books." This request was followed through as
is (*The Sejong Chronicles,* Vol. 20, June of the 5th year, Yimshin Article).

In the records of literature on Chinese studies, there are various names
of books such as *Zhijiexiaojing, Xiaojing,* and *Chengzhaixiaojing,* and it
appears that these all refer to the same book. In the *Jindaihanyuyu-
faziliaohuibian* (近代漢語語法資料彙編) (*YuandaiMingdaiJuan* (元代明代卷))
published in China, *Xiaojingzhijie,* 校記, (1995) was included, and according
to this, the original title of this book was Xinkanquanxiangchengzhaixiaojingzhijie
(新刊全相成齋孝經直解) and a famous writer of the late Yuan Dynasty,
Guanyunshi (貫雲石, 1286~1324), interpreted *Xiaojing* into Chinese language
of the Yuan Dynasty. It seems that people called this version *Chengzhaixiaojing*
or *Zhijiexiaojing* based on the original title of the book. In this article, this
book is referred to as *Chengzhaixiaojing* for convenience. The whole aspect
(全相) means the whole shape (全像), which indicates that there is an
illustration at the top of each page of the book.

The author Guanyunshi (貫雲石)'s original name was Xiaoyunshihaiya
(小雲石海涯) and he came from the Uighur people. He was a writer of the
Yuan Dynasty and had ho (號) of Chengzhai (成齋) or Suanzhai (酸齋). He
held the government positions as Liangzhunwanhudaluhuachi (兩淮萬戶達

魯花赤) and Hanlinxueshizhizhigao (翰林學士知制誥) in Yuan, and was so knowledgeable of Chinese language that he could compile national history. According to the Story of Xiaoyunshihaiyazhuan (小雲石海涯傳) in the Yuanshi (元史), Vol. 143, 30th Lizhuan (列傳), he took the surname Guan from his father's name, Guanzhige, and made the Chinese name, Guanyunshi. He also added his own ho (號) as Shuanzhai (酸齋), and among many collections of works, *Zhijiexiaojing* is recorded to be known to the public. As seen in the records of literature mentioned earlier, *Chengzhaixiaojing* was used as the main textbook for teaching Chinese language in the Sayeokwon and Seungmoonwon during the Joseon Dynasty, but it was known to be lost in the Korean academia and so not much attention has been given to it.

In the preface of this book written in classical Chinese (文言文), the author reveals the purpose of writing this book, details about how this book was influenced by *Daxuezhijie* (directly interpreted Daxue) by Teacher Luzhai, and the time spent on writing it. The main body follows the preface, and annotations and direct translation continue from the 1st *Kaizongmingyizhang* (開宗明義章第一) to the 18th *Sangqinzhang* (喪親章第十八). Since the author is known as a famous writer of his time, it would not be too far-fetched to consider his written language and spoken language as the model example of the language used at that time. The author discusses the purpose of publishing *Chengzhaixiaojing* as follows:

『成齋孝經』(1308) 序文:
嘗觀魯齋先生取世俗之言直說大學，　至於耘夫蕘子皆可以明之…愚未學輒不自持,
僭效直說孝經, 使匹夫匹婦皆可曉達, 明於孝悌之道…時至大改元, 孟春旣望, 宣武
將軍兩淮萬戶府達魯花赤小雲石海涯北庭成齋自敍(『成齋孝經』 序文)
The preface of *Chengzhaixiaojing* (1308):
Early on, Teacher Luzhai interpreted *Daxue* in commoner's language so that farmers and lumberjacks could understand… I do not have such deep

knowledge but I dare to follow the Teacher and interpret *Xiaojing* so that ordinary people can understand and realize the principles of filial piety and brotherly love. Around the time of the reign of Zhida (至大) (1308), on the 16th of the first month, I write Xuanwujiangjun (宣武將軍) Liangzhunwanhufu (兩 淮萬戶府) Daluhuachi (達魯花赤) Xiaoyunshihaiya (小雲石海涯) Beitingchengzhai (北庭成齋) for myself.

According to this record, it is clear that the author directly interpreted *Xiaojing* because he wanted to emulated how Teacher Luzhai interpreted *Daxue* in commoner's language, and that it was published in Zhida (至大) reign of Yuan (1308).

3.3 *Zhijiexiaoxue* (直解小學)

Although it is difficult to figure out the exact year of the publication or the detailed conditions of *Zhijiexiaoxue* (Directly Interpreted Xiaoxue) due to the fact that this book is currently lost, it is known that this book was published in Korea by Seol Jangsoo (偰長壽, 1340~1399) from China who became naturalized citizen of Korea at the end of the Goryeo Dynasty. Also, by looking at the title of the book, it is apparent that it was a directly interpreted book on Chinese studies which interpreted the original text of *Xiaoxue* into colloquial style language (白話文), and it can be estimated that the period for its compilation and publication was before the death of Seol Jangsoo in 1399.

Zhijiexiaoxue was the main textbook used in the Sayeokwon and Seungmoonwon during the Joseon Dynasty. The position this book had as one of the books on Chinese studies during that time can be assumed through the records of previously discussed *Sejong Chronicles* (1426) and *Gyeonggukdaejeon* (1471). In the *Annals of the Joseon Dynasty* (朝鮮王朝實 錄), *Zhijiexiaoxue* appears as many as 20 times, and the first appearance is found in the record of the death of Seol Jangsoo in the first year of King Jeongjong (1399). Some parts of *Jeongjong Chronicles* are reviewed below.

『定宗實錄』(1399):

判三司事偰長壽卒, 諱長壽, 字天民. 其先回鶻高昌人, 至正己亥, 父伯遼遜挈家避地 于我國, 恭愍王以舊知賜田宅封富原君……十月以疾卒, 年五十九……公天資精敏 剛强, 善爲說辭, 爲世所稱. 自事皇明朝京師者八, 屢蒙嘉賞. 所撰『直解小學』行于 世, 且有詩藁數帙.(『定宗實錄』 권2, 원년 10월 19일 을묘조)

Jeongjong Chronicles (1399)

Pansamsasa (判三司事, a high government position) Seol Jangsoo passed away. His hui (諱, name given after one's death) was Jangsoo (長壽) and ja (字) was Cheonmin (天民). His ancestors were people of Uighur Gaochang. In the 36th year of Zhizheng (至正) (1359), his father Baek Lyoson (伯遼遜) brought his family to take refuge in our country, and King Gongmin gave them farmland and houses as well as the position as Boowongoon (富原君) because they were close friends with the King… He died in October due to illness at the age of 59… He had inborn righteousness and agility, was strong and firm, talked well, and was praised by the world. Since he began serving Hwangmyung (皇明), he attended the Royal Court at Gyongsa (京師) in Ming 8 times, and was highly praised several times. His written work, *Zhijiexiaoxue*, was published for the world to see, and there were also several books of draft poems. (*Jeongjong Chronicles*, Vol. 2, October 19th of the first year, the Year of the Hare)

『世宗實錄』(1434):

僉知司譯院事李邊, 吏曹正郎金何, 回自遼東, 引見于思政殿. 初邊何之往遼東也, 進 儒林謁權印千戶許福及鄔望、劉進, 願質『小學直解』言語, 仍出示之, 福等看讀稱 讚. 進曰: ……看此解說偰宰相不是等閒人, 比於『魯齋大學』『成齋孝經』此語尤 好……遼東人等見『小學直解』嘆美, 欲以他書換之者多矣…望曰: "……若將此書 敎訓子弟卽與華音無異.(『世宗實錄』 권64, 16년 4월 2일 己酉조)

The Sejong Chronicles (1434)

Cheomji Sayeokwon Officer Lee Byun (李邊) and Yijojeonglang Kim Ha (金何) came back from Yodong (遼東) province and met at Sajeongjeon (思政殿).

When Lee Byun and Kim Ha first went to Yodong, they went to the class of Confucian scholars and met Gwonyincheonho Heobok (許福), Ohmang (鄔望), and Yoogin (劉進), who wanted to ask them questions regarding the language of *Xiaoxuezhijie*, and when they showed the book, Heobok and others read it and complimented. Yoojin said, "… Looking at this interpretation, Prime Minister Seol is not a negligent person. Compared to *Luzhaidaxue* and *Chengzhaixiaojing*, these expressions are far better." The people of Yodong read *Xiaoxuezhijie* and admired it so much that they wanted to exchange it with other books. Ohmang said, "… if we educate our children with this book, it will teach pronunciation that is no different from Chinese pronunciation." (*The Sejong Chronicles*, Vol. 64, April 2nd of the 16th year, the Year of the Fowl)

『成宗實錄』(1487):
御經筵, 講訖, 領事尹弼商啓曰: 直解小學實學漢語之捷徑, 今抄文臣等常仕承文院讀習此書, 粗解漢訓可與唐人相語, 然後入送如何? 上曰: 今年姑停入送, 令讀直解小學.(『成宗實錄』 권200, 18년 2월 7일 丁丑조)

The Seongjong Chronicles (1487)

The King went to the Gyungyeon (where he studied the Confucian classics with the vassals). After the exposition, Consul Yoon Pilsang said, "*Zhijiexiaoxue* truly is a shortcut for learning Chinese language, and what do you think about having the newly selected literary vassals attend Seungmoonwon all the time to read and study this book so that they learn some Chinese language to be able to communicate with Chinese people before we actually send them there?" The King replied, "Then stop sending people for this year and have them read *Zhijiexiaoxue*." (*The Seongjong Chronicles*, Vol. 200, February 7th of the 18th year, the Year of the Ox)

According to these records, *Zhijiexiaoxue* was compiled by Seol Jangsoo who fled to Korea from China at the end of Goryeo Dynasty during the reign of King Gongmin (Zhizheng of China, the year of the Swine, 1359), and it was published before the death of the author in 1399 (The first year of the reign of King Jeongjong). Also, during the reign of King Sejong,

Cheomji Sayeokwon Officer Lee Byun and Yijojeonglang Kim Ha went to Yodong province of China where they met some Chinese Confucian scholars who read *Zhijiexiaoxue* and complimented that its language was better than *Luzhaidaxue* and *Chengzhaixiaojing*, and there were many people of Yodong who admired this book so much that they wanted to exchange it with other books. Furthermore, they said that this book would be able to teach their children the pronunciation that is no different from the actual Chinese pronunciation.

Although *Zhijiexiaoxue* is known to be used as one of the major textbooks for Chinese language in the Sayeokwon and Seungmoonwon since its publication, there are references that point out the fact that there were disparities between the book and the actual language of that time, since Chinese language itself went through changes as years passed. According to the records in the *Seongjong Chronicles (成宗實錄)* (Vol. 158, September 29th of the 14th year, the Year of the Rat), the lead ambassador Gegui (葛貴) from China read *Zhijiexiaoxue* and said that the translation itself was very good but it had old expressions which were different from the actual language being used. He also pointed out that people would not understand it since it was not written in the standard language, and suggested that the book be taken to Yanjing (燕京) for revision.

Even if this were true, this book firmly kept its position as the textbook for Chinese studies until it was replaced by *Wulunquanbei* (五倫全備記)[7] years later. In the preface of the *Translated Wulunquanbei*, it is stated that *Laoqita, Piaotongshi*, and *Zhijiexiaoxue* were used as books for Chinese studies in earlier days, but in the middle age, "*Xiaoxue* was replaced by *Wulunquanbei*[8] because it was no longer Chinese language." There are

---

7) The original title of *Wulunquanbei* (伍倫全備記) is '新編勸化風俗南北雅曲伍倫全備記'. It was written by Qiujun (丘濬) (1421–1495) from Ming, and is in the form of a script and reflects the Chinese language during the Ming Dynasty in the fifteenth century.

different opinions about the specific time of transition from *Zhijiexiaoxue* to *Wulunquanbei*; 小倉進平 (1940, p. 594) asserts that it was during the time of *Tongmoongwanji* (Sookjong 46th year, 1720)[9] while 姜信沆 (2000, p. 104) insists that *the Scriptures of King Gwanghae* (光海君日記) of the 12th year (1620) already recorded *Wulunquanbei* as being used as the textbook for Chinese studies.[10]

3.4 *Xunshipinghua* (訓世評話)

Xunshipinghua is a Chinese language textbook complied by Lee Byun, a famous scholar of the Chinese classics in Korea, during the early years of Joseon. This book carries special meaning compared to other books on Chinese studies of that time, such as *Zhijiexiaoxue* published by a naturalized citizen Seol Jangsoo who originally came from China, or

---

8) 本業三書, 初用老朴及直解小學, 中古以小學非漢語, 易以此書。(『伍倫全備諺解』序)

At first, the three books *Laoqita*, *Piaotongshi*, and *Zhijiexiaoxue* were used, but during the middle period *Zhijiexiaoxue* was different from the Chinese and so this book replaced it.

9) 『通文館志』(二卷)科擧のには、背講用として『老乞大』『朴通事』『五倫全備』の三種を擧げ、其の下註に"初用『直解小學』、中間代以『五倫全備』とある。本書の用語が成宗の頃から漸次時用に遠ざかって來たといふことは、既に前にも述べた通りであるが、『通文館志』の時代に至り、終に『五倫全備』を以て之に代用することとなったのである。(小倉進平, 1940:594)

In the chapter about the state exam in *Tongmoongwanji* Vol. 2, *Laoqita*, *Piaotongshi*, and *Wulunquanbei* were expected to be explained by memorization, but in the annotation below it states, "*Zhijiexiaoxue* was first, but it was replaced by *Wulunquanbei* in the middle." As stated already, the wording of this book was becoming differentiated from the usage of Seongjong period, and *Wulunquanbei* was substituted only at the time of *Tongmoongwanji*.

10) 承文院啓曰: 祖宗朝以來, 設文官漢語肄習之規, 極嚴且重, 漢語則通慣『老乞大』『朴通事』『五倫全備』, 然后, 始訓官者僅一二人.(『光海君日記』권158, 5b, 12년(1620) 11월 戊子條)

Seungmoonwon requested, "Since the early Jojong period, there has been a regulation that required the literary vassal to study Chinese and Liwen, and that regulation was very strict. In the case of Chinese, *Laoqita*, *Piaotongshi*, and *Wulunquanbei* were to be memorized thoroughly, and the number of the Hungwan who were asked to (proctor) was limited to one or two people."

Luzhaidaxue and *Chengzhaixiaojing* that were compiled in mainland China. The author reveals the purpose of the publication in the preface as follows:

『訓世評話』(1473) 序文:
我國家設承文司譯院, 講肄習讀官常習漢音, 其爲慮至深切矣. 但所習者不過『直解小學』『老乞大』『朴通事』『前後漢書』. 然『直解小學』逐節解說, 非常用漢語也. 『老乞大』『朴通事』多帶蒙古之言, 非純漢語, 又有商賈庸談, 學者病之……臣今年踰八秩, 日迫西山, 朝暮奄辭聖代, 無以報答列聖之鴻恩. 思效一得之, 愚以補涓埃, 迺採勸善陰騭諸書中可爲勸戒者數十條, 與平昔所聞古事數十, 總六十五條, 俱以譯語飜說, 欲令學漢語者, 並加時習. (『訓世評話』序文)

The preface of *Xunshipinghua* (1473):
My country has Seungmoonwon and Sayeokwon and pays special attention by requiring language specialists (講肄官) and instructors of various studies (習讀官) to study Chinese all the time. However, there are only few books that are taught such as *Zhijiexiaoxue*, *Laoqita*, *Piaotongshi*, and *Qianhouhanshu*. Moreover, *Zhijiexiaoxue* is not commonly used Chinese since it contains phrase-by-phrase (逐節的) interpretations. *Laoqita* and *Piaotongshi* contain a lot of Mongolian, thus they are not pure Chinese but vulgar language of merchants, which is shunned by the learners… This servant's age grows past 80 and as the sun sets in the west, I soon wish to bid farewell to thegreat reign of the benevolent King, and there is no way I can repay all the grace of the King. Just to play a little part in making some contributions, I selected stories worth promoting, from books that advise people to do good things and have hidden virtues, and from other old tales I have heard, adding up to 65 stories, and translated these into Chinese colloquial language to teach people who wish to learn Chinese.

The author of this book, Lee Byun (1391~1473), was a former literary vassal in early years of the Joseon Dynasty and was an outstanding Chinese interpreter. According to the preface, the Chinese textbooks used during the time were limited to *Zhijiexiaoxue*, *Laoqita*, *Piaotongshi*, and *Qianhouhanshu*, and the author stated that *Zhijiexiaoxue* was different from the commonly used Chinese because each passage of the original text of *Xiaoxue* were interpreted into colloquial style language, and also pointed out that *Laoqita* and *Piaotongshi* contained too many Mongolian-Chinese expressions as well as too many vulgar slangs used by merchants. Thus, to overcome the limitations of the preexisting textbooks for Chinese studies, the author chose 65 disciplinary stories from books that advise people to do good things and have hidden virtues written in classic Chinese and translated them into colloquial Chinese.

The existing copy of this book has two volumes combined into one book, and volume one contains 2 pages (葉) of postscripts by Yoon Huiyin (尹希仁), the great-grandchild of Lee Byun, and 37 stories written on 51 pages (葉), while volume two has 28 stories written on 52 pages (葉) and 2 pages of Lee Byun's preface from the first book. The main text places the original text (written in classical Chinese) first and adds the colloquial translation accordingly, and the original text is 10 lines and 17 words while the translation is 10 lines and 16 words (朴在淵, 1998:16). According to literature, it is recorded that this book was compiled in year 1473 (4th year of King Seongjong)[11], published in 1480, and published again as xylographic book in 1518 by Lee Byun's great-grandchild, Yoon Huiyin.

When the sources of the original text of *Xunshipinghua* were examined, it showed that 60 stories from Chinese official history (正史), history written among people (野史), and simple stories (筆記) were selected, and 5 from

---

11) 領中樞府使李邊集古今名賢節婦事實, 譯以漢語, 名曰訓世評話, 以進, 傳曰: 今見所撰書, 嘉賞不已, 賜油席一張, 簑衣一件, 仍命饌酒, 令典校署印行. (*The Seongjong Chronicles*, Vol. 31, June of 4th year ,Yimshin Article)

The officer Lee Byun (李邊) reorganized the story of Myunghyun (名賢) and the wife in Chinese and named it *Xunshipinghua* and reported it to the king who said, "Now that I read the reorganized story, I feel pity", and bestowed one youxi (油席) and one suoyi(簑衣) and requested to serve liquor and asked the officer to publish it.

Korean old books (古籍) or legends (傳說) were included. The stories included in this book mostly convey Confucius ideology, which can be classified into fidelity (5 stories), filial duty (10 stories), benevolence (26 stories), and justice (14 stories), and the other types (7) seem to contain animal fables and humorous stories (劉德隆, 1998:76-99). Meanwhile, there is no reference in the literature that speaks to how this book was used in the Sayeokwon and Seungmoonwon, but there is evidence that shows the firm position of *Zhijiexiaoxue* as the major Chinese textbook for a long period of time, and considering how the author devoted himself to compile the former book and criticized the latter as being the phrase-by-phrase interpretation and not the usage of the common Chinese, it raises an interesting question as to why.[12]

4. Format of Directly Interpreted Books on Chinese Studies

Among the directly translated books on Chinese studies examined above, only the *Zhijiexiaoxue* is lost and the actual state of the book cannot be studied. However, judging by the fact that the records of Sejong 16th year (1434) describes the incident in which the Cheomji Sayeokwon officer Lee Byun and Yijojeonglang Kim Ha goes to Yodong province where they meet Confucian scholars who read *Zhijiexiaoxue* and say that its language is better than *Luzhaidaxue* and *Chengzhaixiaojing*, it can be assumed that this

---

12) *Zhijiexiaoxue* kept the position of the major Chinese textbook even after the publication of *Xunshipinghuain* in 1480, and it was replaced by *Wulunquanbei* much later (at least in the 12th year of King Gwanghae (1620)).

book was written in similar style as the other two. The compilation format of *Luzhaidaxue* and *Chengzhaixiaojing* is reviewed below.

First, the examples from *Luzhaidaxue* will be studied.

Original text: 大學之道在明明德(17)13)
Direct translation: '大學之道'是大學敎人爲學的方法, '明'是用工夫明之, '明德'是人心本來元有的光明之德. 夫子說, 古時大學敎人的方法, 當先用工夫明那自己光明之德, 不可使昏昧了.
Daxuezhidao(大學之道) is the way Daxue teaches people how to learn, and Myung (明) means to study and to enlight. Myungduk (明德) is the bright virtue inherently placed within in people's hearts. Confucius says that the way Daxue teaches people is to first have them study so as not to cloud over their bright virtue and continue lighting up.

Original text: 在親民(18)
Direct translation: '親'字本是'新'字, '民'是指天下百姓. 說大人爲學, 旣明了自己明德, 又當推此心使那百姓每各去其舊染之汚, 以明其明德, 也都一般不昏昧.
The word chin (親) is originally the word shin (新). Min (民) refers to the people of the world. For magnanimous man (大人) to learn means not only to brighten up his myungduk (明德) but to have this heart reach the people so that they can discard the polluted and light their myungduk and prevent everyone from clouding over.

Original text: 在止於至善(18)
Direct translation: '止'是必到這裏, 不改移的意思. '至善'是說極好的去處. 大人之學, 明自己的明德, 新百姓每的明德, 都要到那極好的去處, 不可些改移方是成功. 這三句是『大學』一部書的綱領, 所以叫做三綱領.
Ji (止) means something will surely reach here and not move. Jisun (至善)

---

13) From here on, the numbers of *Luzhaidaxue* and *Chengzhaixiaojing* indicate the page numbers of *Jindaihanyuyufaziliaohuibian* (近代漢語語法資料彙編) (YuandaiMingdaiJuan (元代明代卷)).

means a very virtuous place. A magnanimous man's learning brightens his myungduk as well as people's myungduk and reaches the virtuous place and stays there without moving, which is the ultimate success. These three passages is the doctrine of *Daxue* and so it will be called the Three Doctrines (三綱領).

These examples are passages from the first part of *Daxue*, where one verse of the original text is followed by the detailed annotation written in colloquial language, but as seen in the examples, a lot of the author's personal opinions are added to the original text.

The following are some examples from the front part of *Chengzhaixiaojing*.

Original text: 仲尼居(49)
Direct translation: 仲尼是孔夫子的表德, 居是孔子閑住的時分
Joongnee (仲尼) is the virtuous conduct (表德) of Confucius, and geo (居) is the time in which Confucius stays leisurely.

Original text: 曾子侍
Direct translation: 孔子徒弟姓曾名參, 根前奉侍來
The disciple of Confucius, whose surname is Jeung (曾) and first name is Cham (參), is serving him closely.

Original text: 子曰
Direct translation: 孔子說
Confucius says

Original text: 先王有至德要道
Direct translation: 在先的聖人有至好的德, 緊要的道理
The old saint had very good virtue and critical means

Original text: 以順天下
Direct translation: 以這箇勾當順治天下有
With these, ruled the world with reason

Original text: 民用和睦
Direct translation: 百姓每自順和順有
The people were harmonious

Original text: 上下無怨
Direct translation: 上下全都無怨心有
Upper class and lower class (上下) all had no resentment in their hearts

Original text: 汝知之呼
Direct translation: 你省得麼
Do you understand this?

These are from *Chengzhaixiaojing*, and although the author says in the preface that he followed *Luzhaidaxue* to compile this book, it takes the format of directly interpreting the original text into colloquial language which is actually different from the latter. In other words, it does not follow the format of *Luzhaidaxue* in which the author adds his own opinions to the colloquial interpretations.

Next, the examples from *Xunshipinghua* will be reviewed.

Original text: 虞舜, 父頑母嚚, 象傲常欲殺舜克, 諧以孝不格姦. 後爲天子, 不殺象, 封之有庳.(1)[14]
Direct translation: 古時, 虞舜他的父親瞽叟, 心裏無有德行. 後娘也口裏無些兒好言語. 後娘生的象阿越暴虐, 一心兒只要殺舜麼. 舜阿十分孝順, 感動他回心, 不到姦

---

14) From here on, the numbers in the parenthesis in the examples of *Xunshipinghua* indicate the order of the stories.

惡. 後頭做了皇帝, 不殺象, 顚倒封他有庫地面. 這個是天下的大孝.

Long ago, Woo Soon's father Gosoo (瞽叟) lacked virtue of the heart and his stepmother was foul-mouthed. Stepmother's son Sang (象) was vicious and always tried to kill Soon (舜). However, Soon touched him with utmost filial love and prevented him from drifting off to the place of wickedness. Later when he became the emperor, he did not kill Sang but rather gave him a government position in the Yoobi (有庫) area. This is the big filial love of the world.

Original text: 姜詩孝母, 汲江數里. 舍側湧泉, 日有雙鯉(3)
Direct translation: 古時, 姜詩孝養母親. 他母親愛喫江水和鯉魚, 姜詩分付他娘子, 每日到四五里地挑將水來. 有一日, 家邊忽然湧出一眼井水和江水一般滋味. 又每日家一雙鯉魚兒出來, 這般有孝感.

Long ago, Gangshi supported his mother dutifully. His mother said that she wanted water and carp from the river, and he asked his wife to travel to the river 2-2.5km away to draw water. One day, well water suddenly began to gush out from the ground next to his house and the water tasted the same as the river water. Also, one pair of carp appeared everyday which was due to his impressive filial love.

As seen above, there are a lot of things in the colloquial interpretation part of *Xunshipinghua* that were added to the original text. That is, the author had pointed out in the preface that *Zhijiexiaoxue* was phrase-by-phrase interpretation and not common Chinese, and he intentionally avoided phrase-by-phrase format by adding supplementary information in the original text to consider both the completeness of the story and acquisition of Chinese. In today's point of view, it seems to have been written in edited translation (編譯) format.

Meanwhile, since the lost *Zhijiexiaoxue* as criticized as being phrase-by-phrase interpretation in the preface of *Xunshipinghua*, it could be assumed that it had a similar format as *Chengzhaixiaojing*.

5. Linguistic Characteristics
of Directly Interpreted Books on Chinese Studies

5.1 The Language of *Luzhaidaxue*

There are various theories in academia about Modern Chinese language regarding how Chinese is classified according to time periods, and one of the major claims is as follows. That is, Humingyang (胡明揚) (1992:8) divides the periods of Modern Chinese into three phases.

1) Early Modern Chinese (from end of Sui (隋末), early Tang (唐初) period to Wudai (五代) BeiSong (北宋) period: from 7th to 11th Century)
2) Mid Modern Chinese (SongYuan (宋元) period: from 10th, 11th to 14th Century)
3) Late Modern Chinese (from Yuanming (元明) period to early Qing (淸初) period: from 14th to 17th Century)

Moreover, the linguistic characteristics of the Modern Chinese are proposed as follows.

1) For sound of speech, agitation of the strict relationship of yin and yang intonation (陰陽入聲, intonation of old Chinese that became lost during the Yuan Dynasty); mixed usage or loss of -p, -t, -k which were the ending syllable (韻尾) of old Chinese intonation (入聲); transition from a fortis of vowel and consonant of the initial sound of the syllable (全濁聲母) to a surd sound (淸音化); loss of the ending syllable -m.
2) For grammar, emergence of postpositional article, '的 (jeok)', '了 (lio)', '哩 (li)/ 呢 (ni)' and overall substitution of the traditional article system; replacement of '彼 (pi)' and '此 (cha)' by demonstrative pronoun '這 (jeo)' and '那 (na),' appearance and development of sentence structures using preposition '將 (jang)' and '把 (pa)'; emergence, development and loss of 'verb + 將 (jang) + directional word' sentence structure.

3) For basic vocabulary, emergence of personal pronoun '我 (ah), 你 (ni), 他 (ta)' and their replacing of the traditional personal pronoun '吾 (oh)', '爾 (yi)', '其 (gi)'; appearance of plural suffix '們 (moon)'; and so on.

According to this argument, the language of *Luzhaidaxue* (before year 1281) belongs to the period of Mid Modern Chinese, and the study of the grammar and vocabulary of this book shows that it has all the linguistic characteristics of Modern Chinese mentioned above. Some examples will be reviewed here.

Original text: 曾子曰: 十目所視, 十手所指, 其嚴乎?(30)
Direct translation: 這是門人引曾子平日的言語發明上文的意思. 說那小人在幽獨處幹了不好的事, 只說人不得知, 不知被人將他肺肝都看見了, 便與那十目同視着, 十手同指着一般, 這幽獨處豈不甚是可畏?
This is the explanation of the above sentence that a disciple gave using the usual quotations of Jeungja (曾子). A narrow-minded person did an unkind thing when he was alone and said nobody would know, but in fact people all see his lung and liver which is the same as seeing with ten eyes and pointing with ten fingers. How can being alone be not frightening?

Original text: 外本內末, 爭民施奪.(39)
Direct translation: '爭民'是使百姓每爭鬪, '施奪'是教百姓每劫奪. 爲人君者以德爲外, 不去自明其德; 以財貨爲內, 專去聚斂那財, 百姓每見在上的人如此, 也都爭鬪劫奪起來, 便是爲人君的教他一般. 所以說外本內末, 爭民施奪.
'Jangmin (爭民)' is to have people pick a fight, and 'shital (施奪)' is to have people rob one another. When the king pushes away and does not light the virtue, while only pulling in and collecting riches, people will see what their superior is doing and fight and rob, which is the same as the king teaching them to. Thus pushing away the fundamentals and pulling in the end is the same as teaching the people to fight and rob.

Original text: 是故言悖而出者亦悖而入, 貨悖而入者亦悖而出.(40)
Direct translation: '言'是言語, '悖'是違悖不順利, '貨'是財貨. 曾子承上文說, 人若

有不順理的言語出自於我, 加於他人, 他人也把那不順理的言語加到於我. 正似那財貨一般, 若有不順理取將進來的, 終也不順理散將出去, 此是必然之理.

'Un (言)' is words, 'pae (悖)' is something that crosses and goes against reason, and 'hwa (貨)' is the riches. Jeungja (曾子) connected the sentences and said that if a man says something against reason to others, then they will say things against reason to him. It is the same for wealth, in which wealth collected against the law of nature will be lost against the law of nature. This is the inevitable logic.

As seen in these examples, the direct translations in *Luzhaidaxue* contain almost all the characteristics that 胡明揚 (1992) suggested. That is, it is easy to find examples of postpositional particle '的' and '了' and plural suffix '們(每)', and sentence structures using demonstrative pronoun'這' and '那', personal pronoun '我' and '他', and preposition '將' and '把', as well as sentences that use 'verb + 將 + directional word' (O取將進來/O 散將出去). Only, there are no examples of modal particle '哩/呢' and personal pronoun '你'.

5.2 The Language of *Chengzhaixiaojing*

Chengzhaixiaojing (hereupon *Chengxiao*) was published in 1308 which was years after *Luzhaidaxue*, and there are many other special expressions used in the language in addition to the general characteristics of Modern Chinese mentioned above. Some examples are reviewed here.

1) Usage of postpositions

① 根底(gendi)

Original text: 故母取其愛而君取其敬, 兼之者父也.(52)
Direct translation: 母親根底愛的心官裏根底敬的心這兩件兒父親根底都有着(『成

孝』士章第五)
The love towards the mother and the love towards the king, these two all belong to the father.

As shown here, *Chengxiao* uses '根底' which is the postpositional form. An interpretation of '根底' offered by Choi Sejin in *Laopiaojilan* (老朴集覽) is as follows:

根前알픠根底알픠比根前稍卑之稱("累字解" 2-1)
'根前 (Genqian)' means 'in front of'. '根底' is a more vulgar expression compared to '根前 (Genqian)'.

According to this explanation, '根底' was used as '根前' and it proves that '根底' was already being used as an informal language at the time of publication of *Fanyi Laoqita* (飜譯老乞大) (hereupon *Fanlao* (飜老)).

Both '根底' and '根前' were postpositional form, meaning 格 (to~), and it appears that they were influenced by Mongolian language. In Mongolian, the postpositions play various roles as case markers, and in Mongolian bilingual text of *Wonjobisa*, '阿察'(-aca/-ece) was marked as '處' and '迭/突兒'(-dur/-dür) as '行', and '根前' or '根底' was written in the translation. These indicate ablative case, dative case, and locative respectively.

② 上頭 (shangtou)

Original text: 是故非法不言, 非道不行.(51)
Direct translation: 爲這般上頭呵, 無法度的言語休說, 無道理的勾當不行有.(『成孝』卿大夫章第四)
Due to this reason, do not say things against custom and do not do things against reason.

In *Chengxiao*, '上頭 (due to, because of)' was frequently used as the postposition indicating causal relationship. '上頭' is also marked as '上' and this usage is found in many other literature of the same time. The usage of '上頭' also seems to be a form of postposition influenced by Mongolian, and it corresponds to '禿剌' (tula) in the bilingual text of *Wonjobisa*.

2) The Usage of the Modal Particle, '呵' (a)

Original text: 謹身節用以養父母.(52)
Direct translation: 自家的身起勤慎少使用了呵, 孝養父母着.(『成孝』庶人章第六)
One needs to behave and economize himself first and serve his parents faithfully.

It is apparent that the modal particle '呵' was used a lot in *Chengxiao*. The interpretation of '呵' in *Laopiaojilan* (老朴集覽) is as follows:

時, 猶則也. 古本用呵字, 今本皆易用時字, 或用便字.("単字解" 5-1)
'時(shi)' is the same as '則(chic)'. '呵' was used in the old version of the book, but it is replaced with '時 (shi)' or '便 (bian)' was used instead in this version.

This interpretation reports that '呵' used in the old *Laoqita* was replaced with '時' in the newest version, and the actual example of the replacements can be found in *Yuanben Laoqita* (原本老乞大) (hereupon *Yuanlao* (原老)) and *Fanlao* (飜老).

身已安樂呵, 也到[得有]. (『原老』 the front page of page 1)
身已安樂時, 也到. 모미편안ᄒ면가리라 (『飜老』 上 the front page of page 2)
If body is sound, perhaps we will arrive there.

旣恁賣馬去呵, 咱每恰好做伴當去. (『原老』 the front page of page 3)
你旣賣馬去時, 咱們恰好做火伴去. 네 ᄒ마 ᄆᆯ 풀라가거니우리번지서 가미마치됴토다 (『飜老』 上 the front page of page 8)

If you are also on your way to selling the horses, it is nice that we are accompanying one another.

'啊 (he)' functions as subjunctive, condition, pause and other various modal particle, and it was used a lot in Yuan Chinese. It also appears to have been influenced by Mongolian language. 余志鴻 (1992:3) saw '啊' as a postposition and analyzed '啊' as being used as a correspondence of '阿速' (-[b]asu/esü) of Mongolian.

3) The Usage of the Demonstrative Pronoun, '阿的' (ade)

Original text: 蓋天子之孝也(50)
Direct translation: 阿的是天子行孝的勾當有(『成孝』天子章第二)
This is how the king should act on filial duties.

The demonstrative pronoun, '阿的 (ade)' was used a lot in *Chengxiao*. '阿的' in Modern Chinese was also expressed in many other ways such as '兀的 (wude)', '兀底 (wudi)', '兀得 (wude)', '窩的 (wode)'.

According to 呂叔湘 (1985:241), it is assumed that '阿堵 (adu)', used as demonstrative pronoun indicating nearby objects (近稱) in Jinsong period, was changed into '阿的 (ade) (di, 底)' and '兀的 (zhede) (di, 底)' in Songyuan period, which was used in the form of'這的' until it was modified to '這' in modern times. Meanwhile, '阿的' is assumed to be the written expression of Mongolian 'ede'.

4) Special Expressions

There are a lot of special expressions found in the sentences structures of *Chengxiao*. Some are reviewed here.

① 不……那甚麽 (bu…nashenme)

> Original text: 故不愛其親而愛他人者, 謂之悖德, 不敬其親而敬他人者, 謂之悖
> 禮.(54)
> Direct translation: 這般呵, 把自家父母落後了, 敬重別人呵, 阿的不是別了孝道
> 的勾當那甚麽?(『成孝』聖治章第九)
> If you do not serve your parents and serve others instead, would this not
> be acting against filial duties?

In *Chengxiao*, rhetorical question '不…那甚麽' was found in two places,
which was a question format that emphasizes the affirmation, as in "… is
it not?"

② ……麽道 (modao)

> Original text: 身體髮膚, 受之父母, 不敢毀傷, 孝之始也.(50)
> Direct translation: 身体頭髮皮膚從父母生的, 好生愛惜者, 休教傷損者, 麽道.
> 阿的是孝道的為頭児, 合行的勾当有.(『成孝』開宗明義章第一)

There is the following interpretation in *Laopiaojilan* (老朴集覽) for the
verb '麽道 (modao)'.

> 麽, 本音모. 俗用為語助辞, 音마. 古人皆呼為모…元語麽道, 니르ᄂ다. 麽, 音마, 今
> 不用("単字解" 4-2)
> The pronunciation of '麽' is originally 'mo'. Generally, it is used as a particle
> in classical Chinese and pronounced as 'ma'. People of the past all pronounced
> it 'mo'. … In the language of the Yuan Dynasty, '麽道' means 'reach'. '麽' is
> pronounced as 'ma'. It is no longer used.

According to this explanation, '麽道' means 'reach', was Yuan Chinese,
and by the time of Choi Sejin, it was not being used anymore. There are

many examples of this expression in other literature of the Yuan Dynasty, and it was used as "… said…" when referring to quotations.

如今同姓的人做夫妻的體例無, 麼道. (『通制條格』 卷三婚姻禮制)
Presently, there is no law that allows people of the same surname to be married.
那達魯花赤是甚麼人有? 麼道. 聖旨問呵. 回奏, 姓崔的漢兒人有, 麼道, 奏呵.(『元典章』 倚勢抹死縣尹)
The King asked, "What kind of person is the governor?" It was answered, "He is Han Chinese with the surname of Choi."

俺的女子到他家呵, 專一門後向北立地, 他的女子到俺家呵, 正面向南坐, 麼道.(『元朝秘史』,『元明資料彙編』 213)[15]
It is said, "When my daughter reaches his house, let her stand behind the door towards north, and when his daughter reaches my house, let her sit towards south."

According to 田中謙二 (1962), these usages of '麼道' corresponds to "(1) ge·en, (2) ge·eju, (3) ge·ek'degsed aju'ue" of the original Mongolian text in蒙漢對譯白話碑文, and these are all modifications of Mongolian verb, 'ge·e'(speak).

③ 有(you)

Original text: 敬其親者不敢慢於人.(50)
Direct translation: 存着自家敬父母的心呵, 也不肯將別人來欺負有.(『成孝』 天子章第二)
When one has the heart to respect his parents, he will not look down on others.

---

15) The numbers of *Wonjobeesa* (元朝秘史) indicate the page numbers of *Jindaihanyuyu -faziliaohuibian* (近代漢語語法資料彙編) (YuandaiMingdaiJuan (元代明代卷)).

Using '有' at the end of the sentence is one of the characteristics of Yuan Chinese as indicated in *Laopiaojilan* (老朴集覽).

漢兒人有, 元時語必於言終用有字, 如語助而實非語助, 今俗不用. (『老集』上 1-1)
漢兒人有: Yuan Chinese always places '有' at the end of a sentence, and it may look like a particle in classic Chinese but it actually is not. It is no longer used in the public.

As seen here, the final ending of a sentence '有' was used as a particle in classic Chinese, which existed in Yuan Chinese but was not used during the time of Choi Sejin. These kinds of usage of '有' can be found in other literature of the Yuan Dynasty.

Poppe (1954:157) argues that Mongolian verb 'buị(is)', 'bolaị (is)', 'bülüge (was)' and all finite forms of the verb 'a- (to be)', 'bayi- (to be)', and verb 'bol- (to become)'all were written as 繫辭 (copula). Therefore,'有' was used instead of Mongolian 'buị, bolaị, bülüge, a-, bayi-, bol-', which were written at the end of the sentence had a syntactic function of indicating the end of the sentence. This is the characteristic of Yuan Chinese that was affected by Mongolian.

5) Inversion of Object

It is a general characteristic of Chinese to place a verb in front of an object. However, there are many formats of the object being placed in front of the verb in *Chengxiao*. Here are some examples.

Original text: 以顯父母, 孝之終也.(50)
Direct translation: 這般上頭顯得咱每父母名聽有, 這般呵, 是一生的孝道/了也.
(『成孝』開宗明義章第一)
By doing this, the reputation of the parents gets well established. This is the way to complete all the filial duties of lifetime.

> ……這般呵, 是了/一生的孝道也.16)

Original text: 制節謹度(50)
Direct translation: 大使錢的勾當休做着, 小心依着法度行者. (『成孝』諸侯章第三)
One should not do things that require reckless spending of money and should follow the custom respectfully.
> ……休做/大使錢的勾當着

Original text: 孝子之事親也, 居則致其敬(55)
Direct translation: 孝順底孩兒在家侍奉父母呵, 敬重的心/有着.(『成孝』紀孝行章第十)
Children who are dutiful to their parents should have respect in their hearts when serving their parents at home.
> ……有/敬重的心着

In today's Chinese, the only way to have an object in front of a verb is when there is a preposition '把/將', and if not, it can sometimes be used to emphasize the object. However, there are noticeably many examples of inversion of objects and verbs in *Chengxiao* probably because Chinese, which has the SVO format, was influenced by Mongolian, which is the SOV format. In other words, the language in *Chengzhaixiaojing* shows typical Yuan Chinese which was affected by Mongolian, and so has far more complicated language compared to *Luzhaidaxue* which was published earlier.

5.3 The Language of *Xunshipinghua*

The period in which *Xunshipinghua* was published (1473) was Chinese Ming Dynasty during the reign of Chenghua (成化), so it seems it reflects the Late Modern Chinese. Actually, this book contains language very similar

---

16) From here on, the part marked by the sign '>' is Chinese language that this author tried to rearrange according to the common grammatical order.

to today's Chinese. *Xunshipinghua* not only reflects the general characteristics of today's Chinese, but also includes traces of Yuan Chinese as well as special expressions not found in other literature. Some of the examples are illustrated here.

① 道的(daode)

Original text: 孟宗, 性至孝(4)
Direct translation: 古時, 孟宗道的人, 本性孝順
Long ago, a person named Maengjong (孟宗) had personality that conveyed dutifulness to parents.

Original text: 忽見舟至, 乘到泉城島, 遇其夫未死(17)
Direct translation: 忽然小船風浪里到來, 這婦人連忙上船, 漂到一箇泉城道的海島, 撞見他的丈夫, 還活在那裏.
Suddenly, a small boat approached in the middle of the storm. The lady quickly climbed on board and floated to an island called Cheonsungdo (泉城島) and met her husband who was still alive.

In this resource, '道的' form was used 35 times, and other than two occasions in which it was used behind names of places, all the rest were used behind the names of people. This usage could be viewed as being influenced by Yuan Chinese, but there is no reference of this expression in other literature of Yuanming period. However, since Yuan Chinese express "⋯ said ⋯" as '麼道' when referring to quotations because of the influence of Mongolian, it could be assumed that '道'(speak) was combined with the structural relation postpositional particle '的' which functions as a determiner to express '⋯ called ⋯' because of the influence of Korean.

② 根前(genqian)

Original text: 其子失禮於祖母(34)
Direct translation: 他的兒子祖孃根前無禮
His son was rude to the grandmother.

Original text: 此是魯哀公問政於孔子時鋪坐之席也(51)
Direct translation: 這箇是魯國襄公孔夫子根前問政時鋪的席子
This is the mat used when King Xianggong (襄公) of the Lu (魯) Dynasty asked Confucius about politics.

Original text: 一日, 若水詣知州, 屏人告曰(21)
Direct translation: 一日, 若水到知州跟前, 辟人告說
One day, Ruoshui went to zhizhou (知州) and asked everyone to be dismissed before speaking.

As examined in the language part of *Chengzhaixiaojing*, both '根前' and '根底' were influenced by Mongolian postposition that means "to (someone)" and it is assumed that there are still traces of Yuan Chinese in this book.

③ 上(shang)

Original text: 賜妻縑帛以從葬之(15)
Direct translation: 却那死的婦人上多賞他錢糧, 盡禮埋葬
Money and food was given to the dead women as an award and a funeral was conducted with respect.

Original text: 家人答以失禮御祖母(34)
Direct translation: 家下人說道: 老奶奶上無禮, 奶奶惱他, 這般做來.
The servant said that (he) did something rude to the grandmother and grandmother acted like that because she was angry.

'上' also means "to (someone)" and is assumed to be influenced by Mongolian postposition. This is supported by the fact that '根底' used in *Yuanlao* was modified to '上' in *Fanlao*.

④ 呵(a)

Original text: 主曰: "爲我織絹三百匹, 卽放爾."(5)
Direct translation: 那主人說: 你織出三百匹絹子呵, 放你去.
The master said, "Weave three hundred rolls of silk for me and I shall let you go."

Original text: 盜曰: "釋汝刀從我可全, 不從我則殺汝姑."(15)
Direct translation: 那强盜說道: 媳婦你颩了刀兒從我呵, 保你身子, 不從我呵, 便殺你婆婆.
The robber said to her, "If you throw away the knife and listen to me, you will be safe, but if not, I will kill your mother-in-law."

As examined in the language part of *Chengzhaixiaojing*, it can be analyzed that '呵' was influenced by Mongolian postposition that has subjunctive meaning.

⑤ 阿的/這的(ade/zhede)

Original text: 此所謂事親不在於酒肉, 在於養志也(34)
Direct translation: 阿的便是孝親不在酒肉, 只在養志
Serving parents with respect is not in food and drink but in honoring their wishes.

Original text: 三綱絶矣, 不去, 禍將及人(20)
Direct translation: 這的是三綱五常都滅絶了, 我們若是不出去呵, 免不得這災禍.
The three basic principles in human relations and the five constant virtues have fallen, and we shall not avoid the disaster unless we leave.

The demonstrative pronoun '阿的' in *Original Lao* was replaced by '這的' in *Fanlao*, and changed to '這' in *Laoqidaxinshi* (老乞大新釋) (1761). In this book, '這' was mostly used but there were some cases of '這的' and '阿的'.

⑥ 有/有來(you/youlai)

Original text: 到後三年, "廳前枯數花開, 當有遷改北歸矣".(31)
Direct translation: 三年後, "官廳前面枯樹上開花呵, 便盡命分", 這般寫者有.
It was written that in three years, "When flowers bloom in the old tree in front of the government office, the life will run out."

Original text: 凡見古器皆買之, 多積家中.(51)
Direct translation: 但見古器呵, 便是破壞東西也不問價錢多少, 都買趲積有來.
When antiques were seen, even the broken ones were bought and collected no matter how much they cost.

As analyzed in the language part of *Chengzhaixiaojing*, it is assumed that '有' or '有來' are traces of expressions that were used at the end of words in Yuan Chinese due to the influence of Mongolian. As indicated, although *Xunshipinghua* was published to overcome the limitations of the preexisting Chinese books, it appears that it was not totally free from their influence.

6. Conclusion

As discussed thus far, Korea historically established educational institutions for foreign language learning, used study materials such as books on Chinese studies, Mongolian studies, Japanese studies, and Manchu studies, and implemented rigorous recruiting exam methods, such as exposition, transcription, and translation, to hire people with talents in foreign languages. Meanwhile, among many books on Chinese studies, the directly interpreted books on Chinese studies, which are those written in classical Chinese and translated into colloquial language, have their own unique characteristics, and while *Luzhaidaxue* and *Chengzhaixiaojing* are both works of the Yuan Dynasty, the Chinese language used in these books shows a lot of differences. *Luzhaidaxue* reflects Chinese from earlier times compared to *Chengzhaixiaojing*, but the latter includes far more difficult expressions because *Luzhaidaxue* applies traditional colloquial language (Song Dynasty, 宋代漢語) while *Chengzhaixiaojing* applies the characteristics of the Yuan Dynasty Chinese which was greatly influenced by the language of the Mongols who were the ruling race. *Xunshipinghua* was published to overcome the limits of *Zhijiexiaoxue* which had phrase-by-phrase interpretations, but judging from its format, it could not fully avoid the influence of other preexisting directly interpreted books on Chinese studies. Thus, it is difficult to find any record of this book being used as an important Chinese textbook in the Sayeokwon or Seungmoonwon after its publication, and it is not a coincidence that *Zhijiexiaoxue* was still used as the major Chinese textbook even after the publication of *Xunshipinghua* and was only replaced by *Wulunquanbei* years later.

<References>

姜信沆(1990), 「『訓世評話』에 대하여」, 『大東文化研究』第24輯, 成均館大大東文化研究院

盧慶俠(2006), 「書寫範式的轉型從李邊『訓世評話』看朝鮮王朝文化政策的調整」, 『中國語文論譯叢刊』第17輯, p.107-117, 中國語文論譯學會.

朴在淵(1998), 「15세기역학서 『訓世評話』에 대하여」, 『訓世評話』 영인본, 태학사.

朴鍾淵(2000), 「『訓世評話』語法研究」, 嶺南大學校大學院博士學位論文.

小倉進平(1940), 『增訂朝鮮語學史』, 日本刀江書院.

梁伍鎭(2000), 「論元代漢語『老乞大』的語言特點」, 『民族語文』2000-6, 中國社會科學院
　　　　民族研究所.
＿＿＿(2001), 「『孝經直解』의 언어 연구」, 『中語中文學』第29輯, 서울韓國中語中文學會.
＿＿＿(2007), 「朝鮮時代直解類漢學書에 대하여」, 『中國語文論叢』第35輯, 서울中國
　　　　語文研究會.
呂叔湘(1984), 『漢語語法論文集』, 商務印書館.
＿＿＿(1985), 『近代漢語指代詞』, 上海: 學林出版社
余志鴻(1992), 「元代漢語的後置詞系統」, 『民族語文』1992-3, 中國社會科學院民族研究所.
汪維輝(2002), 「朝鮮時代漢語教科書與近代漢語研究」, 『人文科學』第84輯, 연세대인문
　　　　과학연구소.
劉堅(1992), 「『訓世評話』中所見明代前期漢語的一些特點」, 『中國語文』第4期, 北京.
劉堅·蔣紹愚編(1995), 『近代漢語語法資料彙編』(元代明代卷), 北京商務印書館.
劉德隆(1998), 「中韓小說交流的例證-韓國小說『訓世評話』評介」, 『中國語文論譯叢刊』第
　　　　2輯, 76-99, 中國語文論譯學會.
張美蘭(1998), 「『訓世評話』詞語考釋」, 『南京師大學報』(社會科學版) 1998年第3期.
田中謙二(1962), 「元典章における蒙文直譯體の文章」, 日本『東方學報』, 1962年第32冊.
鄭光(1990), 「朝鮮朝譯科試券研究」, 成均館大大東文化研究院.
＿＿(1998), 『司譯院譯學書冊板研究』, 고려대학교출판부.
＿＿(2002), 『譯學書研究』, 서울제이앤씨.
朱禧(1998), 「讀『訓世評話』的隨感」, 『中國小說研究會報』第34호, p.9, 韓國中國小說學會.
太田辰夫(1991), 「『訓世評話』の言語」, 『中國語研究』第33号, 東京白帝社
胡明揚(1992), 「近代漢語的上下限和分期問題」, 胡竹安 외『近代漢語研究』, 商務印書館,
　　　　北京.
N. Poppe(1954), *Grammar of Written Mongolian*, Otto Harrassowitz, Wiesbaden.

□ 성명 : 양오진(梁伍鎭)
　　주소: (132-714) 서울특별시 道峰區雙門洞 419 덕성여자대학교 인문대학 중어중문학과
　　전화: 研究室 (차관 223호) +82-2-901-8235, +82-10-7755-8567
　　전자우편: liangwu@duksung.ac.kr

□ 이 논문은 2013년 12월 11일에 투고되어
　　　　　　2014년 1월 13일부터 2월 14일까지 심사하고
　　　　　　2014년 2월 28일 편집회의에서 게재 결정되었음.

近代以來汉籍西学在东亚的传播研究

張西平

(中國, 北京外國語大學)

<要旨>

　　大航海 시대 이후 서양인들이 아시아로 진출하면서 한자를 통하여 기독교와 서양문화를
전파하였다. 이러한 西學漢籍이 동아시아 전역에 전해지면서 동아시아는 하나의 문화공동
체로서 거의 같은 시기에 西學東漸의 추세에 직면하게 되었다. 본 논문은 동아시아 3국에서
의 西學漢籍의 유포를 근거로 西學의 동아시아 전파 과정을 고찰하고자 한다. 첫째 부분에서
는 中國에서의 西學漢籍의 전파 과정을 소개하였다. 明나라 말기부터 선비 출신들이 西學書
에 관심을 갖기 시작하였는데 그중 이지조(李之藻)가 편찬한 ≪天学初函≫가 가장 유명하
다. 둘째 부분에서는 日本에서의 西學漢籍의 전파 과정을 소개하였다. 일본에서는 서양 선교
사들이 日文으로 된 敎理書를 출간하였고, 또한 江戶 시기에는 중국의 예수교 인사들이 출간
한 漢籍西學書들이 일본으로 전파되기 시작하였다. 이러한 전파 과정은 中日 양국의 貿易史
를 통하여 확인할 수 있다. 江戶 시기 中日 貿易 품목에 나오는 서적에 이러한 漢籍西學書들
이 포함되어있다. 따라서 江戶시기 禁書 書目을 통하여 일본에서의 西學漢籍의 전파 실태를
짐작할 수 있다. 셋째 부분에서는 韓國에서의 西學漢籍의 전파 과정을 소개하였다. 한국학자
이원형(李元淳)은 朝鮮이 西學을 도입한 역사를 몇 단계로 나누었다. 첫째는 '西學接觸期'이
다. 이는 마테오 리치(利玛窦)가 1601년에 北京에 도착한 후 北京에 온 朝鮮의 사신들이
北京의 선교사들과 접촉하기 시작하였고 또한 중국의 예수교 인사들이 출간한 漢籍西學書
들을 조선으로 가져감으로써 조선의 西學接觸期가 시작된 것이다. 둘째는 '西學探究期'이다.
西學漢籍이 조선에 유입되면서 열독하는 사람들이 늘어나기 시작하였고 따라서 18세기 중
엽에 이르러 이익(李瀷)과 홍대용(洪大宏)과 같은 漢籍西學書의 '好事者'들이 출현하였으며
西學에 대한 목소리를 내기 시작하였다. 셋째가 '西學實踐期'이다. 18세기 후반에 이르러 조
선의 문인들이 기술 면에서 西學을 실천하기 시작하였고 天文 曆法 면에서 西曆을 채용하였
다. 그리고 宗敎 면에서 한국인 信徒가 생겨났으며 한국의 天主敎 역사가 시작되었다. 넷째
가 '西学弹压期'이다. 19세기 초부터 종교 배척세력이 강대해지면서 드디어는 "西學에 대한
전면 봉쇄와 탄압"이 이루어졌다. 본고의 마지막 부분에는 필리핀에서의 西學漢籍의 전파를
다루었는데, 西學漢籍의 전파는 필리핀에서의 中文印刷의 역사를 여는 계기가 되었다. 본
연구를 통하여 알 수 있다시피 동아시아에서의 西學의 전파는 하나의 總體를 이루고 있는데

이는 西學漢籍의 전파 과정이 증명하고 있다. 따라서 동아시아에 대한 西學의 충격과 그
후의 반응에 대한 연구를 앞으로는 더 이상 고립된 시각으로 볼 것이 아니라 총체적인 관점
에서 다루어져야 할 것이다.

Key Words : 西学、汉籍、东亚、流播

　　大航海以后，西方人来到亚洲，西人东来后采用汉字书写来传播基督教与西
方文化，这些西学汉籍在整个东亚流传，东亚作为一个文化共同体几乎同时面
临着西学东渐。本文从西学汉籍在东亚三国的流布入手，探究西学在东亚传播
的实际历史过程。首先在文中介绍了西学汉籍在中国的传播，从晚明开始，举
子士人们已经开始关注这批西学书，最著明的是李之藻所编的≪天学初函≫；
第二部分，本文介绍了西学汉籍在日本的流传过程。在日本的西方传教士一方
面出版日文的教理书，另一方面在江户期间在华耶稣会士所出版的汉籍西学书
也开始在日本流传。这种流传的情况我们可以从中国和日本的贸易历史中得到
证明。在江户中国和日本的贸易中有书籍的贸易，其中涉及到这批汉籍西书，
这样，我们可以江户时期的禁书的书目中看出当时汉籍西书在日本的流播的一
个大略。文章的第三部分研究了西学汉籍在韩国的传播。韩国学者李元淳将朝
鲜接受西学的历史分为三个时期，"接触西学时期"，这是指从利玛窦1601年进
京后，朝鲜赴北京的使臣开始接触在北京的传教士，并切把在华耶稣会士所可
的汉籍西学书带回朝鲜，从而开启了朝鲜对西学的接触时期；"探究西学时
期"，随着汉籍西学书籍进入朝鲜，开始阅读的人多了起来，这样从18世纪中
叶开始，出现了李瀷和洪大宏这样研究汉籍西学书籍的"好事者"，同时也开始
出现发对西学的声音。"实践西学时期"，从18世纪后半期开始，朝鲜的文人从
技术上开始实践西学，在天文历法上开始采用西洋历，在宗教上，开始有了韩
国人的教徒，开创了韩国的天主教史；"弹压西学时期"，从19世纪出开始，排
教势力日益强大，并最终形成了"对西学的全面封锁和全面的弹压。"文章最后
研究西学汉籍在菲律宾的传播，西学汉籍书籍开启了菲律宾的中文印刷史。
　　由此，通过本文的研究说明了西学在东亚的传播是一个整体，从西学汉籍的
传播历史证明了这一点，因此，在今后的研究中，我们应将东亚作为一个整

体，而再不能孤立的去研究东亚面对西学冲击后的反映。

一、引论

东亚是一个地理的概念，它指的是亚洲东部。东亚作为一个具有共同文化基础的文明体是一个历史的产物。正如学者所指出的："东亚作为一个区域概念，是源于近代西方帝国主义的全球殖民的分区策略，无疑是一个来自这个区域外的概念。但东亚也从一个来自他者的概念，转换成自我认同。这个事实让我们有理由推论，东亚在前近代以前是一个政治或文化单位。这也让我们联想到历史上的'中华帝国'或'中国文化圈'。"[1)东亚这个共同文明体的基础之一就在于在中国朝鲜、日本、越南等地都使用汉字，以至人们把东亚称为"汉字文化圈"。东亚文明体在中国唐朝时达到高潮，"在这个国际体系内部，使用通用的汉字，国家间交往的正式文书采用汉文，广泛实行以唐朝制度为基础的国际安置证制度和法律体系。"[2)

1543年耶稣会士沙勿略(Xavier,Fran ciscode,1506-1552)抵达日本九州的鹿儿岛，拉开了西方文化进入东亚的序幕，1552年8月沙勿略进入中国澳门附近的上川岛，并与12月3日病逝与上川岛。1594年春在"壬辰倭乱"时期葡萄牙神父塞斯佩代(Gregorio de Cespedes)和一位日本的天主教徒随同侵朝日军来到朝鲜，虽然，他并未在韩国人之间传播天主教，但标志着西学已经在整个东亚登陆。

天主教进入东亚后开始在东亚各国传教，但此时进入东亚的耶稣会士传教士虽然人在各国，但确是一个相互分工，有机配合的统一整体。"1558年耶稣会印度设大主教职，统辖东非、印度、东南亚及中国和日本的全部传教事物。1576年之后，中日两国的传教事物改由澳门主教区就近管理。1582年设立日本

---

1) 甘怀真：《导论：重建东亚王权与世界观》，载氏编《东亚历史上的天下与中国概念》，台大出版中心，2007年，转引自韩昇：《东亚世界形成史论》第54页，复旦大学出版社2009年。

2) 韩昇：《东亚世界形成史论》第280页，复旦大学出版社2009年

准管区后，澳门仍是日本教会不可缺少的后方供应基地与中转站。"3)

但是，长期以来东亚各国学术界主要关注本国的西学东渐研究，而不能从整个东亚的角度来全面把握近代以来的西学东渐和西方人在东亚的活动，结果，这样单独的国别研究，直接影响了我们对在全球化初期东亚作为一个整体的研究，同时也直接影响了各国研究本国基督教史和西学史的深度和广度。

本文试图从西人东来后所形成的西学汉籍入手，考察西学汉籍在整个东亚的流布与传播，以此从东亚全局上研究近代以来的西学东渐。

二、明清之际的西学汉籍述略

任何一种外来文化的传播最终都要翻译成本民族的语言方能最终在异文化中扎下根。佛教在中国的传播如此，4)天主教在中国的传播也是如此。

将天主教教理翻译成汉文，用中文写作介绍西学的内容，积极出版这些西学汉籍书籍是来华耶稣会士传教工作的重要环节，这点利玛窦说的十分清楚，他说："在中国的宗教派别，及宗教教义都是以文字书籍的方式来广传，而非以口语传道的方式。中国人讨厌群集结伙，因此，新闻也是以文字而广传的。但是这并没有妨害到传教的工作，因为为读书的人在休闲中所看到的书本的说服力量，比从讲道堂上所转来的说服力量更大，尤其讲道者对当地语言尚未精通的时候。这并不是说我们的神父们在主日及庆节没有在讲道台上讲道理。我所指的对象是那些会看书的教外人，这些人为书本所吸引，并把看书的心得在私下谈话中宣扬出来。因了这以文会友的习惯，某人有时在家读到有关基督教义的文字，就会把它记下来，有机会时，在同朋友讨论。因此，我们的神父们想以文字传教，也是他们学习中文写文章的动机。"5)

---

3) 戚印平：≪日本早期耶稣会史研究≫，第4页，商务印书馆2003年。

4) 梁启超说："佛教为外来之学，其托命在翻译，自然之数也。"对佛典的翻译有≪开元释教录≫归纳总结。而≪释氏十三经≫，则是佛教典籍汉译之精华。参阅梁启超：≪佛教研究十八篇≫，≪释氏十三经≫。

5) 刘俊余 王玉川译：≪利玛窦全集≫，第2卷，第426页，台湾光启社1986年

来华耶稣会士正是在"文化适应"政策基础所确立的这种"以书传教"的方式，从而使来华的传教士开始不断的写作，这样自晚明时起，在中国的文坛和出版领域出现了这样一批以介绍西方文化为其主旨的西学汉籍的书籍。

第一次对这批天主教文献整理的是明末的李之藻，他以≪天学初函≫为题共收录了传教士和中国文人的著作二十篇，其中"理编"十篇，"器编"十篇。收入理编的有：≪西学凡≫(唐景教碑附)，≪畸人十篇≫(附西琴八章)，≪交友论≫，≪二十五言≫，≪天主实义≫，≪辩学遗牍≫，≪七克≫，≪灵言蠡勺≫，≪职方外记≫；收入器编的有：≪泰西水法≫，≪浑盖通宪图说≫，≪几何原本≫，≪表度说≫，≪天问略≫，≪简平仪≫，≪圆容较义≫，≪测量法义≫，≪勾股义≫，≪测量异同≫。

李之藻在≪天学初函≫的序所说："时则有利玛窦者，九万里抱道来宾，重演斯义，迄今又五十年；多贤似续，翻译渐广：—顾其书散在四方，愿学者每不能尽靓为撼！"

这可以看出他的学术眼光，他的整理使晚明和清初的学者们可以重新看到这批文献，陈垣先生以后评价说："≪天学初函≫，在明季流传极广，翻版者数次，故守山阁诸家均获见之。"

≪四库全书≫是官方首次收入天主教的文献，在四库的采进书目中有西学书共24种，四库所著录的西学书有22种，由于≪四库全书≫在编纂时对待传教士等所介绍的西学的指导思想是"节取计能，禁传其学术"的原则因此，除收录了一部分有关科学的书以为，对属宗教和人文方面的书则能不收就不收，即便收入也做了改动，例如李之藻的≪天学初函≫原是二十篇，却改为十九篇，将≪西学凡≫后所附的≪唐景教碑≫略去，理由很简单编者认为"西学所长在于测算，其短则在于崇奉天主，以炫惑人心"。

晚清时教内信徒对明清天主教的文献也有记载。同治年间的教徒胡璜著≪道学家传≫[6]，书中对入华传教士的中文文献也做了介绍。书中所提到的文献有：

利玛窦≪天主实义≫，≪畸人十篇≫，≪辩学遗牍≫，≪交友论≫，≪西国

---

6) 钟鸣旦 杜鼎克 黄一农 祝平一等编≪徐家汇藏书楼明清天主教文献≫第三册，台湾辅仁大学神学院 1996年。

记法》，《乾坤体义》，《二十五言》，《圆容较义》，《几何原本》，《西字奇迹》，《测量法义》，《勾股义》，《浑盖通宪图说》，《万国舆图》；罗明坚《天主实录》；郭居静《性灵诣旨》；苏若汉[7]《圣教约言》；龙华民《圣教日课》，《念珠默想规程》，《灵魂道体说》，《地震解》，《圣若撒法行实》，《急救事宜》，《死说》，《圣人祷文》；罗如望《启蒙》；庞迪我《七克》，《人类原始》，《天神魔鬼说》，《受难始末》，《庞子遗诠》，《实义续篇》，《辩揭》；费奇规《振心总牍》，《周年主保圣人单》《玫瑰十五端》；高一志《西学修身》，《西学治平》，《西学齐家》，《四末论》，《圣母行实》，《则圣十篇》，《斐禄汇答》，《幼童教育》，《空阶格致》，《教要解略》，《圣人行实》，《十慰》，《譬学》，《环宇始末》，《神鬼正记》；熊三拔《泰西水法》，《简平仪》，《表度法》；阳玛诺《圣经直解》，《十戒真诠》，《景教碑诠》，《天问略》，《轻世金书》，《圣若瑟行实》，《避罪指南》，《天神祷文》；金尼各《西儒耳目资》，《况义》，《推历瞻礼法》；毕方济《灵言蠡勺》，《睡答》，《画答》；艾儒略《耶稣降生言行记略》，《弥撒祭义》，《万物真原》，《西学凡》，《性学粗述》，《西方问答》，《降生引义》，《涤罪正规》，《三山论学》，《性灵篇》，《职方外记》，《几何要法》，《景教碑颂注解》，《玫瑰十五端图象》，《圣体祷文》，《利玛窦行实》，《熙朝崇正集》，《悔罪要旨》，《四字经文》，《圣体要理》，《圣梦歌》，《出像经解》，《杨淇园行略》，《张弥格遗迹》，《五十言》；曾德昭《字考》；邓玉函《人身说概》，《测天约说》，《正球升度表》，《奇器图说》，《黄赤距度表》，《大测》；傅汎际《寰有诠》，《名理探》；汤若望《进呈画像》，《主教缘起》，《真福训诠》，《西洋测日历》，《星图》，《主制群徵》，《浑天义说》，《古今交食考》，《远镜说》，《交食历指》，《交食表》，《恒星表》，《恒星出没》，《测食略》，《大测》，《新历晓或》，《历法百传》，《民历铺注解或》，《奏书》，《新法历引》，《新法表略》，《恒星历指》，《共译各图八线表》，《学历小辩》，《测天约说》；费乐德《圣教源流》，《念经劝》，《总牍内经》，伏若望

---

7) 费赖之书称"苏若望"

《助善终经》，《苦难祷文》，《五伤经规》；罗雅谷《斋克》，《圣记百言》，《哀矜行诠》，《求说》，《天主经解》，《周岁警言》，《比例规解》，《五纬历指》，《筹算》，《五纬表》，《黄赤正球》，《日历考昼夜刻分》，《圣母经解》，《月离历指》，《日躔表》，《测量全义》，《历引》；卢安德《口铎日抄》；瞿西满《经要直解》；郭纳爵《原染亏益》，《身后编》；《老人妙处》，《教要》；何大化《蒙引》；孟儒望《辩镜录》，《照迷镜》，《天学略义》；贾宜睦《提正篇》；利类思《超性学要目录》，《三位一体》，《天神》，《灵魂》，《主教要旨》，《昭事经典》，《七圣事礼典》，《天主行体》，《万物原始》，《型物之造》，《首人受造》，《不得已辩》，《司铎典要》，《司铎课典》，《圣教简要》，《狮子说》，《圣母小日课》，《已亡日课》，《正教约徵》，《进呈鹰论》，《善终瘗茔礼奠》；潘国光《圣体规仪》，《天神会课》，《未来辩论》，《十戒劝论》，《圣教四规》，《天阶》；安文思《复活论》；卫匡国《灵性理证》，《逑友篇》；聂仲迁《古圣行实》；柏应理《百问答》，《圣波尔日亚行实》，《周岁圣人行略》，《永年瞻礼单》，《四末论》；鲁日满《问世编》，《圣教要理》；殷铎泽《西文四书直解》，《耶稣会例》；南怀仁《圣体答疑》，《象疑志》，《康熙永年历法》，《历法不得已辩》，《熙朝定案》，《教要序论》，《象疑图》，《告解原义》，《测验记略》，《验气说》，《坤舆全图》，《简平规总星图》，《坤舆图说》，《赤道南北星图》；陆安德《真福直指》，《圣教可答》，《默想大全》，《善生福终正路》，《默想规矩》，《圣教约说》，《万民四末图》，《圣教撮言》，《圣教要理》；

《道学家传》一书是明清时期有关入华传教士的生平简介和著作收录的较全的著作之一，也是目前笔者所知的李之藻后教内中国教徒对明清天主教文献著录整理的著作较全的一部著作，有着很高的学术价值。全书共收录了传教士89人，其中有中文著述的38人，共写下中文著作224部。

康乾期间入华的耶稣会士也十分重视对他们这批中文文献的收集和整理，梵蒂冈图书馆所藏的中文书中有两份文献专门记载了这批书目8)。

---

8) 伯希和编，高田时雄补编，A Posthumous Work by Paul Pelliot, Revised and edited by TAKATA ToKio, INVENTAIRE SOMMAIRE DES MANUSCRITS ET IMPRIÉS

INVENTAIRE SOMMAIRE DES MANUSCRITS ET IMPRIÉS CHINOIS DE LA BIBLIOTHÈQUE VATICANE,的Raccolta Generale Oriente部分的编号"R.G.Oriente 13(a)"这份文献上有两个书目,《天主圣教书目》[9]和《历法格物穷理书目》,前者居上,后者居下。在书目前有一个"引",现抄录如下:

"夫天主圣教为至真至实,宜信宜从,其确据有二:在外,在内。在内者则本教诸修士著述各端,极合正理之确,论其所论之事虽有彼此相距甚远者,如天地、神人、灵魂、形体、现世、后世、生死等项,然各依本性自然之明,穷究其理。总归于一道之定向,始终至理通贯,并无先后矛盾之处。更有本教翻译诸书百部一一可考,无非发明昭事上帝,尽性命之道,语语切要,不设虚玄。其在外之确据以本教之功行踪迹,目所易见者,则与吾人讲求归复大事,永远固福辟邪指正而已。至若诸修士所著天学格物致知,气象历法等事,亦有百十余部,久行于世,皆足徵。天主圣教真实之理,愿同志诸君子归斯正道而共昭事焉。"

《天主圣教书目》所列的中文文献目录如下:

《昭祀经典》一部;《庞子遗诠》二卷;《灵魂》六卷;

《圣体规仪》一卷;《圣体要理》一卷;《周岁主保圣人单》一卷;《圣教约言》;《三山论学》一卷;《十四(戒劝论)》一卷;《圣教源流》一卷;《真福训诠》一卷;《善生福终正路》一卷;《原染亏益》三卷;《不得已辩》一卷;《★★观》;

《理生物辩》一卷;《司铎课典》一部;《教要解略》二卷;

《首人受造》四卷;《圣人行实》七卷;《圣体答疑》;

《天神魔鬼说》;《圣教简教》一卷;《正教约徵》一卷;

《五十言》一卷;《经要直指》一卷;《四末真论》一卷;

《求说》一卷;《告解原义》一卷;《七克》七卷;

《未来辩》一卷;《辩镜录》一卷;《司铎典要》二卷;

CHINOIS DE LA BIBLIOTHÈQUE VATICANE,KYOTO,1995.有关这个目录的情况下面我还要专门介绍。 该目录2007年在中华书局出版了中文版。

9) 此文献是单页雕版印刷,长宽为:59×117cm,页上有"catalogus librorum sinicorum a p p .soc. Jesu.ed- torum",页下有"极西耶稣会士同著述"。

《天主降生》六卷；《圣若瑟行实》一卷；《超性学要目录》四卷；《弥撒祭义》二卷；《性灵诣主》一卷；《百问答》；

《真福直指》二卷；《圣母小日课》；《圣教要理》一卷；

《照迷镜》一卷；《周岁警言》一卷；《避罪指南》一卷；

《圣梦歌》一卷；《耶稣会例》；《熙朝崇正集》四卷；

《圣经直解》四卷；《天主性体》六卷；《复活论》二卷；

《圣教实录》一卷；《主制群徵》二卷；《圣依纳爵行实》一卷；

《提正篇编》六卷；《圣教略说》一卷；《古圣行实》；

《四末论》四卷；《景教碑诠》一卷；《人类原始》一卷；

《涤罪正规》一卷；《劝善终经》一卷；《圣教信证》一卷；

《天主经解》一卷；《三位一体》三卷；《降生引义》一卷；

《教要序论》一卷；《灵魂道体说》一卷；《圣方济格·沙勿略行实》《主教缘起》五卷；《寰宇始末》二卷；《瞻礼单解》；

《辩学遗牍》一卷；《天神会课》一卷；《灵言蠡勺》一卷；

《临罪要指》二卷；《二十五言》一卷；《推历年瞻礼法》一卷；；《圣母经解》一卷；《万物原始》一卷；《天主实义》二卷；

《畸人十编》二卷；《进呈画像》一卷；《圣玻而日亚行实》一卷；《天学略义》一卷；《圣教问答》一卷；《圣像略说》一卷；

《轻世金书》二卷；《灵性理证》一卷；《哀矜行诠》二卷；

《死说》；《则圣十篇》一卷；《七圣事礼典》一卷；

《天神》五卷；《出像经解》一卷；《天主降生言行记略》八卷；

《主教要旨》一卷；《蒙引》一卷；《圣若撒法行实》一卷；

《圣教撮言》一卷；《四字经》一卷《每日诸圣行实瞻礼》；

《天阶》一卷；《十五端图像》一卷；《斋克》一卷；

《永年瞻礼单》一卷；《十慰》一卷；《十戒直诠》一卷；

《形物之造》一卷；《圣母行实》三卷；《周岁圣人行略》；

《实义续篇》一卷；《万物真原》一卷；《启蒙》一卷；

《圣教要理》一卷；《口铎日抄》三卷；《圣记百言》一卷；

《默想规矩》一卷；《日课经》三卷；《身后编》二卷；

《物原实证》；《问世编》一卷。10)(共有122部中文文献)

《历法格物穷理书目》所列的中文文献目录如下:
《简平仪》；《日躔考昼夜刻分》；《康熙永年历法》二十二卷；
《测食略》二卷；《历引》；《同文算指》十一卷；
《简平规总星图》《西学治平》；《地震解》一卷；
《泰西水法》六卷；《西学凡》一卷；《进呈鹰论》一卷；
《仪象志》十四卷；《浑盖通宪图说》二卷；《恒星历指》；
《大测》二卷；《学历小辩》一卷；《筹算》一卷；
《坤舆全图》；《性学粗述》一卷；《述友篇》一卷；
《西儒耳目资》三卷；《字考》一卷；　《仪像图》二卷；
《圆容较义》一卷；《恒星出没》二卷；《西洋测日历》；
《测量法义》；《测量记略》一卷；《乾坤体义》二卷；
《熙朝定案》二卷；《交友论》一卷；　《奏书》四卷；
《远镜说》一卷；《浑天仪说》五卷；《五纬表》十卷；
《恒星表》五卷；《正球生度表》《新历晓或》一卷；《寰有诠》
《历法不得已辩》一卷；《职方外记》二卷；《坤舆图说》二卷；《况义》
一卷；《辩揭》；
《天问略》一卷；《五纬历指》九卷；《月离历指》四卷；《表善说》一
卷；《共译各图八线表》一卷；《比例规解》二卷；
《空际格致》二卷；《西方问答》二卷；《奇器图说》三卷；
《西国记法》一卷；《利玛窦行略》；《测天约说》二卷；

---

10) 法国国家图书馆Maurice Courant编号"7046"有无名氏所做的《圣教要紧的道礼》，这篇
文献后附有六篇其他的文献，其中第七篇的(一)是《北京刊天主圣教书目》，该数目有
明清间的天主教文献123本，其中除《辟妄》，《鸮★不并鸣》《经要直指》《答客论
》《拯民略说》《助善终经》《同善说》等七本书《天主圣教书目》未收外，其余和《
天主圣教书目》所收的书相同，而《天主圣教书目》中共有122种文献，其中除《理生
物辩》《圣母小日课》《古圣行实》《助善终经》《教要序论》《瞻礼单解》《斋克》
《物元实正》等八本书外，其余和古朗数目的"7064"号所收的书相同。参阅郑安德编辑
《明末清初耶稣会思想文献汇编》第47册(未公开出版物)

《古今交食考》；《月离表》四卷；《新法历指》一卷；

《勾股义》；《测量全义》十卷；《西学修身》十卷；

《斐录问答》二卷；《验气说》一卷；《西字奇迹》；

《杨淇园行略》；《黄正球》一卷；《日躔历指》一卷；

《交食表》九卷；《新法表异》二卷；《几何原本》六卷；

《天星全图》；《西学齐家》；《励学古言》；

《劈学》；《画答》一卷；《张弥克遗迹》；

《黄赤距离表》；《日躔表》二卷；《交食历指》七卷；《历法西传》一卷；《几何要法》四卷；《赤道南北星图》；

《童幼教育》二卷；《名理探》十卷；《人身说概》二卷；《睡答》一卷；《狮子说》一卷。11)(共有89部中文文献)

《圣教信证》中国的信徒张庚和韩霖合写的一部著作，12)其目的在于说明天主教在教理上的可信，同时编辑出入华传教士的生平、著作"续辑以志，源源不绝之意"。这本书可能是最早的记录入华传教士生平、著作的书之一，全书记录了92位传教士的简要生平，著录了36位传教士的229部中文文献13)。

雍乾教难以后，天主教发展处于低潮，从而使得许多天主教方面的书只有存目，不见其书，到清末时一些书已经很难找到，如陈垣先生所说："童时阅四库提要，即知有此类书，四库概屏不录，仅存其目，且深诋之，久欲一赌原书，奥中苦无传本也。"14)至今中国学术界尚无法全面统计出明清之际关于西学的汉籍文献究竟有多少种，这是一个亟待学术界努力的地方。

---

11) 法国国家图书馆Maurice Courant编号"7046"有无名氏所做的《圣教要紧的道礼》，这篇文献后附有六篇其他的文献，其中第七篇的(二)是《历法格物穷理书目》，该数目有明清间的天主教文献89本，内容和上面的《历法格物穷理书目》完全相同。

12) 此文献现藏于法国国家图书馆(Bibliothèque Nationale de France)古郎书目"chinois 6903"。该书我2002年上4月在法国图书馆读书时认真翻阅过，但并没抄录全书，幸有郑安德先生的整理本，可以使用.

13) 其中部分文献的书名已经无法辩认，郑安德先生没有标出书名，这样的文献有14种。

14) 方豪《李之藻辑刻天学初函考》，载《天学初函》重印本，台湾学生书局，1965年版。

三、明清之际的西学汉籍在日本的传播

从大西洋来到东亚的这些传教士很快认识到在东亚地区汉字有着独特的地位。沙勿略在谈到中国时说："值得注意的是，中国人和日本人的语言不大相同，说话不能互相理解。但令人惊讶的是，日本人懂得中国文字，理解他们写的东西。中国文字在诸大学中被教授，理解它的僧侣被认为是学者。(每一个)中国文字表示一物，日本人学习它，书写中国文字，而且描画他们所表示的物体。如果文字表示人时就画上人的形状，其他一切文字也同样如此，汇集文字编辞书。日本读这些文字时用日本语发音，中国人用他们的国语读这些文字，因此说话时相互不理解，所以虽然文字相同但语言不同……我用日本语写了一本世界创造和基督身世所有奥秘的书籍。后来，我们还用汉字写了同样的书，前往中国时，将在学会中国语之前，用它使中国人理解(信仰条文)。"15)

在日本的传教士一方面出版日文的教理书16)，另一方面在江户期间在华耶

---

15) 戚印平：≪沙勿略与中国≫，载≪文化与宗教的碰撞：纪念圣方济格·沙勿略诞辰500周年国际学术研讨会论文集≫，第39页，澳门理工学院2007年。

16) 参阅戚印平：≪日本早期耶稣会史≫第八章中误认为≪天学初函≫只有19篇。其实，≪天学初函≫共有文献20篇，其中理篇十部，器篇十部。将≪天学初函≫改为十九篇，此说法来源于≪四库全书总目提要≫，在其一三四卷子部杂家存目十一中说："天学初函五十二卷，两江总督採进本。""明李之藻编。之藻有頖宫礼乐疏，已著录。初，西洋人利玛窦入中国，士大夫喜其博辨，翕然趋附，而之藻与徐光启信之尤笃。其书多二人所传录，因裒为此集。书凡十九种，分理、器两篇：理篇九种：曰西学凡一卷、曰畸人十论二卷、曰交友论一卷、曰二十五言一卷、曰天主实义二卷、曰辨学遗牍一卷、曰七克七卷、曰灵言蠡勺二卷、曰职方外记五卷；器篇十种：曰泰西水法六卷、曰浑宪通盖图说二卷、曰几何原本六卷、曰表度说一卷、曰天问略一卷、曰简平仪一卷、曰同文算指前编二卷、同编八卷、曰圆容较义一卷、曰测量法义一卷、测量异同一卷、勾股义一卷。其理篇之职方外记，实非言理，盖以无类可归，而缀之于末。器篇之测量异同，实自为卷帙，而目录不列，盖附于测量法义。"≪四库全书总目提要≫这段话对≪天学初函原本做了如下改动：其一，将理篇的十篇改为九篇，所删去的一篇即为≪西学凡≫后的≪唐景教碑≫，因为在编者看来，≪天学初函≫"西学所长在于测学，其短在于崇奉天主，以炫惑人心。"这样他们就私自将≪唐景教碑≫从理篇删去，从此才有≪天学初函≫有十九种文献之说法。其二，器篇的测量异同原是测量法义的附录，在≪天学初函≫原本中并为单独列出，而≪四库全书总目提要≫将其在器篇中单列为一卷，从此才有器篇有十一种文献之说。对于≪四库全书总目提要≫的这种错误，方豪先生已经明确指出(参阅方豪：≪李之藻重刻天学初函考：李之藻诞辰四百年纪念论文≫)，但仍有学者所不知，故在此指出。

稣会士所出版的汉籍西学书也开始在日本流传。这种流传的情况我们可以从两个方面得到佐证，一是在江户中国和日本的贸易中有书籍的贸易，其中涉及到这批汉籍西书。从日本时町时代末期到江户时代初期是日本耶稣会士传教士的黄金时期，据说教徒达到有15万人，教堂有300多座。但随着丰田秀吉权利的巩固，皇权与传教士所坚持的神权的关系开始紧张，丰田秀吉开始将中国的朱子学作为统治思想，对在日本耶稣会所传播的西学开始作为异端清剿。这样，我们可以江户时期的禁书的书目中看出当时汉籍西书在日本的流播的一个大略。

江户时期对汉籍西书的禁书书目有多种，我们无法一一列举，仅仅举两个禁书书目大致可以看出当时传到日本的汉籍西学的大体情况。

(一) 禁书目录三十二种。这个书目出自近藤正斋的≪好书故事≫卷七十四。

"≪天学初函≫一部。

≪畸人≫、≪十篇≫、≪西学凡≫、≪辩学遗牍≫、≪七克≫、≪弥撒祭义≫、≪代疑篇≫、≪三山论学≫、≪教要解略≫、≪唐景教碑≫。≪圣记百言≫、≪天主实义≫、≪天主实义续篇≫、≪二十五言≫、≪灵言蠡勺≫、≪况义≫、≪万物真原≫、≪涤罪正规≫、≪况义≫、≪表度说≫、≪测量法义≫、≪测量法义异同≫、≪简平仪≫、≪职方外记≫、≪天问略≫、≪勾股义≫、≪几何原本≫、≪交友论≫、≪泰西水法≫、≪浑盖通宪图说≫、≪圆容较义≫、≪同文算指≫(前编、通编)"[17]

这个禁书目所介绍的≪天学初函≫本内容与≪天学初函≫本实际目录有别。李之藻所编的≪天学初函≫共收录了传教士和中国文人的著作二十篇，其中"理编"十篇，"器编"十篇。而这个禁书书目收录了在≪天学初函≫并不存在的≪代疑篇≫、≪圣记百言≫、≪天主实义续篇≫、≪教要解略≫、≪涤罪正规≫、≪涤平仪记≫、≪况义≫等六篇文献，同时又将≪天学初函≫中的≪畸≫分写成≪畸人≫和≪十篇≫两部著作，将作为≪西学凡≫附录的≪唐景教碑≫作为单篇列出。这些错误正像后来学者所指出的"近藤可能未亲见上述禁书。"[18]

---

17) 大庭修≪江户时代中国文化的受容的研究≫，第56页，转引自戚印平≪日本早期耶稣会史≫，第605页。
18) 戚印平：≪日本早期耶稣会史≫第604页。

(二)≪国禁耶稣书≫，这个目录是明和八年(1771)由京都书商会所编写的≪禁书目录的第五部分，是专门针对基督教汉籍西学的。具体禁书书目如下：

≪天学初函≫、≪几何原本≫、≪职方外记≫、≪万物冥原≫、≪弥撒祭义≫、≪圣记百言≫、≪唐景教碑附≫、≪简平仪说≫、≪西学凡≫、≪代疑篇≫、≪同文算指≫、≪十慰≫、≪表度说≫、≪灵言蠡勺≫、≪浑盖通宪图说≫、≪涤罪正规≫、≪畸人十篇≫、≪天问略≫、≪天主实义≫、≪天主实义续篇≫、≪计开≫、≪泰西水法≫、≪二十五言≫、≪测量法义≫、≪七克≫、≪辩学遗牍≫、≪三山论学记≫、≪圆容较义≫、≪勾股义≫、≪交友论≫、≪教要解略≫、≪况义≫、≪奇器图说≫、≪福建通志≫、≪寰宇铨≫、≪地纬≫、≪辟邪集≫。

该目录的注释中说："一说除≪表度说≫、≪附件通志≫、≪地纬≫、≪辟邪集≫四品，另增≪门记图说≫和≪帝京景物略≫，合为三十六部。"

这个禁书书目需要我们注意的是：第一，编者所说的数量不准确，如果加上注释中所说的几种，实际上这个目录所记的汉籍西学书总计应是三十九种，而不是编者所说的三十六种。其二，这个目录如果加上注释中所说的几种书籍，那么这个目录比≪禁书目录三十二种≫多了九种，而不是学者所说的八种，他们是：≪奇器图说≫、≪福建通志≫、≪寰宇铨≫、≪地纬≫、≪辟邪集≫、≪计开≫、≪十慰≫、≪门记图说≫和≪帝京景物略≫；其三，书目中的≪万物真原≫被写成了≪万物冥原≫；其四，≪地纬≫这本书在中国所记的书目都曾见过，应引起注意。其五，目录中的≪计开≫一书是书目中一般所用的"合计"的误写。这个错误正如学者所说："很显然，书目制作者根本没有见过这些被禁的书籍，而只是采撷坊间种种传说，以讹传讹所致。"[19]

根据戚印平的研究江户时期对汉籍西书的禁目还有：≪御禁书目录≫、≪禁书目录≫、≪西洋人著述禁书≫等集中书目，这些书目总体所列出的汉籍西书的禁书名单有53种。[20]这些书目对于我们今天研究西学东渐仍有一定的价值，

---

19) 戚印平：≪日本早期耶稣会史≫第608页。
20) ≪畸人十篇≫、≪十慰≫、≪西学凡≫、≪辩学遗牍≫、≪圣记百言≫、≪弥撒祭义≫、≪代疑篇≫
≪三山论学记≫、≪教要略解≫、≪唐景教碑≫、≪七克≫、≪天主实义≫、≪天主实义续≫、≪二十五言≫、≪灵言蠡勺≫、≪况义≫、≪万物真原≫、≪涤罪正规≫、≪

象《西堂全集》、《三才发秘》、《愿学集》、《西湖志》、《禅真逸志》、
《谭有夏合集》、《方程论》、《名家诗观》、《檀雪斋集》、《增定广舆集》、
《坚瓠集》、《增补山海经广注》、《天学原本》、《合掌集》、《辟邪集》、
《西湖志后集》和《天方至圣实录年谱》这些书有些是文人文集中涉及到西学
书，但从这里我们可以窥见到西学在文人中的介绍和传播。

日本学术界为对国内所藏的明清之际来华的耶稣会相关书籍做一个全面了
解，在昭和60-62年(注：1985-87)对全国的国立大学图书馆和都道府县立图书
馆进行全部调查，这个调查所指的耶稣会士是16世纪到18世纪到中国的天主教
系传教士，并非仅限于所谓的耶稣会的成员，也包含隶属于其他会派的人。因
此，鸦片战争以后的新教徒系的传教士不在研究对象之内。但是，徐光启和李
之藻例外，包含在研究对象之内。这次调查最终调查图书馆数是包括私立大学
图书馆和市立大学图书馆等在内的100家，，其中找出现存相关书目的图书馆
37家，总件数866件，他们最后出版了《耶稣会士相关著书译作所在地调查报
告》21)

本次调查中已确认的相关书目，有189种，866件，现在从内容大致分为历算
科学技术类、宗教格言类、地理地志类3个领域，从刊本、抄本的角度分为原

表度说》、《测量法义》、《测量法义异同》、《简平仪说》、《职方外记》、《天问
略》、《勾股义》、《几何原本》、《交友论》、《泰西水法》、《浑盖通宪图说》、
《圆容较义》、《同文算指》(前编、通编)、《寰宇铨》、《福建通志》、《地纬》、
《天问或后集》、《帝京景物略》、《西堂全集》、三才发秘》、《愿学集》、《西湖
志》、《禅真逸志》、《谭有夏合集》、《方程论》、《名家诗观》、《檀雪斋集》、《
增定广舆集》、《坚瓠集》、《增补山海经广注》、《天学原本》、《合掌集》、《
辟邪集》、《西湖志后集》和《天方至圣实录年谱》。见戚印平：《日本早期耶稣会史》
第614页。

21) 这次调查的机构"其中国立大学及附设研究所31，私立大学9，都道府县立图书馆、28，
市町立图书馆、机构18，国立机构(内阁文库、日本学士院)2，私立图书馆、机构(东洋
文库、静嘉堂文库、蓬左文库等)12。原本是指在调查主要国立大学、各都道府县立图书
馆的全部，但是很遗憾，能够对两者都进行调查的都道府县只有27个，占全体的不到6
成。另外，此次对国会图书馆、东京天文台、早稻田大学图书馆、伊能忠敬纪念馆(千
叶县、佐原市)也就相关书籍进行了确认，但是没有完成全部的调查，不作为此次调查
报告范围。"择自《耶稣会士相关著书译作所在地调查报告》，以上内容是有北外研究
生周娜帮助我翻译的jezaici表示感谢。

刻(17世纪)、后刻(翻刻、丛书收录的书目)、抄本三类，总结如下表(但是，其他的11件除外)。

	种数	原刻	后刻	抄本	合计 (注：件数)
历算科学技术类	79	127	120	184	431
宗教格言类	93	66	225	45	336
地理地志类	17	9	42	37	88
合计	189	202	387	266	855

从日本学术界的这个不完全的调查可以看出，目前在日本藏有明清之际的来华传教士的西学汉籍有189种，886件，如果对日本个图书馆展开全面调查，实际的数量会超过这个数量。这样，通过历史和现状两个方面我们可以初步看到西学汉籍在日本的流布。

四、明清之际的西学汉籍在韩国的传播

韩国学者李元淳将朝鲜接受西学的历史分为三个时期，"接触西学时期"，这是指从利玛窦1601年进京后，朝鲜赴北京的使臣开始接触在北京的传教士，并切把在华耶稣会士所可的汉籍西学书带回朝鲜，从而开启了朝鲜对西学的接触时期；"探究西学时期"，随着汉籍西学书籍进入朝鲜，开始阅读的人多了起来，这样从18世纪中叶开始，出现了李瀷和洪大宏这样研究汉籍西学书籍的"好事者"，同时也开始出现发对西学的声音。"实践西学时期"，从18世纪后半期开始，朝鲜的文人从技术上开始实践西学，在天文历法上开始采用西洋历，在宗教上，开始有了韩国人的教徒，开创了韩国的天主教史；"弹压西学时期"，从19世纪开始，排教势力日益强大，并最终形成了"对西学的全面封锁和全面的弹压。"22)

"据记载，宣祖三十六年(1603)李光庭好权禧带来的《坤舆万国全图》，第二年黄东溟带来的《两仪玄览图》首开欧洲文化传入之嚆矢。"23)从17世纪到18世纪前半期，在150年间，从中国传入朝鲜的汉籍西学书虽然至今尚未统计出一个准确的数字，但结合朝鲜学者的论述，我们初步综合有以下汉籍西书传入朝鲜：

《天主实义》、《畸人十篇》、《交友论》、《二十五言》，《七克》、《灵言蠡勺》、《辩学遗牍》、《盛世刍荛》、《万物真原》、《治历缘起》、《天问略》、《测量算指》、《几何原本》、《西学凡》、《主制群征》、《泰西水法》、《职方外记》、《同文算指》、《乾坤体义》、《真道自证》、《圣年广益》、《浑盖通宪图说》、《圆容较义》、《勾股义》，《日月蚀推步》、《方星图》、《六片方星图》、《西国方星图》、《星土开坼图》、《西国浑天图》、《坤舆图说》、《万国全图》、《大地全图》、《远镜说》、《赤道南北极两幅》、《星图八幅》24)、《历象考成后编》、《黄道总星图》、《西洋国贡献神威大镜疏》、《西洋国风俗记》、《数理精蕴》、《地平表》、《律历渊源》、25)《偈十二章》、《教要序论》、《达道纪言》、《渡海苦记》、《童幼教育》、《玫瑰经十五端》、《默想》、《弥撒》、《斐录问达》、《劈学警语》、《三本问答》、《西国记法》、《西方纪要》、《西洋风俗》、《西洋统领公沙效忠记》、《圣经广益》、圣经直解》、《圣教切要》、《圣教浅说》、《圣记百言》、《盛世刍荛》、《圣水记言》、《修身西学》、《受难始末》、，《袖珍日课》、《十诫》、《耶稣苦难祷文》、《励学古言》、《念珠默想规程》、《灵魂道体说》、《畏天爱人极论》、《斋克》、《齐家西学》、《主教缘起》、《周年主保圣人单》、《真福直指》、《真福训铨总

22) (韩)李元淳著 王玉洁等译：《朝鲜西学史研究》，第9页，中国社会科学出版社2001年；

23) (韩)裴贤淑杨雨蕾译：《17、18世纪传来的天主教书籍》，载，黄时鉴主编：《东西文化交流论谭》(第二集)，第416-417页，上海文艺出版社2001年.

24) 最初传到朝鲜的星图是汤若望神父制作的《赤道南北两动星图》，那是陈奏使郑斗源于仁祖年间从陆若汉神父那里所获赠的物品之一，被称为《天文图南北极两幅》。在崔锡鼎的《西洋乾象坤舆图一屏总序》中指出，肃宗三十四年的《书云观进乾象图》就是汤若望制作的《星图八幅》。"见李元淳《韩国西学史》，第105页

25) 参阅李元淳《韩国西学史》，第25、5052、101、246、300、301页。

论≫、≪进呈书像≫、≪涤罪正规≫、≪天神祷文≫、≪天主降生言行纪略≫、
≪天主教要≫、≪天主圣教四末论≫、≪天主圣教日课≫、≪泰西人身说概≫、
≪寰宇如末≫、≪悔最要指小引≫。26)

 裴贤淑在其文章中列举出了传入韩国的汉籍西书有65种，但我根据李元淳和
裴贤淑两人的文章综合出以上的共89种。

 从以上综合得来的传入韩国的汉籍西书的一个初步目录中，我认为以下四点
值得进一步研究。

 第一，急需做一个明清之际传入韩国的汉籍西书书目。究竟在17——18世纪
从中国传入韩国的汉籍西书有多少种，实际上至今没有一个准确的统计和书
目，这点李元淳和裴贤淑也都承认这一点。因为，以上所列的书目有些只是在
历史的记载中传入了韩国，但在以后的禁教中不少书籍都被烧毁了，究竟在韩
国目前实际收藏的汉籍西书有多少，这是一个很值得研究的问题。希望中韩学
者合作展开这个项目的研究。

 第二，传入韩国的这些汉籍书目有些对于中国西学东渐史的研究是十分重要
的。例如，有些书在中国已经完全看不到了，如：≪方星图≫、≪六片方星图
≫、≪西国方星图≫、≪星土开坼图≫、≪西国浑天图≫、≪西洋国贡献神威
大镜疏≫、≪西洋国风俗记≫等。这些书可能在韩国也已经不存在了，但这些
书目在中文文献也未见到，这至少是对我们研究西学东渐史是一个重要的补
充。

 第三，以上目录中所提到的书不少在韩国的禁教中已经被烧毁，韩国仅存
书目而无原本。但这些书籍在韩国的西学史上曾起到国重要的作用，对不少文
人产生国影响。但这些在韩国被烧的书籍，在中国目前藏有不少。除中国已有
的收藏外，近年来学术界也发现了一些从未被发现的重要文献，如晚明重要的
天主教徒韩霖所著≪守圉全书≫被发现，其中就有陆若汉的≪贡统效忠疏≫，
这就是韩国目录中的≪西洋统领公沙效忠记≫。另外，目前我们海外汉学研究
中心正在与梵蒂冈图书馆合作复制藏在梵蒂冈图书馆的明清之际中西文化交流
的书籍，这些都会有助于韩国学者的进一步研究所用。

---

26) (韩) 裴贤淑 杨雨蕾译：≪17、18世纪传来的天主教书籍≫，载 黄时鉴主编：≪东西文
  化交流论谭≫(第二集)，第419-450页，上海文艺出版社2001年。

第四， 在裴贤淑所提供的书目中有15种被翻译成韩语， 它们是：≪教要序论≫、≪玫瑰经十五端≫、≪默想≫、≪三本问答≫、≪圣经广益≫、≪圣经直解≫、≪圣教浅说≫、≪圣记百言≫、≪圣年广益≫、≪盛世刍荛≫、≪受难始末≫、≪十诫≫、≪耶稣苦难祷文≫、≪念珠默想规程≫、≪天主教要≫。 对这些汉籍西书所翻译成成韩文的书籍也应展开研究， 这是中韩关系史的重要内容。

五、菲律宾早期的西学汉籍刻本

中国和菲律宾关系源远流长， 晋朝人发显， 在其≪佛国记≫中已经记载了菲律宾这个地方。

哥伦布发现新大陆后， 欧洲进入大发现的时代， 利比里亚半岛上的葡萄牙和西班牙成为欧洲地理大发现的主要推动者。1564年11月米格尔·洛佩斯· 德莱古斯比(中文称"黎牙实比)遵照西班牙国王的命令从墨西哥出发， 跨过天平样， 于1565年2月到达宿务岛， 拉开了西班牙对菲律宾群岛的征服活动。1569年8月14日莱古斯比被西班牙国王任命为菲律宾的总督， 1571年4月15日他率部攻下马尼拉， 并此为基地开始了中国——菲律宾——墨西哥的大帆船贸易。27)

葡萄牙和西班牙的全球殖民扩张是伴随着天主教的扩展一起展开的， 当西班牙人占领菲律宾后， 西方五大传教修会也纷纷来到了菲律宾28)。 西班牙人为确保其自身在菲律宾的利益， 将中国移居菲律宾的华侨作为其宗教活动的重要对象， 为吸收华侨入教， 西班牙当局采取了一系列的政策， 例如信教华侨可以在税收上给予优惠， 对不信教的华侨尽量加以驱赶， 华侨教育在婚姻上享有特权等等。 29)　根据多明我会的有关档案， "从1618年至1619年， 共有155名男性受

27)(法)裴化行≪明代闭关政策与西班牙天主教传教士≫， 载≪中外关系史译丛≫第4期上海译文出版社1988年；李金明≪17世纪初全球贸易在东亚海域的形成与发展≫， 李金明、廖大珂≪中国古代的海外贸易≫， 广西人民出版社 1995年；廖大珂≪早期西班牙人看福建≫， 载≪国际汉学≫第5期, 大象出版社2000年；

28) 奥古斯丁修会(Augustinian religious)；方济各会(Franciscan)；多明我会Ordo Dominicanorum)；耶稣会(Societas Iesu, S.J)；奥古斯丁重整会(Recollecti)

洗，……1621年5月14日至同年9月共有100名男性受洗……从1618年至1628年的10年间，共有1330名华侨在八连的三圣堂受洗。"30)

面对这样多的华侨教民和移居到菲律宾生活的中国侨民，用中文向他们传教就自然成为当时教会的一个重要的传教手段和方法。在菲律宾的四本中文刻本都是在这样的需求下产生的。

中国学术界最早开始注意到西班牙传教士在菲律宾的中文刻本是从方豪先生的研究开始的。他在≪从中国典籍见明清间中国与西班牙的文化关系≫一文中初步研究了他1952年在西班牙马德里国家图书馆所发现的≪无极天主正教真传实录≫，文后同时刊出了法国汉学家伯希和(Paul Pellio)1924年在梵蒂冈图书馆所发现的1605年的中文刻本Doctrina Christiana,以及1911年赖达纳(W.E. Retana)在维也纳国家图书馆所发现的，1606年在马尼拉出版的中文刻本Memorial d Ia via christiona，即≪新刊僚氏正教便览≫。同时方豪还公布了他1957年在莱顿汉学院所发现的1607年在马尼拉刊印的中文刻本的残本Simbolo de La Fe ,en Lengua y letra China 。31)接着，方豪先生在他的≪明万历间马尼拉刊印之汉文书籍≫一文中对在菲律宾的早期四个中文刻本又做了一个较为系统的梳理。以后，方豪先生又在≪方豪六十至六十四自定稿≫中分别发表了≪明末马尼拉华侨教会之特殊用语与习俗——新刊僚氏正教便览与Doctrina Christian en lengua China两书之综合研究≫和≪莱顿汉学院藏吕宋明刻汉籍之研究≫、≪吕宋明刻〈无极天主正教真传实录〉之研究≫三篇文章。32)

大陆学者戚志芬在≪文献≫杂志曾以≪中非交往与中国印刷术传入菲律宾≫为题对菲律宾早期中文刻本做了研究。33)潘吉星在其≪中国古代四大发明——源流、外传及其世界影响≫也做了一定的而研究；张秀民在其≪中国印刷史≫

---

29) 参阅施雪勤≪菲律宾天主教研究：天主教在菲律宾的殖民扩张与文化调适(1565-1898)≫，第95-102页，厦门大学出版2007年。

30) 同上，第101页。

31) 参阅方豪≪六十自定稿≫下册，第1487-1517页。

32) 参阅≪方豪六十至六十四自定稿≫，第437-453页，第455-470页，第471-485页。

33) 戚志芬≪中非交往与中国印刷术传入菲律宾≫，≪文献≫总38期，1988年第4期，第544-556页。

中将在菲律宾共出版了四种中文书籍全部列出。34)《无极天主正教真传实录》、《新刊僚氏正教便览》、《新刊格物穷理便览》35)、《天主教义》36)

通过以上回顾我们看到在对菲律宾早期汉文西学书籍的出版虽然并不像耶稣会在中国那样，出版了大量汉籍西学书籍，但道明我会在菲律宾所出版的这四本汉籍西学仍属于东亚西学史的一部分。

六、西学汉籍在东亚流播的研究展望

对来到东亚的传教士的汉籍应做整体性的研究，只有将东亚西学史作为一个整体来研究，才能揭示出西方文化在东亚的真实影响。这样的思考是由以下几点支撑的。

首先，东亚是一个汉字文化圈。中国从古代以来对日本、韩国和越南的影响是一个有着坚实史学基础的历史事实。中朝山水相连，早在春秋战国时代就有贸易上联系，最早汉字是通过战国时的钱币上的铭文而传入朝鲜的。处于朝鲜西南部的百济最早收到汉文化的影响，自汉武帝设置乐浪郡，汉字即此被传入。3世纪中叶后，百济引入中原儒学，以汉籍为校本培养学生。285年，百济博士王仁应邀携《论语》等典籍的东渡日本。

日本自4世纪末传入汉字。日本古称"倭"，8世纪后改称"日本"、"大和"。倭人是通过朝鲜半岛与中国交往的。百济是接受汉文化较早的，3世纪中叶起就有正规的汉字教学，通过百济，汉字传入日本。《随书·倭国转》"无文字，唯刻本结绳。敬佛发，于百济求得佛劲，始有文字。"37)

至于儒学在韩国、日本和越南的影响已经为学界所公认，这里不再展开论述。38)这个文化历史背景提供了汉籍西学书籍在东亚的传播。

---

34) 张秀民《中国印刷史》下，第671页、699页，浙江古籍出版社2006年。

35) 由于方豪看到只是残本，所以没有给出这个书名。

36) 潘吉星《中国古代四大发明——源流、外传及其世界影响》第419-423页，中国科学技术大学出版社2002年。

37) 参阅陆锡兴：《汉字传播史》，语文出版社2002年。

38) 参阅朱云影：《中国文化对日韩越的影响》，广西师大出版社2007年。

其次，西人东来后在组织形态上是一个互为相连的整体。从欧洲来到东方传教士，虽然隶属不同的修会，有着不同的国家背景，但都隶属与罗马天主教会。罗马教会在最初管理东亚教区时赋予澳门主教很大的权利，澳门教育的范围是"中国全境、日本列岛、澳门及与之相连的邻近岛屿与地区、那里的城市、村庄以及由塞巴斯蒂国王亲自任命、或为此而任命之人管辖、以及由他们规定管辖区域。"39)，由于中国和日本在东亚地区的重要地位，澳门主教的正式全称是"驻澳门的中国和日本主教"。以后，日本教区独立，范礼安认为："整个地区的助教或特定地区的助教都不宜来到日本。不仅如此，澳门或中国主教干涉日本事物、主教前来视察日本、或主教派来教区主教，都是绝对不合适的。"40)

当从葡萄牙里斯本出发的耶稣会从印度来到东亚的时候，从西班牙出发，经墨西哥、跨过太平洋的道明会也来到了东亚，开始进入日本和中国，此时耶稣会和托钵修会之间的矛盾加剧，各个传教修会与欧洲国家之间矛盾开始出现，各个传教修会和罗马教廷之间的关系也日趋紧张。1622年1月6日罗马教廷所成立的传信部实际上是一个协调罗马教廷与各传教修会之间、与进入东亚的各个欧洲国家之间矛盾的一个机构。一个确保罗马教廷利益的一个重要机构。尽管这些来到东亚的各个传教修会之间矛盾重重，但总体上他们还是一个协调一致，利益互为关联的传教整体。在这种情况下，东亚西学作为一个整体有着内在的逻辑，我们应从整体的角度来把握东亚西学的整体，这种整体观符合基督教东来的基本组织形态，由此我们才能把握汉籍西学在整个东亚的传播与流变。

第三，用汉文写作来推动传教是东亚传教士们的共识。作为一个文化区域的东亚，汉字构成为其基础，虽然日本和韩国都有着本国语言的西学书籍，但由于汉字是东亚各国都通行的文字，从而以来华传教士为主体编写的汉籍西书从一开始就在东亚各国传播，从而形成了东亚西学史的一个重要特点。

沙勿略是最早认识到东亚文字的特点的人，也是最早意识到通过汉籍传播基督教义是一个有效方法的人，他也可能是最早用汉字写出传教书籍的人。因为

---

39) 戚印平：≪远东耶稣会士史研究≫，第489页。
40) 戚印平：≪远东耶稣会士史研究≫，第494页。

他在给罗耀拉的信中就已经明确说："后来，我们还用汉字写了相同的书。希望在去中国时，在能够说中国话之前，让他们理解我们的信仰条文。"[41]以后的耶稣会士都是沿着沙勿略这个思路做下去的，利玛窦当年在进行中文写作时也清楚认识到这一点，他也看到他们所写的这批汉文西学书籍所产生的影响不仅仅会在中国，而是会在整个东亚产生影响，他说："会写文章本身就是一项很大的成就，何况，一本不普通的中文书，一定能在全国十五行省畅销。此外，中文书籍也会受到日本，朝鲜、交趾支那的民众欢迎，因为这些国家的文人都懂得中文。虽然他们的方言，彼此区别很大，这些人能念中文书籍，因为，每个中国字，只代表一个意思。果真如此，我们所写的书，其影响将是整个中国文化圈，而不仅是中国人了。"[42]

东亚的西学历史证明了这一点。[43]

七、引论

建立东亚西学汉籍文献研究中心，推动东亚西学史研究。因此，我建议东亚各国的学者应尽快建立一个学术网络，成立东亚汉籍西学文献研究中心，尽快整理出东亚西学汉籍书目，从欧洲复制回有关东亚西学汉籍的文献，共同开拓东亚西学汉籍文献的研究，将以往的国别研究提高到东亚整体研究的高度，从

---

41) 转引自戚印平《东亚近世耶稣会史论集》第86页，台湾大学出版中心，2004年。关于沙勿略所写的这本中文教义书，至今没有下落，参阅戚印平《东亚近世耶稣会史论集》第86页，《远东耶稣会史研究》第174页。

42) 刘俊余 王玉川译：《利玛窦全集》，第2卷，第427页，台湾光启社1986年

43) 国内学者中李虎较早的关注了中日韩三国的西学史，并开始做了初步的研究，对于东亚西学史的展开有奠基性价值。但目前对三国的西学东渐史尚未充分的研究情况下，做整体的研究尚有不少困难，特别是中国明清之际的西学史研究刚刚起步，虽然取得了不少进展，但至今尚无一部系统的著作能将这一阶段加以总结和概括。究其原因在于，明清之际的西学东渐的个案研究尚不充分，大量的西学汉籍基本没有整理，大陆学者能读到的西学汉籍不到实际藏书的一半，更不用说期间相关的外文文献和档案的整理和翻译。因此，东亚西学史的研究目前主要应集中在文献收集和个案研究上。参阅李虎：《中朝日三国西学史比较研究》，中央编译出版社2004年。

而建立全球化初期东亚文化史研究的新体系。

＜参考文献＞

戚印平≪东亚近世耶稣会史论集≫第86页，台湾大学出版中心；

刘俊余 王玉川译：≪利玛窦全集≫，第2卷，第427页，台湾光启社1986年；

陆锡兴：≪汉字传播史≫，语文出版社2002年。

朱云影：≪中国文化对日韩越的影响≫，广西师大出版社2007年；

戚志芬≪中菲交往与中国印刷术传入菲律宾≫，≪文献≫总38期，1988年第4期，第
    544-556页。

张秀民≪中国印刷史≫，浙江古籍出版社2006年。

潘吉星≪中国古代四大发明——源流、外传及其世界影响≫，中国科学技大学出版社
    2002年。

方豪≪李之藻辑刻天学初函考≫，载≪天学初函≫重印本，台湾学生书局，1965年版。

戚印平：≪沙勿略与中国≫，载≪文化与宗教的碰撞：纪念圣方济格·沙勿略诞辰500周
    年国际学术研讨会论文集≫，第39页，澳门理工学院2007年；

伯希和编，高田时雄补编，A Posthumous Work by Paul Pelliot, Revised and edited
    by TAKATA ToKio,INVENTAIRE SOMMAIRE DES MANUSCRITS
    ET IMPRIÉS CHINOIS DE LA BIBLIOTHÈQUE VATICANE,
    KYOTO, 1995.有关这个目录的情况下面我还要专门介绍。该目录2007
    年在中华书局出版了中文版。

韩昇：≪东亚世界形成史论≫第280页，复旦大学出版社2009年。

□ 성명 : 張西平
    주소 : 100089北京西三环北路2号北京外国语大海外汉学研究中心
    전화 : +86-13910383282
    전자우편 : zhangxiping@263.net.cn

□ 이 논문은 2013년 12월 25일에 투고되어
    2014년 1월 13일부터 2월 14일까지 심사하고
    2014년 2월 28일 편집회의에서 게재 결정되었음.

中韩译学机构研究

张 敏

(中國, 北京大学)

<要旨>

　　한국 역학사(譯學史) 연구는 기존의 한국학 연구에 있어서 그 성과가 미약한 부분이라 할 수 있다. 필자는 한국 문화사에 존재하는 단층(斷層)을 그 하나의 이유로 꼽고자 한다. 즉, '이는 식민지 문화 독재 정치 시기의 부작용으로 인해 나타난 영향이 아닌가?'라고 생각하는데 이러한 학술적 연구 분야의 미약함을 보완하기 위해서는 한국 역학사와 관련이 있는 다양한 논제들을 연구할 필요가 있다. 예를 들면 한국 역학기관, 역학정책, 역학자, 역학사건, 역학 방식, 그리고 역학과 한국 언어교육의 관계 등을 들 수 있다. 오늘날 역학은 이미 정보화 시대 인문과학의 한 분야로서 확고한 학술적 지위를 차지하고 있다. 이는 당연히 조선역학사 연구에 대한 관심으로 이어지고 있다. 필자는 이러한 주제에 대해 논하고자, 한·중 역학기관에 대한 연구에 입각해 조선 사역원(司譯院)의 사학(四學), 조선 승문원(承文院)의 이학(吏學), 명(明)·청(淸) 역관(譯館)과 조선 역학, 청나라 역학관(譯學館) 이 근대에 보인 네 가지 방면에서의 변모를 논하고, 한·중 역학기관이 갖는 의미와 근대로 변모하는 과정에서의 역사적 사실들을 고찰함으로써 그 가치를 탐구하고 한발 더 나아가 한·중 양국 간의 학술 교류를 촉진하는데 기여하고자 한다.

　　조선시대, 조선과 중국 등 주변 국가 사이의 교류가 나날이 빈번해졌다. 이에 따라 조선 왕조는 역학기관을 설치하며 다양한 역학활동을 진행하게 되었다. 지리적으로 조선과 가장 가까웠던 주변 국가는 중국과 몽골, 그리고 일본이었다. 유목민족인 몽골과 비교했을 때 중국과 유사한 생산 방식으로 사는 조선의 농경사회가 쉽게 대륙문화를 접할 수 있었다. 섬나라인 일본과 비교해 봐도 육로를 통해 빠르게 중국과 교류할 수 있었기 때문에 조선을 중세 중국의 동쪽 문화 교류(東向文化交流)의 중심지로 만들었다. 조선의 역학기관인 사역원(司譯院)과 승문원(承文院)에서 한학(漢學), 몽학(蒙學), 여진학(女眞學), 왜학(倭學)의 사학(四學) 교육과 연구를 실시했는데 이러한 역사적 사실은 당시 조선과 다른 주변 국가 사이의 언어 문화 교류 상황을 반영하고 있다.

　　한국의 역학기관은 조선 후기 임진왜란(壬辰倭亂)과 병자호란(丙子胡亂)을 거치면서 쇠퇴하여 조선왕조의 멸망과 함께 폐쇄되었다. 중국의 역학은 사이관(四夷館), 사역관(四譯館), 동문관(同文館), 역학관(譯學館) 등 여러 번의 흥망성쇠(興亡盛衰)를 거치면서 변화해 왔다. 청나라 말기, 현대적 의의를 갖는 경사대학당 (京師大學堂)이 탄생하였고, 그 뒤로 중국 최초의 현대식 고등교육기관인 베이징대학교로 변신하였다. 현재 베이징대학교 외국 어대학의 한국어언문화학과 (韓國語言文化系)는 한국어교육과 중·한 통번역 및 연구 인재 를 길러내는 중심이 되었다. 중국 명청(明淸) 역학기관의 발전과 달리, 한국역학관은 폐쇄되 었지만 수많은 역학서적은 현대한국역학연구의 귀중한 학술적 유산으로 남게 되었다.

Key Words : 司译院、译学馆、同文馆、四学、吏学

一、引论

众所周知, 自1992年8月中韩建交之后, "韩流"风靡中国各大学校, 中韩建 交二十年间, 中国国内百余所大学新开设出韩国语教育学科；与此同时, "汉 风"也在韩国各大学劲吹, 例如2005年首尔大学中文系的新生第一次超过了英 语系新生的人数。历史地看待这种现象, 汉语教育早在高丽时期的"通文馆"、 朝鲜朝时期的"司译院"就开始了；清朝的译馆中也设有朝鲜馆, 培养翻译人 才。后经由清朝末期的京师大学堂及京师译学馆的教育近代化转型, 诞生了如 今的北京大学。追根溯源, 这些中韩译学教育机构在两国语言教育及文化传播 中都发挥了积极的作用。本文浅析两国译学机构的发展状况, 窥伺中韩文化交 流渊源之一隅, 以对两国文化交流提供有意义的参考。

二、韩国的译学机构

韩国译学机构始于统一新罗时代末期建立的"史台"。≪增补文献备考≫中记 载：

弓裔泰封置史台习诸译。[1]

新罗国于公元668年第一次统一了朝鲜半岛。统一新罗末期出现了"后三

---

1) ≪增补文献备考≫卷二百二十二, 职官考。

国"，即新罗、摩震国、后百济国。金弓裔建立摩震国后(904～918年)，调整国家行政机构，设置兵部、大龙部(仓部)、寿春部(礼部)、奉宾部(礼宾省)、义刑台(刑部)、纳货部(大府寺)、史台(掌习诸译语)等部，首次设立了掌习诸国译语的机构"史台"。

公元918年，摩震国大将王建将国王金弓裔杀害.自立为王,建立了高丽国，再一次统一了半岛。高丽时期的译学机构有所变革，丽初设通文馆，丽末改为汉文都监。

通文馆，忠烈王二年置之，……后置司译院，以掌译语。2)

高丽忠烈王二年，始置通文馆习汉语。恭让王三年，改为汉文都监。3)

三、司译院与四学

高丽末期，大将军李成桂独揽武权，建立了朝鲜朝，初期置司译院。≪太祖实录≫记载：

置司译院，肄习华语。4)

朝鲜太祖二年(1393年)，设立六学，即律学、字学、兵学、译学、译学、算学。译学教育在高丽沿袭下来的司译院中进行。

国初置司译院，掌译者方言语，其属官有蒙、倭、女真学，通为四学，属礼曹。5)

朝鲜朝中期，司译院进行汉学、蒙古学、女真学、倭学的四学教育。≪太祖实录≫记载：

司译院提调契长寿等上书曰：臣等窃闻，治国以人才为本，而人才以教养为先，故学校之设乃为政之要也。我国家世事中国，言语文字不可不习，是以殿下肇国之初，特设本院，置禄官及教官生徒，肄习中国言语音训文字体式，上

以尽事大之诚，下以期易俗之效……。6)

　　为了以事大之诚同中原交往，摄取中原先进文化资源，朝鲜朝在司译院中主要进行汉学人才培养并辅以四学研究。

　　蒙古建立元大都之后，以武力迫胁高丽称臣，高丽不得不成为元人的驸马国。就丽元关系而言，蒙学当然是高丽和朝鲜的司译馆学问之一。

　　司译院的"女真学"指女真族语言。女真族曾建立金国，后被元帝所灭，隶属大元帝国管辖。明朝建国后又改属于明，得获明朝的封爵与封地。朝鲜与女真之间往来，交易之事频繁，都需要女真语言的翻译。

　　位于半岛南端的倭寇屡屡入侵挑衅，朝鲜世宗时期曾与之断绝外交关系。位于朝鲜与日本之间的对马岛多山岳，少耕地，物產不足。岛主屡派使请求与朝重開交通贸易等事务。 朝鲜为与日本打交道，在司译院设立倭学。

　　为了推行事大外交路线，司译院设立汉学；为了执行交邻对外政策，而设立蒙学和女真学及倭学。朝鲜朝与清朝建立朝贡关系之后，将"女真学"改称为"清学"。由此可知，四学为朝鲜译学特色之一，"四学"实指四种语言的口语训练，为的是培养译官，以便在与周边交往中进行语言沟通。

四、承文院与吏学

　　司译院的四学之一"汉学"指口语翻译，而称为书面语的笔译"吏学"则在当时的另一个机构"承文院"中进行。司译院与承文院两院制，分别掌管译学与吏学。可谓朝鲜译学的又一特色。朝鲜朝≪世祖实录≫云：

　　司译院则译学，承文院则吏学。7)

　　承文院的前身叫"文书应奉司"，属于朝鲜礼曹所管。≪太宗实录≫记载日：

　　文书应奉司，讲习吏文之事。8)

　　朝鲜朝太宗八年(1408年)文书应奉司被提升为三品衙门，改称承文院，并进

---

6)≪太祖实录≫卷六，太祖三年十一月条。

7)≪世宗实录≫卷二十八，八年三月。

8)≪太宗实录≫卷十六，八年十二月，甲戌。

一步完善其建制，以提高吏文水准。《世宗实录》云：

　　初置承文院，吏文生徒者欲令肄习吏文，将管事大文书。9)

　　"吏文"是朝鲜对中国各朝交流使用的文书或咨文的别称。这种掌管外交文书的史学为何不在司译院进行呢？《世宗实录》云：

　　我国事大，莫重译学，今日译院生徒，但习语训，不晓文理，接纳上国使臣及我国使臣入朝之日，传译舛讹，以致讥笑，故尝令择衣冠子弟，使习吏学，稍通文义。10)

　　朝鲜世宗王重视吏文，因为事大外交是朝鲜朝的国策。首尔大学校国语国文学系的姜信沆教授说到朝鲜朝的吏学与汉学教育时认为：

　　世宗时期也出现过吏文同汉文相结合的现象。当时在承文院选拔年少聪慧者接受汉语教育，世宗13年丙子，世宗王召见右议政孟思诚等人，询问此措施为何未见成效？可见承文院的汉语教育内容是吏文与汉文并行的。11)

　　公元958年，高丽朝光宗依据后周归化人双冀的建议，设置了科举制。朝鲜王朝沿袭高丽科举分三类，即文科、武科、杂科。初期每三年一试，其中的杂科共分八科，即译科、医科、律科、阴阳科、乐科、筹科(算科)、画科、道科。杂科之中，译科取录人员最多，且制度最为完善。

　　汉学一直位于朝鲜司译院的四学之首，为朝鲜译学之巅。司译院培养了不少汉学译官，朝鲜朝贡使节与中国官员或者笔谈或者直接交谈，没有交流障碍。所以在中国的翻译机构中，一直到乾隆16年才出现了朝鲜语译学科。

　　朝鲜朝宣祖时期的壬辰倭乱、仁祖时期发生的丙子胡乱战争后，国力衰颓，译学也随之衰微。至朝鲜朝末期，朝鲜半岛全盘沦为殖民地，朝鲜译学也没有逃过全废的厄运。

───────────────

　9)《世宗实录》卷八十四，二十一年，己巳条。

10)《世宗实录》卷四十五，十一年九月，己酉条。

11) 姜信沆：《李朝时代之译学政策与译学者》，塔出版社，1978年，13页。

五、中国的译学机构

中国自周代即有译官，其译学教育与研究的专门机构却甚后出现。韩国建国大学的林东锡教授认为"此种现象，实因中国累千年为宗主国，故汉语为当时普遍之国际公用语，因此外夷勤学汉语，汉人自然少学外夷语也。"中国大规模翻译活动以隋唐时期的佛经翻译肇始。应运而生的翻译机构有"鸿胪寺"、"四方馆"、"国事院""四夷馆"、"侍仪司"、"四译馆""译学馆"等。

(一) 鸿胪寺与会同馆

隋朝时，鸿胪寺负责与周边国家的交流事务。《隋书百官志》记载12)：

鸿胪寺，掌蕃客朝会、吉凶吊祭。统典客、典寺司仪等署令丞。典客署，又有京邑萨甫二人，诸州萨甫一人；典寺署，有僧祇部丞一人；司仪署，又有奉礼郎三十人。

隋炀帝时置四方馆，接待东西南北四方少数民族及外国使臣，属鸿胪寺。唐以通事舍人主管，掌四夷之事，其職隶属中書省管辖。宋初置南北客馆，与鸿胪寺所属的都亭驿等分别接待四方少数民族与外国使者，合称四方馆。各设监官或主管，另有四方馆使，位于客省使、引进司使之下，專掌與外夷納貢接賓之事。金代四方馆属兵部，掌提控诸路驿舍驿马及陈设器皿等事。元代设有通政院，又置蒙古翰林院以掌譯事。

蒙古翰林院，秩從二品，掌譯寫一切文字，及頒降璽書，並用蒙古新字，仍各以其國字副之。13)

元代的禮部亦置會同舘. 掌外蕃來朝之儀。史料记载：

會同舘，秩從四品。掌接伴引見，諸蕃蠻夷峒官之來朝貢者。至元十三年始置，二十五年罷之。二十九年復置。元真元年，以禮部尚書領舘事，遂為定制。禮部尚書領會同舘事一員，正三品……。 14)

---

12) 《隋书百官志》，二十八志第二十三百官下。

13) 《元史》卷八十七志第三十七百官三，蒙古翰林院。

由上史料可知，自隋朝时代的鸿胪卿到元代的会同馆，都是中国古代掌管对外交流的译学机构。

(二) 四夷馆与四译馆

朱元璋統一中國後建立明朝，明代与海外交流頻繁，譯學备受重视。大明会典记载：

凡四方藩夷，翻译文字，永乐五年设四夷馆内分八馆，鞑靼、女真、西潘、回回、百夷、高昌、缅甸、选国子监习译，…… 正德六年，增设八百馆。万历七年，增设暹罗馆。[15]

明代的"四夷馆"中设有以上八个馆，但没有"朝鲜馆"。韩国学者金敏洙认为：

中国同我国自古交往频繁，相互都设有相应的外交机构。而明朝四夷馆所属的11个馆中没有朝鲜馆，是因为在会同馆中另设有朝鲜通事馆，以示对朝交往的重视。所以，我认为朝鲜馆和高丽馆作为中国重要的外交机构，很早就设立了。[16]

明朝设立四夷馆，掌管外语翻译事务。清朝世祖顺治元年(1644年)，将四夷馆改称为"四译馆"。此后，于乾隆16年馆内才开设朝鲜译学。

十六奏准，嗣后在会同四译馆设立朝鲜译学，於下五旗朝鲜子弟内各咨取四人，令在馆用心学习。[17]

"会同馆"最初始于元代元世祖元年，明代沿袭元代制度，亦设会同馆，但归属兵部。

据明會典，洪武、永樂年間，會同舘置十八國之通事專司，如：朝鮮、日本、琉球、安南、柬埔寨、暹羅、占域、爪蛙、蘇門答剌、滿剌加、韃靼、波斯、女真、畏兀兒、西番、河西、緬甸、百夷等國或民族。明代文運漸盛，與

14) ≪元史百官志≫卷八十五，志第三十五百官一，礼部。

15) ≪大明会典≫卷二百二十一，翰林院条。

16) ≪一石李熙升先生颂寿纪念论集≫金敏洙"朝鲜馆译语考"，一潮阁，1957年，103页。

17) ≪朝鲜馆译语研究≫文璇奎，16页，景仁文化社，1972年。

外國交流益頻, 故熱心於外國之語言研究。18)

　　清代海运交通开通, 西学东渐, 译学大兴。清朝沿袭了的译学机构, 设置鸿胪寺和会同四译馆, 在此基础上又增设译学馆。鸿胪寺相当于如今外交部礼宾司, 掌管迎送外宾的一切事务。清初, 会同馆与四译馆本不相属, 会同馆属礼部, 四译馆属翰林院。高宗乾隆13年(1748年)合并两馆, 並更名为会同四译馆。清史稿職官志云:

　　会同四译馆, 满洲稽察大臣二人, 提督馆事兼鸿胪寺少卿一人, 掌治宾客谕言语汉大使一人, 正教序班汉二人, 朝鲜通事官八人。顺治元年, 会同四译分设二馆, 会同馆隶礼部, 以主客司主库满汉各一人, 提督之, 四译馆隶翰林院。以太常寺, 汉少卿一人, 提督之分设回回、缅甸、百夷、西番、高昌、西天、八百、暹罗八馆以译远方朝贡文字。置序班二人, 朝鲜通事馆六人(后增十人)。十四年置员外郎。品级通事一人, 掌会同馆印, 乾隆十三年省四译馆入礼部, 更命会同四译馆, 改八馆为二, 曰西域、曰八夷, 以礼部郎中兼鸿胪寺少卿一人, 摄之。19)

六、译学馆的近代化

　　清初的會同四译舘与清末的京师译学馆大有不同。京师译学馆是京师同文馆的延续。京师同文馆为晚清官办外语学校, 成立于1862年8月24日, 1900年因庚子事变被迫停办, 1902年被并入京师大学堂后改称京师译学馆。京师同文馆的总教习、美国长老会教士丁韪良曾言∶"有希望革新这古老帝国的是新教育, 新教育的肇端是同文馆。"

　　清政府创办京师同文馆的目的是培养翻译及洋务人才。1901 年, 京师同文馆奉旨并京师大学堂。1902年, 张百熙奏请改归并之同文馆为翻译科。1903年, 清政府于京师大学堂北邻北河沿购宅一区, 稍加修理, 设立译学馆, 并将翻译

---

18) ≪朝鲜译学考 ≫林东锡, 31页。

19) ≪清史稿≫职官志一, 清代史料汇编, 香港益汉书楼。

科并入。于是，京师译学馆自光绪29年9月14日开学，至宣统3年(1911)结束,前后凡九年。京师同文馆的教学理念、教学模式等特质经由京师大学堂的译学馆延续下来。与明代只研究"四夷"邻邦语言不同，京师译学馆学习范围扩大至世界各国，且以当时世界五强国之语言为主，被视为中国第一所具有现代意义的大学。

(一) 京师同文馆

清朝恭亲王奕訢等人在给清政府的奏折上阐明了建立同文馆的意图："欲悉各国情景，必先谙其言语文字，方不受人欺蒙"。国门被迫打开，清政府应对国际形势，采取了兴船政，办学校等措施。京师同文馆便是清政府兴办的第一所具有近代意义的大学。所谓"同文"意为通识各国文字的意思；"馆"相当于"学院"。清史稿云：

大学本科分科八……　日文学科，分九门：中国史、万国史、中外地理、中国文学、英国文学、法国文学、俄国文学、德国文学、日本文学……　附设其不在学堂，统系内者，日译学馆、日进士馆、先是同文馆，并人大学堂，设英、法、俄、德、日本五国语文专科。后由大学分出各译学馆。仍设英、法、俄、德、日本各一科，无论习何国文皆须习普通及专门学、博物、物理及化学图画、体操专门科目交涉理财、教育…… 20)

京师同文馆建馆后，相继开设了英文馆(1862)、法文馆(1863)、俄文馆(1863)、德文馆(1871)、东文(日文)馆(1897)。1867年开始增设了天文、算学、格致(即物理、化学)、医学等馆。此外，同文馆还开设万国公法课程，教授国际法。

---

20)《清史稿》又参见《京师译学馆交友录》台北文海出版社。

京师同文馆21)

京师同文馆初期，只招收十三四岁以下的八旗官学学生，后兼收年岁较长的八旗子弟及汉族学生。同文馆基本不学"四书五经"之类的传统科目，被人视为中国近代新式学校的发端。中国的学生在同文馆真正接受了新观念的教育。

(二) 京师大学堂

1898年，清朝的京师大学堂成立伊始，即开设英、法、德、俄、日5个语种的课程。1900年，京师大学堂停办。1902年，京师大学堂复学，随即合并了京师同文馆，将归入的同文馆更名为译学馆。1912年京师大学堂改名为北京大学，由著名学者和翻译家严复出任第一任校长。1919年，北京大学废门改系，组建13个系，其中外国文学系有3个，即英国文学系、法国文学系、德国文学系。1920年，俄国文学系成立。1924年，北京大学添设"东方文学系"，由周作人任系主任。1931年成立的北京大学外国语文学系由英、法。德、日四个语种组成。1946年，季羡林先生从德国学成归国，成立了北京大学东方语言文学系，教授研究东亚各国语言文化。1949年随中国高校院系调整，将1945年建立的南京国立东方语专科学校的韩语科编入进来，更名为"朝鲜语专业"，成为中国大学中最早设立的韩国语学科。

---

21)　图片来源于www.hudong.com。

现在的北京大学外国语学院于1999年6月由北京大学英语语言文学系、东方语言文学系、西方语言文学系、俄语语言文学系四个系合并而成。现下设15个系所中心；拥有英语、日语、阿拉伯语、蒙古语、波斯语、希伯来语等20个本科语种专业。2010年5月1日，北京大学外国语学院朝鲜语学科升级为韩国语言文化系，每年招收研究韩国语言文化方向的本科生、硕士研究生及博士研究生。培养韩国学研究的高尖端精英人才。

七、结论

在中国与韩国及周边国家进行历史交流的过程中，各种译学活动展开，进而出现了译学机构。在地理位置上，朝鲜半岛周边的国家有中国、蒙古及日本。与游牧民族的蒙古相比较，与中国有着类似生产方式的朝鲜农耕社会更容易接受大陆文化；与岛国日本相比较，便捷的陆路地理交流条件，使朝鲜成为古代中国东向文化交流的重心。韩国首尔大学校的姜信沆教授认为："1393年，自朝鲜设立司译院之后的500年期间，历代汉语译学者努力开展汉语的教育与研究，大量记录了当时时代中国北方语言的发音。因此，考察朝鲜朝五百年汉语译学者们遗留下来的文献资料，可以了解15世纪以来近代汉语的变迁状况。"在朝鲜司译院与承文院中，进行四学及四学之首的汉学教育研究，这种历史史实不仅说明了当时中韩两国语言文化交流的盛况，还说明汉学与韩学研究之间关系之密切。

韩国译学机构在朝鲜朝后期的壬辰倭乱、丙子胡乱战争后衰微，继而随着朝鲜朝的灭亡而被废弃。中国译学历经四夷舘、四译馆、同文馆、译学馆等各种盛衰发展变化，清代末期终于诞生了具有现代意义的京师大学堂，此后变身为真正现代高等教育的综合大学校——北京大学。继后，北京大学外国语学院韩国语言文化系发展成为现代韩国语教育和中韩翻译人才培养中心。与中国明清译学机构的近代脱变不同，韩国译学馆虽然被废除，但是朝鲜译学机构所留下的大批译学书籍，成为现代韩国译学研究的珍贵学术遗产。

本文通过对朝鲜朝司译院、承文院与中国明清译学机构的考察，得知译学是两国前近代外语教育和学问特色之一。译学机构的建立及译学教育的展开既体现了两国对外关系的横向变化，也体现出纵向历史发展的必然。

<参考文献>

《三国史记》，金富轼著，李炳焘译注，博文书馆，1933年。
《高丽史节要》，古典国译丛书，民族文化促进会，1985年。
《三峰集》，郑道传著，韩国民族文化促进会，1966年。
《经国大典》，成规，大洋书籍。
《增补文献备考》，弘文馆，亚细亚文化社印本。
《通文馆志》，金庆门，朝鲜总督府印本。
《高丽史》，金宗瑞、郑麟趾、李先齐等撰，国书刊行会1997年
《朝鲜王朝实录》，国史编撰委员会，探究堂，1968年。
《韩国的译学》，姜信沆著，首尔大学出版社，2000年。
《李朝时代之译学政策与译学者》，姜信沆著，塔出版社，1978年。
《朝鲜馆译语研究》，文璇奎，景仁文化社，1972年。
《司译院译学书册板研究》，郑光，高丽大学校出版社，1998年。
《中国译学理论史稿》，陈福康著，上海外语教育出版社，2000年
《朝鲜译学考》，林东锡著，台湾师范大学国文研究所博士论文。
《朝鲜语发达史》，安炳浩著，辽宁人民出版社，1982年。

□ 성명 : 장민(张敏)
　주소 : 중국 베이징시 만수로 5-6-601
　전화 : 010-6822-8123
　전자우편 : zhjasmin@vip.sina.com

□ 이 논문은 2013년 12월 17일에 투고되어
　　　2014년 1월 13일부터 2월 14일까지 심사하고
　　　2014년 2월 28일 편집회의에서 게재 결정되었음.

关于《蒙语老乞大》研究的三个问题

陈岗龙

(中國, 北京大学)

<要旨>

　　<蒙語老乞大>는 朝鮮時代 漢語 학습서인 <老乞大>를 蒙古語로 번역한 것으로, <捷解蒙語>, <蒙語類解>와 함께 조선시대 司譯院의 "蒙學三書"로 불리운다. 이 자료는 조선시대 중국과의 문화교류를 반영한 중요한 문헌일 뿐만 아니라 淸나라 시대의 蒙古語 口語를 연구하는 데 필요한 진귀한 자료이기도 하다. 하지만 그 동안 중국의 蒙古學者들은 이 자료에 대한 연구가 매우 미흡하였다고 말할 수 있다. 본 연구를 통하여 다음과 같은 몇 가지 초보적인 결론을 도출할 수 있다. 첫째로, <老乞大>의 여러 판본과 대조 분석한 결과 <蒙語老乞大>는 <老乞大諺解>에 근거하여 번역한 것임을 확인할 수 있다. 둘째로, <蒙語老乞大>의 口語에 대한 수정은 주로 제3권 이후의 각 권에서 대량으로 이루어졌는데, 그 원인은 제3권 이후에 나오는 생활 용어가 실제 언어생활에서 많이 변화되었으므로 편찬자가 당시의 구어에 근거하여 수정하였기 때문이다. 셋째로, <蒙語老乞大>의 구어 方言은 현 內蒙古 동부 지역의 喀喇沁 또는 科尔沁 지역의 方言이며, 이는 그 지역이 당시 조선 상인들이 北京으로 행할 때 필수 경유지인 역사적 사실과도 부합된다.

Key Words : 蒙语老乞大, 蒙古语方言, 口语特征

　　《蒙语老乞大》是古代朝鲜人学习汉语的教材《老乞大》的蒙古语译本, 和《捷解蒙语》、《蒙语类解》一起被称为古代朝鲜司译院的"蒙学三书"。《蒙语老乞大》共八卷, 用问答形式编写了从朝鲜来北京经商途中遇到的日常生活及买卖价钱等内容, 蒙古语句子旁用朝鲜字母注音蒙古语读音, 以便朝鲜人学习蒙古语口语。《蒙语老乞大》不仅是古代朝鲜和中国文化交流的重要文献, 也是研究清代蒙古语口语的珍贵资料。可以说, 韩国的蒙古学研究是从研究包括《蒙语老乞大》在内的蒙学三书开始的。但是, 相比之下, 中国的蒙古学家

对≪蒙语老乞大≫的研究并不充分。因此，本文希望起到抛砖引玉的作用，促成中韩两国相关学者的学术合作，推进≪蒙语老乞大≫的深入研究。下面主要讨论三个问题：一是≪蒙语老乞大≫翻译的底本；二是≪蒙语老乞大≫的口语特征和方言所属问题；三是≪蒙语老乞大≫口语变化在各卷中的不同反映。这三个问题实际上也体现了≪蒙语老乞大≫的修订特征。

一、≪蒙语老乞大≫研究概况及其存在的问题

(一) ≪蒙语老乞大≫研究概况

古代朝鲜人学习外语的口语教材≪老乞大≫有汉语≪老乞大≫(≪翻译老乞大≫、≪老乞大谚解≫)、≪蒙语老乞大≫、≪清语老乞大≫、≪倭语老乞大≫四种语言的版本。其中，汉语≪老乞大≫的研究最为充分。韩国学者在≪老乞大≫版本及汉语和朝鲜语比较方面的研究成绩卓著，中国学者通过≪老乞大≫的资料研究元代以来的北方汉语取得了丰硕的成果。但是，有一点，汉语≪老乞大≫的研究局限在汉语文本的研究之内，而没有进一步和其他语言的≪老乞大≫做比较研究，或者没有和蒙古语等北方阿尔泰语系语言做具体的比较研究。譬如，"索"(要，须)可能是蒙古语动词词缀"su"。1)如果结合13-14世纪蒙古文文献研究汉语≪老乞大≫，定会有新的发现。韩国和日本学者比较早开始研究≪清语老乞大≫并出版了影印本。在中国，台湾学者庄吉发和满文专家季永海先生等都曾经研究过≪清语老乞大≫2)。

≪蒙语老乞大≫的研究主要围绕版本、语言特征和蒙古语与朝鲜语的比较等几个方面展开。≪蒙语老乞大≫曾经修订过三次，而学界讨论的主要是奎章阁藏本和东洋文库藏本。韩国学者对现存≪蒙语老乞大≫的奎章阁藏本和东洋文库藏本的刊行时间进行了考证。金芳汉在20世纪60年代写了多篇论文讨论≪蒙

---

1) 李泰洙著：≪＜老乞大＞四种版本语言研究≫，语文出版社，2003年，第14-15页。

2) 庄吉发：≪清语老乞大≫，台湾文史哲出版社1976年。季永海：≪＜清语老乞大＞研究≫，≪满语研究≫2002年第2期。王敌非：≪论＜老乞大＞的满译本≫，≪满语研究≫2012年第2期。

语老乞大≫的刊行时间，提出1766年由李亿成修订刊行的观点。而李基文先生也在1964年和1967年撰文提出≪蒙语老乞大≫的两个版本都是1790年刊行的观点。1985年崔起镐在其博士论文≪〈蒙语老乞大〉之形态学研究≫中否定了以往认为两种版本完全相同的观点，提出东洋文库版本是对奎章阁版本第六卷进行补充并于1790年刊刻的版本，而奎章阁版本则是李亿成于1766年修定的版本。1994年宋义敏在硕士论文≪≪蒙语老乞大≫研究≫中也通过比较，指出奎章阁藏本和东洋文库藏本是两个完全不同的版本，分别刊行于1766年和1790年。笔者未能见到东洋文库藏本，因此无法对两个版本做比较，但是从宋义敏论文中的具体比较内容看，崔起镐和宋义敏的观点是基本正确的。

≪蒙语老乞大≫的语言学研究在蒙古语语音、朝鲜字母标记、语法范畴等方面都有成果。遗憾的是笔者不懂韩语，无法直接阅读韩国学者的丰硕成果进行评述。这里只根据相关信息简述如下。金芳汉于1957年发表的≪关于蒙古语i的用法——以所谓accusativus actoris 为中心≫一文中认为≪元朝秘史≫、≪捷解蒙语≫、≪蒙语老乞大≫中i的用法，在书面语中是见不到的主语表示法，与韩国语主格词"ei"是同样的来源。白时亿于1959 年整理了≪蒙语老乞大≫中的助动词。崔起镐于1985年就≪蒙语老乞大≫中的接尾词、助词与韩国语作了比较研究。1983年韩国西江大学影印出版的≪蒙语老乞大≫是当今研究≪蒙语老乞大≫最重要的文献。有一些韩文出版和发表的论著，因为笔者不懂韩文所以无法阅读，这里仅列出一些目录，如최형원(Hyong Won Choi)的≪〈蒙语老乞大〉的词汇研究≫、연규동(Gyu Dong Yurn)的≪关于蒙语老乞大刊行时间的一些难点≫(1999年)、李圣揆的≪蒙学三书与蒙古语研究≫(2002年)、채영희(Chae Young-Hee)的≪韩国的外语教科书研究——〈蒙语老乞大〉的翻译≫(东北亚细亚文化学会第22次国际学术大会，2011年5月)等。韩国学者有关≪蒙语老乞大≫研究的成果翻译成蒙古文或中文非常有必要。下面主要介绍一下宋义敏在台湾国立政治大学民族研究所获得硕士学位的论文≪〈蒙语老乞大〉研究≫，其中反映了1994年之前韩国学者在≪蒙语老乞大≫研究方面取得的成就和主要观点，并提出了自己的见解。

≪〈蒙语老乞大〉研究≫共五章，第一章论述了朝鲜时代蒙古学的演变；第二章讨论了≪蒙语老乞大≫的版本、书名等相关问题，并介绍了研究史略；第

三章和第四章考察了《蒙语老乞大》中蒙古语的词法和句法；第五章研究了《蒙语老乞大》中蒙古语的语音问题。宋义敏通过系统考察《蒙语老乞大》的词法、句法和语音，得出结论认为："整体而言，《蒙语老乞大》里的蒙古语实际上是和古典语文要素及非古典语文要素的极度混合，所以非常复杂。而非古典语文要素系以口语要素为主体形成的。"3)宋义敏也观察到《蒙语老乞大》中蒙古语的方言特征问题，他说："笔者对于《蒙语老乞大》中的口语要素是受到哪个蒙古方言的影响很感兴趣，不过，由于这个问题牵涉复杂不易理清，所以本论文暂不探讨此问题。"4)宋义敏在讨论《蒙语老乞大》中蒙古语词法时主要与喀尔喀口语做一些比较。后来，宋义敏于2006年在蒙古国科学院语言文学研究所蒙古—韩国研究中心出版《蒙语老乞大》，将回鹘体蒙古文转写成拉丁字母和西里尔蒙古文。宋义敏的研究对中国学者了解《蒙语老乞大》提供了很大的方便。

日本学者井上治和韩国学者金度亨在2002-2010年间把《蒙语老乞大》八卷转写成罗马字并翻译成日语，发表了《蒙語老乞大テキストのローマ字転写と和訳》。井上治和金度亨的罗马字转写和日译校注的是首尔大学中央图书馆藏奎章阁藏本的影印本(西江大学1983年)。井上治和金度亨每年转写翻译《蒙语老乞大》的一卷，连续发表在日本的中国语学研究刊物《开篇》上。他们采用的是日本著名蒙古学家小泽重男的转写规则。《蒙語老乞大テキストのローマ字転写と和訳》(《蒙语老乞大文本的罗马字转写及日译》)的学术成绩概括起来有如下几点：首先，比较精确地转写了《蒙语老乞大》的回鹘体蒙古文和蒙古语的朝鲜字母注音，从而为进一步比较研究当时用朝鲜字母记录的蒙古语发音创造了条件；其次，在日译过程中和蒙古语的转写过程中参考了汉语《老乞大》的各种版本和《清语老乞大》，从而更加准确地把握《蒙语老乞大》中蒙古语的形态和含义。再次，对《蒙语老乞大》的语言特征和相关问题也提出了看法。井上治赞同日本学者菅野裕臣的观点，认为《蒙语老乞大》是保留18世

---

3) 宋义敏：《<蒙语老乞大>研究》，台北：国立政治大学民族研究所硕士论文，1994年7月6日，第253页。

4) 宋义敏：《<蒙语老乞大>研究》，台北：国立政治大学民族研究所硕士论文，1994年7月6日，第51页。

纪蒙古语特征的珍贵资料，用朝鲜字母注音的蒙古语的读音反映了当时的口语，因此对蒙古语的研究具有重要价值。5)井上治也指出≪蒙语老乞大≫中的蒙古语受到口语影响，也个别地方提到内蒙古东部方言与具体词汇之间的可比性，但是没有明确做出≪蒙语老乞大≫的口语属于内蒙古东部地区喀喇沁或科尔沁方言的定论。总的来说，井上治和金度亨转写和翻译的≪蒙语老乞大文本的罗马字转写及日译≫具有较高的学术参考价值，特别是≪蒙语老乞大≫蒙古语和朝鲜字母注音的罗马字转写为进一步比较研究朝鲜字母注音的蒙古语的口语特征提供了相当大的便利。

中国学者关注并研究≪蒙语老乞大≫主要是道布先生和呼格吉勒图先生。道布先生于1992年在≪蒙古语文≫杂志上发表论文≪＜蒙语老乞大＞研究≫，第一次详细介绍了≪蒙语老乞大≫，指出："≪蒙语老乞大≫最突出的特点就是蒙古语口语形式。"6)道布先生还在≪＜语录解＞研究≫一文中也讨论到≪蒙语老乞大≫。7)呼格吉勒图教授和台湾中央研究院的肖素英教授共同完成了≪＜蒙语老乞大＞标记语料库建置及语言研究≫(2003年)。乌云高娃在≪朝鲜司译院蒙古语教习活动研究≫一文中也讨论过≪蒙语老乞大≫。8)照那斯图先生也写过≪释＜老乞大＞中与蒙古语有关的几个词和短语≫一文。9)≪蒙古学百科全书·语言文字卷≫中巴德玛敖斯尔、额尔敦巴特尔撰写≪蒙语老乞大≫条目指出，在中国对≪蒙语老乞大≫的研究几乎没有开展起来。

总之，≪蒙语老乞大≫的研究，与汉语≪老乞大≫相比，开展的不够深入。而且，从目前的研究成果看，≪蒙语老乞大≫与汉语≪老乞大≫和≪清语老乞大≫的比较研究方面几乎没有开展工作。清代重新修订的≪蒙语老乞大≫与汉语≪老乞大≫和≪清语老乞大≫的关系对于全面认识≪蒙语老乞大≫也具有重要参照价值。

---

5) ≪开篇≫第21卷，好文出版社，2002年　第108页。

6) 道布：≪＜蒙语老乞大＞研究≫(蒙古文)，≪蒙古语文≫1992年　第5期，第48页。

7) 道布：≪＜语录解＞研究≫，≪民族语文≫1987年　第6期。

8) ≪中央民族大学学报≫2001年第4期。

9) 照那斯图：≪释＜老乞大＞中与蒙古语有关的几个词和短语≫，≪语言文字学研究≫，2005年。

(二) ≪蒙语老乞大≫研究中存在的问题

学者们虽然认为≪蒙语老乞大≫编定于明代，但是留存至今的版本只有奎章阁藏本和东洋文库藏本(虽然有人提到匈牙利学者李盖提的藏本，但是至今没有人做具体的介绍和研究)，均为修订本。≪蒙语老乞大≫在1741、1766、1790年分别刊行过三次木刻本。

我们从现存≪蒙语老乞大≫很难全面系统地观察元明时期蒙古语的词汇和语法特征，而是明显看出清乾隆年间蒙古语的口语特征和方言特征。宋义敏的上述研究中也观察到蒙古语从格"ača""eče"在朝鲜字母标记中一律记录成"eče"，推测认为可能是因为当时不遵守元音和谐律或是遵照口语读法的缘故。[10]同样，宋义敏也把"元音+g+元音"结构中"g"消失的原因归结为口语的影响。[11]我们认为≪蒙语老乞大≫是清乾隆年间蒙古语口语发展历史的重要文献，而且反映的是蒙古语的方言。因此，笔者认为≪蒙语老乞大≫是反映清乾隆年间蒙古语口语发展的语言学史料，而不能把≪蒙语老乞大≫直接当作之前的元明时期蒙古语的历史文献。但是，有的学者直接对≪蒙语老乞大≫和≪蒙古秘史≫、≪华夷译语≫进行比较研究，我认为有一些欠妥的地方。≪蒙语老乞大≫是以朝鲜人在中国经商为题材教授朝鲜人蒙古语口语的教材，因此应该从蒙古语口语和方言的角度去研究≪蒙语老乞大≫。与汉文≪老乞大≫、≪清语老乞大≫和≪倭语老乞大≫相比，≪蒙语老乞大≫的修订最多，这主要是因为清代的蒙古语口语发展与元明时期的蒙古语特别是书面语(中世纪古典蒙古语)相比发生了很大的变化，所以需要在口语教材中反映活形态的蒙古语变化。

≪蒙语老乞大≫的口语特征的另一个重要问题就是≪蒙语老乞大≫到底是用哪里的蒙古语方言写成的？一些学者认为≪蒙语老乞大≫反映的是鄂尔多斯方言或呼伦贝尔方言。我认为，这些推测都缺乏证据。在≪蒙语老乞大≫的序言中李亿成记载了请盛京将军府的叫做包罗的蒙古章京修改≪蒙语老乞大≫的过程。这位包罗是解开≪蒙语老乞大≫方言特征问题的关键人物。包罗是盛京将

---

10) 宋义敏：≪<蒙语老乞大>研究≫，台北：国立政治大学民族研究所硕士论文，1994年7月6日，第85页。
11) 宋义敏：≪<蒙语老乞大>研究≫，台北：国立政治大学民族研究所硕士论文，1994年7月6日，第240页。

军府的章京，是八旗蒙古，为科尔沁蒙古人和喀喇沁蒙古人的可能性最大。笔者对《蒙语老乞大》的口语语法现象和方言词汇进行了详细的比较研究，得出的结论是《蒙语老乞大》是参照内蒙古东部地区的喀喇沁或科尔沁方言修订的口语教材，而不是反映鄂尔多斯方言和呼伦贝尔方言，这也和朝鲜人来中国经商必须走固定的制定路线的历史事实相吻合。12)

二、《蒙语老乞大》翻译底本探讨

《蒙语老乞大》是汉语《老乞大》的蒙古语译本，因此《蒙语老乞大》到底根据汉语《老乞大》的哪个版本翻译的问题，虽然不复杂，但是至今还没有学者提出明确的定论来。《蒙语老乞大》在1741、1766、1790年分别刊行过三次木刻本，因此1795年的《重刊老乞大》和1795-1798年的《重刊老乞大谚解》就不用考虑在和《蒙语老乞大》的比较范围之内。古本《老乞大》、《老乞大谚解》(1670年前后)、《老乞大新释》(1761年)三个版本与《蒙语老乞大》之间的对应关系对于确定《蒙语老乞大》翻译底本至关重要。

《蒙语老乞大》开篇就说："yeke abagai či hanasa irebe?"(大哥你从哪里来？)"bi begejing-yin jög ečimüi."(我往北京去。)已经把古本《老乞大》中的"伴当"和"大都"改为"大哥"和"北京"，说明《蒙语老乞大》根据翻译的不是古本《老乞大》，那么剩下的就是1670年前后的《老乞大谚解》和与《蒙语老乞大》第二次修订时间1766年最接近的《老乞大新释》(1761年)了。下面，我们通过具体句子的逐字逐句对比，讨论一下这个问题。

ene mori-i boltu ača bagulgaqu olong suladqaqu juujai suladqaju ene jam-un qajau-du talbigad ebesü qoglogaji nige nökör-iyer saqiulugad bosud nökör qamtu gačag-a du asauh-a ečiy-e.(这马全都卸下行李，松动肚带，松了嚼子，在路旁放了，让它薅[吃]着草，叫一个那可儿[伙伴]守着，其

---

12) 陈岗龙：《关于蒙语老乞大的几个问题》(西里尔蒙古文)，蒙古国科学院语言文学研究所《语言文学研究》第33卷，乌兰巴托2008年，第38-44页。

他那可儿[伙伴]一起到村里问去。卷三3a)

古本≪老乞大≫：这马都卸下行李，松动肚带，取了嚼子，这路旁边撒了，著吃草者。教一个看者，别的都投这人家问去来。

≪老乞大谚解≫：这马都卸下行李，松动肚带，取了嚼子，这路旁边撒了，著吃草者。教一个看者，别的都投这人家问去来。

≪老乞大新释≫：把这马上行李卸下，松了肚带，去了嚼子，就在这路旁放他吃些草。只教一个看，别的都到那边人家问去。13)

这里的"ebesü qoglogaji"是"薅草"的意思，是汉语的"薅"接上蒙古语词缀"logaji=laju"构成的混合词。而汉语≪老乞大≫中是把马放在路边，任它去吃草，但是蒙古语则是让马来"薅草"，这是蒙古语译本的改变。蒙古语的整句的翻译直接对应≪老乞大谚解≫和古本≪老乞大≫。而在≪老乞大新释≫中则没有了"把行李全部卸下"的意思。蒙古语中"gačag-a du asauh-a ečiy-e"是"到村里问去"，

eyimü bolqula abagai-yin kelekü ni jöb. bi tergen-ü gerte ečiküle ali gal ügei.keüked-tü deng sitaju abčir-a.(如果这样，哥哥说的对。我去车房没有什么火。让孩子点灯来。第四卷2a)

≪古本老乞大≫16a5：那般者，哥哥道的是。俺车房里去无甚明火，教小孩儿将些个灯来。

≪老乞大谚解≫50b100：这们时，哥哥说的是。我车房里去没什么火，叫小孩儿拿个灯来。

≪老乞大新释≫18b2：主人家说的是。我们车房里去，没有火怎么好？叫小孩子拿个灯来吧。

蒙古语的"eyimü bolqula"是"如果这样"，与≪老乞大谚解≫的"这们时"相对应。古本≪老乞大≫是"那般者"，蒙古语应该是"teyimü bolqula"。而≪老乞大新释≫已经没有了这句。蒙古语的"ali gal"是"什么火"。古本≪老乞大≫是"明火"，而≪老乞大新释≫已经把句子改成"没有火怎么好？"因此，蒙古语直接对应的是≪老乞大谚解≫。不过，蒙古语也把"小孩儿拿个灯来"翻译成

---

13) 李泰洙著：≪<老乞大>四种版本语言研究≫，语文出版社，2003年，第139页。

"keüked-tü deng sitaju abčir-a"(让孩子点灯来。)汉语《老乞大》中是让孩子拿灯来，并没有"点灯"，蒙古语加了一个"sitaju"(燃，点)。

我们对《蒙语老乞大》和汉语《老乞大》做了如上的逐字逐句的比较，得出的结论是《蒙语老乞大》是根据《老乞大谚解》翻译的，不过蒙古语也做了不少改动。

我们认为，《蒙语老乞大》是《老乞大谚解》的蒙古语译本，而语法口语化和词汇方言化则是修订的结果。

三、《蒙语老乞大》的口语特征和语法特征

《蒙语老乞大》的一个突出特点就是书面语和口语混杂，这种混杂有两种情况：一种是书面语词汇和口语词汇混用，一种是书面语的语法直接用口语形式表达出来。道布先生已经指出《蒙语老乞大》语法的口语特征，这里就不再赘述。仅就上面两点集中谈几个现象。

(一) 长元音记录的变化

《蒙语老乞大》中蒙古语语音记录最突出的特点就是长元音的记录发生了变化，很多词中构成长元音的"V+G/g+V"结构中的"G/g"脱落了。宋义敏在《〈蒙语老乞大〉研究》中也讨论了这个问题。宋义敏说："在母音间位置中，-G(g)-的消失和在这种现象下前后母音的变化，是蒙古语史里非常特殊的变化之一。母音间-G(g)-的消失是从中世蒙古语时期慢慢形成的，在其先行母音跟后行母音系同一母音的情形下，变成一个长母音。例如说：-aGa->-aa-或-ā-，-ege->-ee-或是-ē-，等。但若其母音相异，就没有出现简化的现象。例如：-aGu->-au-，等。这种情况查到现代蒙古语。才出现简化的现象，即则-aGu->-au———>-aGu->-ū-。在古典蒙古语文中，并没有上述这种母音之间字音脱落或是简化的现象。此一现象是区别文言跟口语的重要特征。在《蒙语老乞大》中，整体而言，仍有保持-G(g)-的例子，可是-G(g)-

的消失的例子更多。有时同一个词出现两种情况的例子也不少。一般而言，这种现象可以证明普遍口语性格的现象。"[14]笔者考察了《蒙语老乞大》中蒙古语的长元音记录的变化，主要表现在以下两个方面：

1. "-aGu-"记录成"au"，"egū"记录成"eū"，脱落"g"。这实际上是长元音变成了双元音。

Jagu=jau

bagugsan=bausan

hana saun-a(住哪里？第一卷10b)"saun-a"本应为"sagun-a"。

eüneče(egün eče)qoin-a čider(čidür) čiderle(čidürle).(将马绊脚。)

"yeūgeji"(第一卷1b4)在书面语中是"yagu gejū"，是由yagu(阳性词)和gejū(阴性词)两个词构成的。而在《蒙语老乞大》中，阳性的yagu被读成阴性的yeū，实际上是违背了蒙古语的元音和谐律，这种现象只能用口语的影响来解释。在内蒙古东部的蒙古语方言中，书面语的"yagu"今天在口语中也说成"yeū"。

2. "G/g"前后(上下)的元音为同一元音时，都记录成短元音，这种现象更多，而且在朝鲜字母的标记中也是短元音。

buda(budag-a) kijü ided(ideged) ečin-e.(做饭吃去。卷三2b。括号中的形式为书面语的正确写法。下同)

ene qoson(qogoson) buda(budag-a)-i yeügem(yagu genem).(量这些淡饭係甚厉害？卷三5a)

用短元音记录长元音，有时候会引起歧义。如：

deng sitaju abčir-a.(点灯来，第四卷2b)

"sitaju"应该是使动态的"sitagaju[ʃɪtädz]"(使燃着)，但是因为长元音"aga"记录成短元音"a"，两个元音之间的"g"脱落了，因此如果不联系上下文，就会读成短元音"a"，从而误解为"灯自己燃着"。

《蒙语老乞大》中把蒙古语长元音和双元音都记录成短元音，或者直接写成口语的读音。往往是同一个词汇，有时候写标准的书面语，有时候写不规则的

---

14) 宋义敏：《<蒙语老乞大>研究》，台北：国立政治大学民族研究所硕士论文，1994年7月6日，第240页。

口语，如"buda"(饭，卷三)和"budag-a"(饭，卷一)，具体修订见下面的表格。

(二) 语法的口语形式

《蒙语老乞大》是直接记录口语的，因此语法就和书面语语法相脱节。

či bičig-i ken nese surba?(你谁根底学文书来？)

标准的书面语应该是："či bičig-i ken eče surba?"而"nese"则是明显的口语影响的结果。

ger-ün ejen neiki-i buu abču eči.(卷四5a)

其中"u(ü)ki-i"都写成"neiki gi"。而且朝鲜字母把"neiki"注音为"nêki"，更接近口语的发音。由此可以推断，《蒙语老乞大》的修订主要是由蒙古人说口语，朝鲜人完全按照蒙古人的读音记录了每一个句子。

anda nar qalun(qalagun) nigi uy-a(uuguy-a)geneü küiten nigi uy-a
(uuguy-a)geneü.(客人每，热吃那凉吃？《老乞大谚解》57a)

"nigi"在书面语中是"1"，这里明显是口语。

činü ene keüked ečü kümüjigüle dumda jerge ber yabuqu bui-a.(卷七10a)

学者们对"keüked ečü"的理解不尽相同。这句话在汉文《老乞大》中也有微妙的变化。

《原本老乞大》(31右)中是："你这小孩儿若成人啊，三条道儿中间里行者。"[15]《老乞大新释》、《重刊老乞大谚解》中是："这小孩子，若要他成人，有三条路在当中走。"汉语《老乞大》的修订中，"若要他成人"，是使动态。因此，蒙古语的"keüked ečü"也应该是"keüked iyen ču"(把孩子)的口语形式。而不是"keüked ču"(孩子也)。

(三) 书面语和口语词汇混用

书面语词汇和口语词汇混用在《蒙语老乞大》中比比皆是。主要有两种情

---

15)【韩】郑光主编，梁伍镇、郑丞惠编：《原本老乞大》，外语教学与研究出版社，2002年，第167页。

况，一种是书面语词汇被替换成相应的方言口语词汇，如卷五5a和5b一句话中就有"bergen"和"bergei"(嫂子)两种写法，前者为书面语，后者为喀喇沁、科尔沁方言口语(yeke bergei ebesün-ü debieger čigirsü-i abčir-a.卷二8b)。这主要是因为修订过程中说蒙古语的蒙古人的方言所属引起的。而这些方言词汇集中在喀喇沁或科尔沁方言。

而词汇方面，≪蒙语老乞大≫有两个方面的显著变化，一个是方言比较明显，一个是汉语借词多起来，这也反映了汉语对东部地区蒙古语的影响。

qonog budag-a yin ebesü(草，卷一22b)

ašar irekü,ašar idekü.(慢慢来，慢慢吃，卷五4b)

či küiten gajar-i jibeüreükei bolosa ene tergen-ü gerte kebtegüle yamar? (你如果不嫌弃凉，睡这车房如何？卷三19b)

kürdü-yin temer.(卷七1b)

宋义敏也讨论过"temer"一词："此种现象在蒙古语文辞典中找不到。在蒙古诸语中，这个词的语头母音受到非语头母音的影响，称为逆行同化。不过，在≪蒙语老乞大≫中的temer则是受到顺行同化的影响。"16)实际上，在内蒙古东部地区，口语中今天也说着"temer"(铁)，而书面语中则是"temör=temür"(喀尔喀方言中темер)。

≪蒙语老乞大≫中也有不少词汇是直接翻译汉语词汇，而不是蒙古语固有词汇。如上面提到的例子：

ebesü qoglogaji(卷三3a)

这里的"ebesü qoglogaji"是"薅草"的意思，是汉语的"薅"接上蒙古语词缀"l[a]o+gaji=laju"构成的混合词，今天也在内蒙古东部地区使用。而汉语≪老乞大≫中是把马放在路边，任它去吃草，蒙古语则是"薅草"，这是蒙古语译本的改变。

类似的词汇还有：

nür ügei kümün.(nigur tügükei kümün)(面生人，卷三13b)

mori-yin argal.(马粪)

---

16) 宋义敏：≪≪蒙语老乞大≫研究≫，台北：国立政治大学民族研究所硕士论文，1994年7月6日，第240页。

四、《蒙语老乞大》的口语修订在各卷中的比例

经我们的考察和统计，《蒙语老乞大》的口语修改主要在第三卷之后出现。这可能和第一卷第二卷的内容在以后的修改中变化不大，而第三卷之后开始的生活词汇在具体的口语中发生了变化有关系。如：

"bolbasu"(如果)在第一卷出现3次，"bolusa"在第三卷至第八卷出现34次。"bolqula"出现57次，而且第八卷的写法与前七卷的写法又不一样(同词异书)。这两种情况可能是修改三次的结果。

"bagugsan"(下，住下)在第一卷出现1次(第一卷15b)，而 bausan则在第四卷以后出现9次。

"amaragulsu""amaragulugad"(休息)等符合书面语规范的词都出现在第一卷，而"amaraulju""amuulju"则出现在第四卷，而且"amaraulju""amuulju"两个不同的写法出现在同一页。

"magu"(坏，恶)在第一至第三卷出现11次，"mau"在第五卷之后出现20次。

"jagu(n)"(百)在前三卷出现8次，"jau"在第五卷和第八卷出现17次，其中第八卷12次。

"ačiy-a"(行李)在第三卷出现1次，而第四卷全部写成"ača"，出现7次。

"büdügün"(大，粗)在第一卷出现1次，"büdün"在第六卷和第八卷出现7次。

"ilegüü"(多，余)在第一卷第二卷出现3次，"ileü"则在全书出现13次。

"qalagun"(热)在第二卷出现1次，"qalun"在第四卷和第七卷出现7次。

"qoyagula"(两人)在第二卷出现1次，"qoyala"则在第三卷之后出现15次。

《蒙语老乞大》中"budag-a"在第一卷和第二卷中出现7次(如卷一22b写"qonog budag-a yin ebesü")，第三卷之后"buda"出现25次。这说明"buda"的修改是从第三卷以后开始的。"budag-a"(饭)写成"buda"(卷四3a)，朝鲜字母的注音也直接跟着口语记录，因此"buda"的两个音节也记录成短元音，而不是"budaa"。这可能和当时蒙古语的一些长元音在口语中已经读成短元音有直接关系。因此，参考句旁的朝鲜字母来研究蒙古语的语音变化，对蒙古语口语发

展的研究具有重要的学术参考价值。下面用表格对照了几个词的书面语和口语修订在≪蒙语老乞大≫各卷中的分布情况，词后面括号中的数字为该词在该卷出现的次数。

	卷一	卷二	卷三	卷四	卷五	卷六	卷七	卷八
magu (书面语)	magu (3)	magu (4)	magu (3)					
mau (口语)					mau (7)	mau (4)	mau (3)	mau(6)
jagu=jagun (书面语)	jagun (1)	jagu (2) jagun (3)	jagu (1) jagun (1)					
jau (口语)					jau (5)			jau (12)
bolbasu (书面语)	bolbasu (3)							
bolusa (口语)			bolusa (4)	bolusa (3)	bolusa (5)	bolusa (7)	bolusa (7)	bolusa (8)
bagu (书面语)	bagugsan (1) bagugsan (1) bagulgamui (2) baguh-a (2)		bagu (1)					
bau (口语)			bauji(1) baulgaju(1)	baugad (1) bausan1 (1) bauy-a1 (1) baulgay-a (2) baulgabasu1 (1) baulgad1 (1)	bauji (1) bauraji (1) baulgaju (1) bausan (5) baulgaqu (2) baulgamui (1)	bausan (2) baulgasan (1) bauray-a (1) bauragulju (1) bauragulqu (1)	Bausan 1) baulgaqu (1)	

我们可以从表格直观地看出受口语影响的修订主要在后六卷。当然，修订过程中也存在并不一定完全按照口语修订，而是混合着书面语和口语因素的修订的不规则现象。如表格中的"bauragulju""bauragulqu"两个词实际上是一半按照口语修改，一半按照蒙古语正字法保留了构成长元音的"V+G/g+V"结构。即：

书面语的"bagu=b+a+g+u=bū"在这里变成了口语的"bau"，而"ra+gulqu""ra+gulju"依然保留着长元音的"agu=ū"结构。这种书面语和口语混合的现象只能用口语的影响来解释。

五、结 语

通过以上三个方面的探讨，我们就≪蒙语老乞大≫做出如下的初步结论：

一、≪蒙语老乞大≫是根据≪老乞大谚解≫翻译的，我们通过汉语≪老乞大≫几个版本与≪蒙语老乞大≫的逐字逐句的对照，证明这个结论是正确的。

二、≪蒙语老乞大≫的口语修订主要是在第三卷以后的各卷中做了大量的修订。这是因为第三卷以后对话中的生活用语在实际的口语中发生了比较大的变化，修订者根据实际口语进行了修订。

三、≪蒙语老乞大≫的口语方言是内蒙古东部地区的喀喇沁或科尔沁方言，从具体词汇和口语发音能够看出这一点，并且这种方言特征也符合古代朝鲜商人到北京经商必须走指定线路的历史事实相吻合。

总而言之，≪蒙语老乞大≫是一部比较准确地记录清代蒙古语口语的文献，对于当时蒙古语的语音变化、方言特征的研究具有重要的学术参考价值。笔者认为，≪蒙语老乞大≫的研究需要几个方面的专家学者共同合作才能取得更大的成绩。首先，蒙古语的拉丁字转写和句旁朝鲜字母注音的准确转写，需要蒙古语专家和朝鲜语专家的密切合作，这方面井上治和金度亨合作的罗马字转写提供了成功的范例。句旁的朝鲜字母注音是准确记录当时蒙古语口语的，比回鹘体蒙古文本身更能反映口语的发音。研究≪蒙语老乞大≫的方言口语特征，句旁的朝鲜字母注音具有关键意义。其次，蒙古语方言研究和书面语研究相结合，包括方言词汇和方言的语音特征。再次，≪蒙语老乞大≫的研究与汉语≪老乞大≫和≪清语老乞大≫的研究结合起来，不能孤立地去研究单一语言本身的变化。

致谢：本文在国际译学书学会第6次国际学术会议上宣读之后得到郑光教授、梁伍镇教授和金文京教授的鼓励，会后乌云高娃教授提供了宋义敏的硕士论文和井上治、金度亨的转写与日译本等重要资料，对修改论文起了重要作用。在此，对以上各位学者的鼓励和帮助表达我诚挚的感谢。当然，论文中的观点和责任由本人承担。

<主要參考文獻(按时间排序)>

≪蒙语老乞大≫, 西江大学人文科学研究所1983年影印本。

≪清语老乞大≫, 影印本。

道布:≪<蒙语老乞大> 研究≫(蒙古文), ≪蒙古语文≫1992年第5期。

宋义敏:≪<蒙语老乞大>研究≫, 台北:国立政治大学民族研究所硕士论文, 1994年。

【韩】郑光主编, 梁伍镇, 郑丞惠编:≪原本老乞大≫, 外语教学与研究出版社, 2002年。

李泰洙著:≪<老乞大>四种版本语言研究≫, 语文出版社, 2003年。

井上治、金度亨:≪蒙語老乞大テキストのローマ字転写と和訳≫, ≪开篇≫第21卷至
28卷, 好文出版社, 2002年至2009年。

陈岗龙:≪关于蒙语老乞大的几个问题≫(西里尔蒙古文), 蒙古国科学院语言文学研究
所≪语言文学研究≫第33卷, 乌兰巴托2008年, 第38-44页。

□ 성명 : 陈岗龙

　　주소 : 100871中国·北京市海淀区颐和园路5号·北京大学外国语学院亚非系。

　　전화 : +86-13641305507

　　전자우편 : dulaan@pku.edu.cn

□ 이 논문은 2013년 11월 30일에 투고되어

　　　　2014년 1월 13일부터 2월 14일까지 심사하고

　　　　2014년 2월 28일 편집회의에서 게재 결정되었음.

国际俗字与国别俗字[*]
－基于汉字文化圈的视角－

何华珍

(中国, 浙江财经大学)

<要旨>

漢字圈의 국외 俗字 變遷史는 漢語의 俗字 接受史일 뿐만 아니라 국외에서의 漢字 變異 史이기도 하다. 漢語俗字는 국외의 漢文 碑刻, 寫本, 刻本에 대량으로 보존되어있다. 이는 역사적으로 漢字文化圈 내에서 '國際俗字'가 대량 流通하였음을 짐작할 수 있다. 또한 지역 문화의 차이로 하여 주로 漢字圈의 개별 지역에 유통되는 '國別俗字'도 있는데, 그중에는 부분 變體의 俗字異體字가 있는가 하면 완전히 새로 창제한 '國別新字'도 있다. 일본의 현행 한자 중에는 역사적으로 유통되던 '國際俗字' 또는 '國別俗字'를 보존하고 있는데, 이를 근거 로 漢字圈의 俗字 유통 경로를 고찰하고 국제교류에서 俗字의 '化石' 기능을 밝힐 수 있다. 국제적으로 전해지는 漢字文獻을 활용하고 俗字에 대한 국내외의 연구 성과를 흡수함으로 써 俗字의 傳承과 變異 법칙을 탐구하는 것은 국제적인 漢字學界에 당면한 새로운 과제이다.

Key Words : 汉字文化圈、国际俗字、国别俗字

一、引论

汉字文化圈是指中国以及历史上受中国影响而使用汉字的朝鲜半岛(以下或称"朝-韩")、日本、越南等地区。国内外学者在汉字圈俗字比较研究方面, 汇集整理资料, 探讨俗字变异, 不断推进域外俗字的整理与研究。

* 项目来源：作者主持的国家社科基金一般项目"汉字文化圈俗字比较研究"(12BYY069),
  国家社科基金重大项目"汉字发展通史"(11&ZD126)子课题"汉字域外传播研究", 教育部
  人文社科规划基金项目"俗字在域外的传播研究"(12YJA740020)。

1. 汉语俗字研究方兴未艾

　　与汉字文化圈俗字比较研究紧密关联的汉语俗字研究，主要表现在以下五个方面。一是敦煌俗字研究，蒋礼鸿《敦煌变文字义通释》(1959)，潘重规《敦煌俗字谱》(1978)，张涌泉《汉语俗字研究》(1995)、《敦煌俗字研究》(1996)，黄征《敦煌俗字典》(2005)，张小艳《敦煌书仪语言研究》(2007)，赵红《敦煌写本汉字论考》(2012)，于淑健《敦煌佛典语词和俗字研究》(2012)等，广泛汇集异体字样，揭示敦煌俗字变异规律，破解疑难，为解读敦煌文献奠定基石。二是疑难俗字考证，张涌泉《汉语俗字丛考》(2000)、杨宝忠《疑难字考释与研究》(2005)、《疑难字续考》(2011)，周志锋《大字典论稿》(1998)等，钩沉发覆，探幽显微，破解众多疑难俗字，为辨识俗字树立典范。三是佛经音义俗字研究，郑贤章《<龙龛手镜>研究》(2004)、《<新集藏经音义随函录>研究》(2007)，韩小荆《<可洪音义>研究》(2009)，陈五云、徐时仪、梁晓虹《佛经音义与汉字研究》(2010)等，专论佛经音义字书，宏观微观兼顾，版本文献与俗字汇释融为一体。四是碑刻俗字研究，罗振玉《增订碑别字》(1957)，秦公《碑别字新编》(1985)、《广碑别字》(1995)，欧昌俊、李海霞《六朝唐五代石刻俗字研究》(2004)，陆明君《魏晋南北朝碑别字研究》(2009)，郭瑞《魏晋南北朝石刻文字》(2010)，李海燕《唐五代石刻文字》(2011)、毛远明《魏晋六朝碑刻异体字研究》(2012)等，系联碑刻异体，探幽览胜，究明俗字变异轨迹。五是字样学研究，曾荣汾《字样学研究》(1988)、李景远《隋唐字样学研究》(1997)、张书岩等《简化字溯源》(1997)、王立军《宋代雕版楷书构形系统研究》(2003)、刘中富《<干禄字书>字类研究》(2004)、刘元春《隋唐石刻与唐代字样》(2010)等，探讨历代字样理论、汉字正俗关系，推求简俗字源。此外，还有古文字谱系研究、汉字构形研究、比较文字字学理论研究，等等。在国外特别是日本，在近代汉字研究、敦煌文献研究等方面，成果颇丰。鉴此，倘若将汉语俗字的研究触角延伸至域外，从域外汉籍反观汉语俗字，那将是另一番景象。

2. 朝－韩俗字研究初具规模

在国外，崔南善《新字典》(1915)最早关注朝鲜俗字，书后附有俗字(自造字)谱。小仓进平《朝鲜语学史》(1940)，对朝鲜文字史进行了系统研究者。鲇贝房之进《杂考：借字考、俗文考、借字考》(1972)，对朝鲜简俗字、新造字详加考述，成就卓越。柳多一《韩国文献学研究》(1989)，汇集朝鲜半行(简体字)，辑录坊刻俗字，有力推动俗字学研究。李圭甲《高丽大藏经异体字典》(2000)，对高丽大藏经异体俗字进行全面汇考，展示了汉籍刻本中各色俗字的千姿百态，为俗字研究提供了极其丰富字样。金钟埙《韩国固有汉字研究》(1983)，系统研究朝鲜新字，立足文献考证，极为详密。河永三《朝鲜后期民间俗字研究》(1996)、《韩国固有汉字比较研究》(1999)，承前启后，对朝鲜新字及简俗字进行了深入研究。需要特别强调的是，韩国国立国语研究所自1991年始不断推进汉字略体调查研究，为汉字圈俗字研究奠定良好基础。在我国，曾出版或发表过介绍汉字汉语对朝鲜语的影响，以及朝鲜语简化的论著，也有研究韩国汉字词如《东去的语脉》(2007)专著问世，而专门研究朝鲜新字或简俗字者，则大概首推台湾学者金荣华。其著《韩国俗字谱》(1986)，辑录36种写本数据，复制排印，诚可窥唐宋俗字在朝鲜半岛之传播轨迹。姚永铭(2007)、王晓平(2008)、王平(2009)、吕浩(2009)等论文，对朝鲜文献俗字进行诸多研究，为东亚俗字比较研究做了有益探索。华东师范大学中国文字应用与研究中心，较多关注域外汉字特别是韩国汉字的整理研究。吕浩《韩国汉文古文献异形字研究之异形字典》(2011)，参酌《敦煌俗字典》《宋元以来俗字谱》，剪辑《新罗上代古文书资料集成》《古文书集成》部分字样，为进一步研究中朝－韩俗字关系奠定了基础。尽管如此，探求俗字在朝鲜的传承变异轨迹，需要在既有成果之上，扩大文献调查范围，探寻中朝俗字关系之流变。

3. 日本俗字研究不断深入

在国内，以日本写本及古辞书为语料，进行中日俗字比较研究，日渐为学界所重视。钱超尘《半井家本<医心方>俗字研究》(1996)、《<黄帝内经太素>新校正》(2006)等，开东瀛汉医抄本俗字研究之先河。近年，王晓平十分关注

俗字与日本古抄本校勘问题，发表系列论文(2009、2010、2011)，进而提出东亚写本学重要命题。张磊≪＜新撰字镜＞研究≫(2012)，充分利用敦煌资源，厘定俗字源流，收获颇丰。笔者指导研究生，对日本汉籍写本≪参天台五台山记≫≪日藏古抄李峤咏物诗注≫及≪类聚名义抄≫≪色叶字类抄≫等进行俗字专题研究，已成系列学位论文(2010、2011)。在现行简俗字方面，谢世涯≪新中日简体字研究≫(1989)、李月松≪现代日语中的汉字研究≫(1998)、何群雄≪汉字在日本≫(2001)、陆锡兴≪汉字传播史≫(2001)、刘元满≪汉字在日本的文化意义研究≫(2003)，宏观研究，视野开阔，蕴含丰富学术信息。周一良≪说"宛"≫(1989)一文，乃中日俗字对比研究之代表作，张涌泉≪韩、日汉字探源二题≫(2003)，对日文"仏""弁"二字进行了源流考辨，与≪说"宛"≫异曲同工。拙著≪日本汉字和汉字词研究≫(2004)对日本汉字进行了系统探源，拙文≪俗字在日本的传播研究≫(2011)揭示日本俗字变迁，探索俗字在日本流播规律，对日本俗字进行了阶段性总结。在日本，佐藤喜代治≪汉字讲座≫(1987-1988)，宏观微观结合，理论考据并重，诚为当代汉字学研究之大成。≪汉字百科大事典≫(1996)，集学术性与资料性一体，汇聚日本历代俗字字样，为研究中日汉字必备工具书。杉本つとむ≪異體字研究資料集成≫(1973、1995)，集俗字研究资料之大成，为中日俗字比较研究提供极大便利。山田忠雄≪當用漢字の新字體≫(1958)，是探究现代日语俗字源流的标志性著作，芝野耕司≪JIS漢字字典≫(2002)，则为当代日本汉字之总汇，是俗字研究标本库。笹原宏之≪國字の位相と展開≫(2007)，将日本"国字"研究推向一个新的高峰。此外，日本复制出版了大量的古辞书、古文书，以及各类写本、刻本，为汉字在日本的传播研究提供了极为丰富的第一手资料。不过，联系中日汉字辞书，结合中日汉字文献，吸收双方研究成果，探究以俗字为中心的汉字文化交流，特别是近代新字体的历时考证，个体"国字"的文献调查，均属薄弱环节。

4. 越南俗字研究有待开发

在越南，为了搜寻、保藏、复制、研究汉喃资料，已成立汉喃研究院，珍藏有汉喃古籍两万多种。目前，越南等合作出版了≪越南汉喃铭文汇编(第1集)≫

(1998)、≪越南汉喃铭文汇编(第2集)≫(2002),≪越南汉喃铭文拓片总集≫
(2005-2009),图片清晰,俗字满目,犹如唐宋,为越南俗字研究提供了宝贵
的第一手资料。日本学者竹内与之助≪字喃字典≫(1988),汇释字喃形义,为
字喃研究之必备工具书。王力≪汉越语研究≫(1948),陈荆和≪校合本大越史
记全书≫(1986),刘春银≪越南汉喃文献目录提要≫(2002),耿慧玲≪越南史
论≫(2004),陈增瑜≪京族喃字史歌集≫(2007),刘玉珺≪越南汉喃古籍的文
献学研究≫(2007),孙逊≪越南汉文小说集成≫(2011)等,在文献、目录、喃
字、汉越语诸领域,导夫先路。在中越俗字研究方面,已引起学人关注,陈荆
和在≪大越史记全书≫后附"越南俗字·简体字与惯用汉字对照表",郑阿财≪
越南汉文小说中的俗字≫(1993)对越南俗字进行了分类探讨,刘康平的硕士论
文≪越南汉文写卷俗字研究≫(2011)选取越南汉文写卷进行俗字调查研究,均
有创获。拙文≪俗字在越南的传播研究≫探究越南俗字与汉语俗字之传承与变
异,指出辞书及学界有关失误。此域俗字,亟需拓展研究。

5. 中、朝-韩、日、越俗字综合比较尚处空白状态

综上,汉语俗字研究方兴未艾,古文字、碑刻俗字、敦煌俗字、佛经音义俗
字、疑难俗字、汉字构形学、字样学、比较文字学等研究成果,为域外俗字研
究提供坚实基础,为本课题研究提供强力支撑。但是,汉语俗字如何传播域
外,域外如何在汉唐俗字影响下产生部分变异或整体变异?不同地域的俗字之
间,是同步发展还是互有影响?域内域外俗字具有何种共性和个性?在汉字文
化圈中,是否存在"国际俗字"与"国别俗字"现象?凡此种种,亟需在既有基础
上加以填补与拓展。

二、国际俗字

汉字文化圈,在古代亦可谓之汉文交流圈,现今则变为"汉字音文化圈"。从
文字学角度论,汉字域外传播史,往往就是俗字在域外的传承与变异的发展

史。汉语俗字大量保存于域外汉文碑刻、写本、刻本之中，据此足以窥见历史上曾经出现的通行于汉字文化圈的"国际俗字"现象。

1. 流行于朝-韩的异体俗字

以《九云梦》(1803年高丽刻本)为例：

哀—袁 埃—埃 藹—藹 靄—靄 愛—爱 安—女 黯—黯 拔—板 罷—罷 拜—
拜 褒—褒 飽—飽 寶—宝/宝 暴—暴 鮑—鮑 杯—盃 被—被 備—俻 輩—輩
本—本 蚌—蚌 鼻—臭 必—必 俾—俾 弊—獘 壁—壁 邊—边 變—变/変
鑣—鑣 鬢—鬢 冰—氷 秉—秉 播—播 步—歩 繼—繼 參—叅 餐—飡 殘—残
慘—憯 藏—藏 曹—曺 操—操 曾—曽 插—挿 刹—刹 傛—傛 攙—攙 蟾—蟾
纏—纏 腸—膓 嘗—甞 塵—尘 趁—趂 稱—称 癡—癡 遲—遟 儺—晝 出—凸
初—礽 處—处 楚—楚 礎—礎 黜—黜 觸—觸 齁—龥 真—真 窗—窓 創—刱 垂—垂
春—春 辭—辞 賜—賜 傷—傷 蔥—葱 聰—聡 聽—聴 叢—叢 藂—藂 麤—麤 簇—簇 竄—竄
爨—爨 毳—毳 蹉—蹉 怛—怛 答—荅 帶—带 單—単 膽—膽 但—但
蹈—蹈 得—浔 德—德 等—等 殿—殿 踮—跕 疊—叠 鼎—鼎 昇—昇 定—定 獨—狗/猫
杜—杜 段—段 斷—断 對—对/対 娥—娥 蛾—蛾 俄—俄 惡—恶 愕—愕/惸
蕁—蕁 恩—恩 兒—児 爾—尒/甬 發—犮/菝 髮—髪 翻—翻
/飜 凡—凡 繁—繁 飯—飰 妃—妃 廢—庌/疼 粉—粆 峰—峯 伏—伏 服—脤
撫—撫/拒 富—冨 復—復 覆—覂 概—槩 敢—敢 割—割 隔—隔 閣—阁/
閣葛—葛 功—功 鼓—皷 蠱—蛊 顧—顧 規—規 閨—閨 歸—敀/帰 鬼—
兒 桂—桂 貴—貴 怪—恠 關—関 觀—观/観 舘—館 廣—庁 國—国 裹—裹
含—含 罕—罕 毫—毫 號—号 喝—喝 曷—曷 鶴—鶴 堅—垦/堅 衡—衡
轟—轟 侯—俟 後—浚 戶—戸 畫—画 懷—怀 歡—歓 還—逯/還 幻—幻
宦—宦 荒—荒 慌—慌 恢—恢 毀—毁 魂—𢘑/魂 禍—禍/秌 肌—肌
跡—迹 機—机/槻 急—急 計—計 寄—寄 繼—継 臍—臍 佳—佳 假—假
價—価 兼—兼 堅—坚 間—间 煎—煎 檢—撿 僭—僭 劍—釖/釰 賤—賎
嬌—嬌 揭—揭 劫—刧 節—莭 竭—竭 解—解 戒—戒 矜—矜 香—香
僅—堇 謹—謹 盡—盡 京—京 淫—淫 旌—旌 景—景 徑—迳 競—競

迥—迵/迴/迡 炯—烱 就—㲉 舅—舅 舊—舊/旧 擧—㪯/㪯 覺—觉 涓—涓
眷—春/眷 絹—絹 開—闭 歙—歙 渴—渴 肯—肎/肎 恐—恐 哭—哭 款—款
曠—昿 魁—魁 跬—跬 琅—瑯 勞—劳 樂—乐 覃—覃 離—难 籬—篱 荔—苈
歷—厯/歷 麗—丽 聯—聯 臉—脸 戀—恋/恋 涼—涼/涼 兩—両 量—量 寥—寥
遼—遼 獵—獵 鬣—鬛 麟—獜 鱗—鳞 臨—临/臨 棱—棱 陵—陵 凌—凌
靈—灵 流—流 留—畄 琉—琉 榴—榴 龍—竜 隴—陇 樓—樱/楼 壚—炉
爐—炉 魯—兽 祿—禄 戮—戮 栽—栽 鷥—鸶 旅—旅 略—畧 嚮—响/离 亂—乱
滿—蒲 忙—忙 茫—茫 冒—冐 瞀—瞀 貌—皃/皃 沒—没 美—羙 寐—寐/寐
萌—萠 夢—夢/夕 彌—弥 密—宻/宻 覓—覔 勉—勔 冕—冕 邀—逍
暝—暝 命—令 謬—謬 歿—殁 默—黙 歃—歃 墓—全 幕—㣺 暮—合 難—難
囊—囊/囊 惱—惱 腦—脑 嫩—嫩 能—能 霓—霓 擬—拟 逆—逆 睨—睨
輦—辇 孽—孽 躪—躙 弄—弄 潘—潘 佩—佩 珮—珮 珮—珮 巒—峦 疲—疲
偏—偏 娉—娉 魄—魄 匍—匍 瀑—瀑 奇—奇 崎—崎 棋—碁 旗—旗 齊—齐
騎—骑/騎 麒—麒 岐—岊 綺—綺 企—企 氣—氣/気/気 器—器 憩—憩 鉛—铅
僉—佥 潛—潜/潜 錢—钱 強—强 喬—乔 橋—桥 怯—㤲 秦—秦 溱—溱
琴—琹 寝—寝 磬—磬 鑿—凿 登—凳 瓊—瑗 驅—驱 區—区 瞿—瞿 娶—娶
縫—縫 勸—劝/劝 關—関 群—羣 壤—壌 讓—讓 榮—荣 儒—仸 藥—菜
熱—熱 散—散 桑—桒 森—杰 僧—僧 杉—杠 潛—替 督—督 善—善 商—商
蛇—蛇 捨—捨 舍—舍 射—射 涉—涉 設—設 攝—摄 懾—慑 深—罙
審—審 升—升 聲—声/声 剩—剩 聖—聖 濕—湿 實—宗 視—际 飾—饰
釋—釋 收—收/収 壽—寿 書—書 梳—梳 鼠—鼠 屬—属 倏—倏 庶—庶 術
—術/術 數—數/数 樹—樹 奇—帥 帥—帅 率—率/卒 雙—雙/雙/雙/双 爽—爽
稅—稅 睡—睡 燦—燦 私—私 絲—絲 聳—聳 算—筭 雛—雛 隨—随 歲—
歲/岁 損—損 所—所/所 踏—踏 臺—臺 全—全/全 撞—撞 泰—㤗
潭—潭 堂—堂 滔—滔 韜—韜 逃—逃 睇—睇 體—躰 替—督/替
挑—挑 聽—聴/听 廷—廷 統—統 徒—徒 途—途 圖—圕 士—土 吐—吐
脫—脱 跎—跎 蛙—蛙 挽—挽 晚—晩 椀—椀 往—徃/洼 罔—冈 惘—惘
妄—妄 忘—忘 望—望 微—微 為—为 慰—慰 魏—魏 我—我 臥—卧

污—汚/汚 無—无/無/旡/无 誤—誤 俙—俙 唏—唏 稀—稀 膝—膝 喜—喜
蝦—蝦 纖—纖 閑—闲 賢—贤 險—険 陷—陥 鄉—郷 襄—襄 響—音/響
向—向 簫—箫 囂—嚣 效—效 歇—歇 脅—脅 鞋—鞋 謝—谢 興—兴/兴
幸—幸 兇—凶/凶 胸—朐 雄—雄 夐—夏 修—修 虛—虚/虗 噓—噓
婿—壻 酗—酗 選—选 學—斈/斈/学 勳—勲 曛—曛 尋—尋/孚 咽—咽
焉—馬/焉 煙—烟 閻—阎/閻 嚴—吅 簷—簷 鹽—盐 儼—俨/儼 晏—晏
焰—焰 雁—鴈 諺—諺 驗—験/驗/験 養—养/养 癢—痒 樣—様-羕-羕
肴—肴 堯—尧 窈—窈 藥—药 謁—謁 猗—猗 欹—欹 漪—漪 宜—冝
疑—疑/疑 儀—儀/仪 矣—矣 誼—誼 倚—倚 異—異/异 翌—翌 義—義 藝—芸
議—议 因—囙 陰—陰 淫—淫 淫—淫 嬰—婴 櫻—樱 纓—缨 鸚—鹦
迎—迎 營—営 穎—頴 勇—勇 湧—湧 幽—凼 又—又 幼—幼 魚—魚
輿—轝 與—与 域—域 欲—欲 嫗—妪 譽—訁 鬱—欝-盇/盇 冤—寃
圓—圓 遠—逺 怨—怨 悅—悦 躍—躍 殞—殞 簪—簪 贊—賛 葬—塟
遭—遭 糟—糟 躁—躁/躁 贈—贈 吒—吒 齋—斋 譫—譫 盞—盏 綻—綻
章—章 丈—丈 杖—杖 障—障 嶂—嶂 召—㕯 珍—珎 臻—臻 卮—巵/卮
枝—芰 職—聀 陟—陟 致—致 脛—脛 置—直 騭—騭 竺—竺 燭—炢
饌—餻 妝—粧/庄/粧 總—総 奏—奏 卒—卆 俎—俎 作—作 坐—坐 座—座

2. 流行于越南的异体俗字

以≪安南一统志≫(19世纪越南写本)为例：

愛—爱 礙—砯 拔—拔 霸—覇 灞—灞 拜—拝 寶—宝 報—报 筆—笔 邊—边
變—变 冰—氷 撥—扒 薄—泊 纔—纔 殘—残/残 讒—谗 曾—曽 層—層 插—揷
趁—趂 塵—坐 稱—称 齒—歯 寵—宠 讎—讐 垂—埀 辭—辞辞 匆—匆 從—従
竄—窜 帶—带 擔—担 膽—胆 彈—弹 當—当 黨—党 得—淂 鄧—邓 遞—逓
定—㝎 督—督 毒—毒 斷—断断 對—対 遁—遁 奪—夺 兒—児 愕—愕 惡—
悪 恩—恩 發—发 凡—凢 飛—飞 廢—废 佛—仸 個—个 構—构 鼓—皷
怪—恠 觀—覌 管—管 規—規 歸—帰 癸—癸 國—国 過—过过 嚇—吓 黑—黒
護—護 華—花 諱—諱 畫—画 懷—怀 壞—坏 還—还 荒—荒 諱—諱 禍—祸

獲—犾 幾—𠁿 機—檨 擊—挈 疾—疾 堅—坚 艱—艰 監—监 檻—橿 將—将
講—講 降—降 解—觧 盡—尽 經—経 驚—鶩 舊—茁 舅—舅 舉—𦬐 舉—𫝓
聚—𥭎 覺—覚/覚 爵—𤔡 堪—堪 肯—肯 恐—恐 摳—摳 哭—哭 覽—覧 攬—擥
勞—労 樂—楽 壘—塁 類—頪 淚—涙 厲—厉 歷—厯歴 麗—麗 聯—聠 戀—恋
糧—粮 兩—両 靈—灵 令—仐 劉—刘 隆—隆 龍—竜 籠—篭 樓—楼 屢—屡
亂—乱 蠻—蛮 美—羙 夢—夢 覓—覔 眇—耻 廟—庙 命—佱 畝—畆 慕—慕
奈—柰 鼐—鼎 難—难 惱—悩 倪—俔 爾—尔 逆—逆 嚙—嚙 凝—冸 寧—宁
派—泒 龐—庬 品—𠬝 齊—斉 齊—斉 奇—竒 耆—耆 起—起 器—噐 遷—迁
潛—潜 淺—浅 擒—拎 輕—軽 頃—頃 窮—穷 趣—趍 衢—衢 壞—壊 攘—攘
榮—荣 肉—宍 擅—掻 攝—摂 懾—慴 社—社 甚—甚 聲—声 識—𧦝 勢—労/势
事—亊 鼠—鼡 數—效 庶—庻 率—卛 雙—双 私—私 送—送 肅—粛 所—𠩄
壇—坛 韜—韬 逃—迯/逃 提—禔 體—体 聽—咱 統—綂 突—突 往—徃 微—㣲
違—違 幃—幃 圍—囲 爲—為 偉—偉 衛—衛 鼷—鼷 襲—褒 陷—陥 蕭—羊
囂—嚣 脅—脇 興—𫠥 凶—凶 虛—虗 選—選 學—学 循—徇 嚴—厳 壓—壓
曄—曅 夜—亱 謁—謁 醫—医 義—美 議—議 逸—逸 嬰—娶 營—营 迎—迊
幽—凶 遊—迯 幼—幻 輿—輿 譽—誉 怨—怨 贊—賛 暫—暫 葬—塟 竈—灶
贈—贈 戰—戦 仗—杖 遮—遮 整—整 職—耺 晝—昼 驟—驟 助—助 姊—姉
縱—纵 奏—奏 鑽—鑚

3. 流行于日本的异体俗字

以室町时代写本《尚书》《李峤咏物诗注》为例(选取见于日本《常用汉字表》且与中国简化字不同形的简俗字)：

霸—覇 變—変 冰—氷 博—愽 薄—薄 步—歩 涉—渉 頻—頻 層—層
禪—禅 巢—巣 單—単 勞—労 榮—栄 藏—蔵 臟—臓 稱—称 邇—迩
乘—乗 臭—臭 懲—懲 遲—遅 敕—勅 齒—歯 從—従 縱—縦 臭—臭
處—処 據—拠 窗—窓 稻—稲 德—徳 聽—聴 瀆—涜 讀—読 續—続
髮—髪 豐—豊 敷—敷 葛—葛 謁—謁 渴—渇 觀—観 歡—歓 權—権
勸—勧 穀—穀 歸—帰 毒—毒 海—海 侮—侮 悔—悔 梅—梅 每—毎

壞—壊　懷—懐　惠—恵　穗—穂　鷄—鶏　繼—継　嘆—歎　漢—漢　難—難
殘—残　踐—践　賤—賎　淺—浅　錢—銭　揀—諫　練—練　將—将　覺—覚
寬—寛　賴—頼　樂—楽　壘—塁　歷—歴　曆—暦　戾—戻　練—練　鍊—錬
靈—霊　龍—竜　黑—黒　墨—墨　釀—醸　壞—壊　讓—譲　兒—児　齊—斉
濟—済　器—器　勤—勤　舍—舎　攝—摂　繩—縄　實—実　釋—釈　擇—択
澤—沢　驛—駅　獸—獣　肅—粛　碎—砕　歲—歳　彈—弾　鐵—鉄　微—微
僞—偽　犧—犠　戲—戯　纖—繊　顯—顕　陷—陥　效—効　響—響　鄕—郷
繡—繍　亞—亜　鹽—塩　嚴—厳　儉—倹　險—険　驗—験　搖—揺　遙—遥
壹—壱　逸—逸　應—応　營—営　隱—隠　穩—穏　寫—写　與—与　贊—賛
戰—戦　增—増　徵—徴　總—総　塚—塚　專—専　莊—荘　醉—酔

　　以上，从域外汉籍中，选取代表性俗字文献，尽量穷尽性调查俗字字样，大致可以窥见域外俗字之多之繁且与汉语俗字相承的情形，同时亦可探寻汉语俗字流转古代日本且为当代"常用汉字表"吸收的事实。从历时传承及汉字构型等视角，可以进行细致分析。

三、国别俗字

　　张涌泉≪汉语俗字研究≫(1995)第二章"古今俗字大观"论及日本、朝鲜、越南等汉字文化圈的俗字现象，指出"日本人在长期的使用汉字过程中，确也创造了一些独特的俗体字，诸如円(圆)、広(广)、実(实)、図(图)、摂(摄)、对(对)、沢(泽)、伝(传)、売(卖)、辺(边)等等，这些都是日本民族独创或在中国俗字基础上改造而成的俗体字，并已成为现代日语的正式用字。""朝鲜人在使用汉字的过程中，也采用或创制过一些俗体字，如仝(法)……，等等，其中有些字与中国的俗字相同或相近，有些则是朝鲜民族的创造。"越南≪利仁路外星罍户乡天属童社昭光寺钟铭≫中的"罍""㐬"等字"当亦为越南创制的俗字"。

　　郑阿财在≪越南汉文小说中的俗字≫(1993)一文中，分析了越南俗字的结构类型，同时指出，"越南汉文小说中的俗字，除继承中国汉字之俗写习惯外，

也具有其特殊性”，并列举了以下25个越南式俗字：

德—㝵 勢—㔙/㔹 歷—厯 瀝—沥 猶—犹 遠—这 聽—咱 圍—回 雷—𠂢 審—它 尊—夺 插—揷 擒—拎 疫—瘦 盤—盘 聯—联 觀—見 義—美 議—誃 儀—侈 遊—迻 峒—峝 驗—馸 張—弘

刘玉珺《越南汉喃古籍的文献学研究》(2007)谓安南本“简化字、俗字使用普遍”，其中“既有体、几、乐、盖、恠、竜、斈等与中国一样的简体字、异体字，也有其自创的俗字”。列举以下54个例字：

懷—怀 後—仅 歲—𡻕 職—耺 類—頪 數—效 崇—㞫 深—深 幾—兊 飛—𩙿 齒—歯 遲—迟 算—筭 命—侖 帶—带 併—佚 法—沬 軒—𫐆 輒—𫐄 高—髙 韓—𩏑 曹—𣍘 續—紩 遠—这 刷—刷 桃—秭 卷—券 囊—𧙀 龔—龏 識—㦾 驗—馸 幽—凼 茲—茊 義—美 齊—斉 率—𠀌 譽—𠰏 覺—竟 舉—𦥑 庶—𢉖 摭—摭 舊—苗 聯—联 灸—灾 華—𫇴 壇—坛 擅—㧃 興—𠔱 護—䕶 發—𤼵 腦—脳 惱—悩 醫—医 辭—辞

王力《汉越语研究》(1948)认为“字喃里也有省笔字。它们有些是和汉文省笔字相同的，但是，大部分都和汉文的不同，或大同小异。”列举了以下100个越南省笔字：

學—斈 尊—夺 啻—杏 舉—𦥑 聖—圣 默—𭷳 盤—盘 羅—罒 等—寺 驚—𢢨 雷—𠂢 覃—𧟧 霜—𩃬 雪—⺕ 癡—疠 義—美 命—侖 無—𠀋 登—癶 會—会 審—它 鬱—𬞕 蕭—羊 單—冂 厭—厌 翁—𫇨 書—卡 窮—穷 舊—苗 出—岀 藝—芸 鑛—𨭅 饒—䶋 類—頪 數—效 群—咩 觀—覌 張—弘 撞—扙 護—䕶 鄭—郑 博—抖 傳—伝 隨—陏 綱—纲 輕—挃 嫡—婄 遲—迟 停—仃 運—迈 調—訒 傷—侮 瀝—沚 濡—㳚 道—辺 險—阶 輝—𫝸 佛—仸 禍—衬 門—门 闖—闯 圍—回 風—凡 圖—図 率—𠀌 團—団 南—𭅡 關—閞 辦—办 嫩—朿 術—朮 固—古 謝—身 虧—亏 能—𢏭 樣—𠒇 銀—艮 弊—廾 沒—文 㝵—㝵 馯—㝵 器—哭 飛—𩙿 龍—竜 意—𠯦 體—体 錢—ソ 德—㝵 萬—丂 饑—饥 聽—咱 疑—孑 歸—为 當—当 爐—炉 齊—斉 寶—宝 鸞—鳶 雖—虽 離—离

笔者以为，俗字在域外传播过程中，既有传承历史上的汉唐俗字，亦有经过改造别构的域外异体。前者为汉字文化圈的“国际俗字”，后者为主要流行于地

域的“国别俗字”。在“国别俗字”中，绝大部分为局部变体的域外俗字，小部分为全新创造的“国别新字”。而上述学者提出的“国别俗字”，因资料所限或有疏误错讹，待当另文探讨。在此，充分吸收国内外相关成果，结合辞书及文献调查，甄别筛选，试提出以下局部变体的代表性“国别俗字”，以供进一步研究之用。

（一）主要流行于朝-韩历史上的“国别俗字”：

辦—氺 邊—过 辯—𢀖 撥—扸 出—㞢 觸—觪 辭—辝 竄—窜 獨—狆 發—癸/苂/癶 廢—庈/庍 奮—奋 鳳—鳯/𠘩 福—礻卜 富—下 廣—庀/庆 歸—敀/敀 壑—垩 衡—𢔶 畫—𤰞 凰—凴 禍—祆 擊—仠 僣—偺 爵—㽞 樂—㳟/朵 羅—亽/罖/罖 滿—沥 貓—猫 夢—夕 墓—仝 幕—冇 慕—尒 暮—合 囊—㐃 鷗—鴎 潛—潛 儒—仗/佤 深—罙 聲—𠃬/声/咩/洋 實—实 獸—狄 術—朮 雙—双/𩀌/双 爍—烁 歲—岁/岁 踏—踏 擡—揁/擡 替—晉 微—㣲 衛—衞 胸—脑 動—力 嚴—吅/厶 儼—伵 玁—狃 藥—药 庸—庂 牖—牗 輿—輿 與—与 獄—狂 鬱—杏 鴛—鳶 簪—簮 贊—賛 徵—㣲 燭—炢

（二）主要流行于越南历史上的“国别俗字”：

礙—矴 霸—䨐 灞—灞 弊—廾 撥—扒 博—忄斗 插—抪 劃—刘 癡—疒亏 啻—杏 傳—仔 單—丌 道—辺 德—𢛳/彳厷 調—訥 峒—峝 廢—庈 覆—[illegible] 膏—[illegible] 固—古 觀—见/見/覔/覔 規—夘 歸—丬 捍—扞 後—仅 護—訃 輝—炏 諱—訚 擊—挙/夅 饑—饥 際—阝丁 嘉—㚲 傑—伤 驚—鸄/鳶 爵—㚖 嚼—[illegible] 款—欸 鑛—懭 雷—畄 類—頪 厲—厅 勵—历 歷—压 瀝—沥/沥 齡—龄 爐—炉 臚—胪 羅—罗 蘿—[illegible] 沒—文 畝—畆 南—内 嫩—小 糯—[illegible] 婆—娑 錢—ソ 擒—拎 輕—挳 群—咩 饒—侥 傷—伤 麝—[illegible] 審—它 勢—㔟/𠞊 書—卞 數—效 霜—𩂯 蘇—苏 隨—阝过 聽—咱 銅—峒 圖—図 團—囲 萬—万 圍—囬 違—达 翁—㣲 險—阶 蕭—羊 謝—身 續—紩 雪—彐 衙—吾 驗—駀/駀 樣—兲 疑—乚 儀—佞 蟻—蟆 疫—瘦 義—爻 議—謢 銀—㫰 飲—欢 猶

—犹 餘—除 鬱—转/薹 遠—这 運—迓 臟—胈 鍾—恒 撞—払 尊—寻

（三）日本《常用汉字表》中的"国别俗字"：

日本《常用汉字表》中，有235个简体字与中国现行简化字不一样。这些不同的简俗字，流播日本并历代相传，而其字形大多出现于中国历史文献中。例如：

漢代：德、懐、歩、渉、姉、乗、遅、豊、頼、犠、博、縛、勇、残、蔵、帯、滞、漢、嘆、恵、継、謹、栄、労、厳、歴、暦、練、黒、墨、器、随、両、舎、縄、歳、郷、曽、僧、増、贈、徴、専、穀、寛、勲、毎、暁、掻、騒、拝、咲、恥、霊、穏、隠、賛、戻、姉、縁、隣、聴、聡。

魏晋南北朝：処、仏、関、為、塩、銭、悪、雑、逓、済、弥、繋、撃、蘭、奥、児、陥、涼、収、歴、従、涙、卆、砕、楽、為、偽、糸、斉、嬢、径、焼、竜、髄、掲、渇、剰、壱、効。

隋唐：隆、粛、捨、巣、壌、譲、覇、氷、薄、敷、簿、齢、歯、窓、総、粋、酔、鶏、渓、灰、断、営、嘆、諌、黙、梅、侮、勤、謹、難、様、毎、海、敏、穂、毒、逓、闘、滝、臓、微、将、臭、薫。

宋元明清：浅、践、桟、剤、絵、顕、畳、坂、繊、醸、稲、挿、捜、称、勅、剣、険、検、観、歓、権、勧、庁、拠、県、鉄、帰、亀、発、廃、挙、抜、髪、変、浜、奨、経、軽、茎、瀬、覧、単、弾、蛍、獣、薬、猟、突、亜、様、謡、揺、斎、証、鋳、塚、戯、桜、実。

因此、主要流行于日本的"国别俗字"有：

壓—圧 團—団 應—応 邊—辺 貳—弐 圍—囲 釋—釈 擇—択 澤—沢 譯—訳 驛—駅 氣—気 廣—広 鑛—鉱 擴—拡 傳—伝 轉—転 圓—円 假—仮

局部变异的"国别俗字"，属于汉字在域外的形体变异，其特点主要体现在异写字十分普遍，简化、符号化、形声、会意等异构字亦呈现不同面貌。说有难，说无更难。鉴定哪些是中国历史上的既有俗字，哪些是汉字在域外的变体异构，这是一个十分困难也是十分冒险的事情。郑阿财先生说，从中外文献中发掘新的异体俗字，"于此考察俗字之发展实深具意义"。

　　需要说明的是，在我国汉字发展史中，曾经出现过佛译新字、六朝新字、武周新字、太平天国新字等，在韩-朝、日、越等地区，除了据汉字局部改造而形成独特的地域性俗字外，还创造了大量的域外新字。关于域外新字的结构特点、形义关系、历史演变，特别是字源国别的判定、中外偶合字形的关联等，需要下力气研究。此当另文讨论。

＜参考文献＞

刘复《宋元以来俗字谱》，中央研究院历史语言研究所，1930

易熙吾《简体字原》，中华书局，1955

蒋礼鸿《中国俗文字学研究导论》，杭州大学学报，1959(3)

秦公《碑别字新编》，文物出版社，1985

徐中舒《汉语大字典》，湖北辞书出版社、四川辞书出版社，1986-1989

李　荣《文字问题》，商务印书馆，1987

裘锡圭《文字学概要》，商务印书馆，1988

曾荣汾《字样学研究》，台湾学生书局，1988

冷玉龙等《中华字海》，中华书局、中国友谊出版公司，1994

张涌泉《汉语俗字研究》，岳麓书社，1995

张涌泉《敦煌俗字研究》，上海教育出版社，1996

钱超尘《<医心方>校注研究》，华夏出版社，1996

钱超尘《黄帝内经太素研究》，人民卫生出版社，1998

李乐毅《简化字源》，华语教学出版社，1996

周有光《世界文字发展史》，上海教育出版社，1997

周有光《比较文字学初探》，语文出版社，1998

张书岩等《简化字溯源》，语文出版社，1997

李景远《隋唐字样学研究》，台湾师范大学国文研究所博士论文，1997

周志锋《大字典论稿》，浙江教育出版社，1998

周志锋《明清小说俗字俗语研究》，中国社会科学出版社，2006

王贵元《马王堆帛书汉字构形系统研究》，广西教育出版社，1999

王宁《汉字构形学讲座》，上海教育出版社，2002

陆锡兴《汉字传播史》，语文出版社，2002

蔡忠霖《敦煌汉文写卷俗字及其现象》，台湾文津出版社，2002

王立军《宋代雕版楷书构形系统研究》，上海教育出版社，2003

刘中富《干禄字书字类研究》，齐鲁书社，2004

郑贤章《龙龛手镜研究》，湖南师范大学出版社，2005

黄德宽《汉字理论丛稿》，商务印书馆，2007

郑贤章《<新集藏经音义随函录>研究》，湖南师范大学出版社，2007

黄征《敦煌俗字典》，上海教育出版社，2005

曾良《俗字及古籍文字通例研究》，百花洲文艺出版社，2006

刘钊《古文字构形学》，福建人民出版社，2006/2011

李运富《汉字汉语论稿》，学苑出版社，2008

林志强《古本<尚书>文字研究》,中山大学出版社，2009

邵鸿《简化汉字解说》，齐鲁书社，2010

刘元春《隋唐石刻与唐代字样》，南方日报出版社，2010

梁春胜《楷书部件演变研究》，线装书局，2012

刘美娟《浙江地名疑难字研究》，中国社会科学出版社，2012

毛远明《魏晋六朝碑刻异体字研究》，商务印书馆，2012

國語調查委員會《漢字要覽》，國定教科書共同販売所，1908

山田忠雄《当用漢字の新字体制定の基盤をたづねる》，新生社，1958

藤枝晃《文字の文化史》，岩波書店，1971

杉本つとむ《異体字研究資料集成》，雄山閣出版，1973

杉本つとむ《日本文字史の研究》，八坂書房，1998

芝川町郷土史研究會《異體文字集》，芝川町郷土史研究會，1973

藤堂明保《漢字とその文化圏》，光生館，1974

諸橋轍次《大漢和辭典》，大修館書店，1984～1986年修訂版

鎌田正《大漢和辭典(補卷)》，大修館書店，2000

難字大鑑編集委員會《異體字解読字典》，柏書房，1987

佐藤喜代治《漢字講座》(12卷),明治書院，1987-1988

谢世涯《新中日简体字研究》，语文出版社，1989

周一良《说"宛"》，《纪念陈寅恪先生诞辰百年学术论文集》，北京大学出版社，1989

エツコ・オバタ・ライマン《日本人の作った漢字》，南雲堂，1990

北川博邦《日本上代金石文字典》，雄山閣出版，1991

日外アソシエーツ編集部《漢字異体字典》，日外アソシエーツ，1994

佐藤喜代治《漢字百科大事典》，明治書院，1996.

菅原義三《国字の字典》，東京堂出版，1999

大原望《和製漢字の辞典》, http://member.nifty.ne.jp/TABO1645/ohara/, 2001

何群雄《漢字在日本》, (香港)商務印書館, 2001

芝野耕司《JIS漢字字典(増補改訂)》, 日本規格協會, 2002

刘元满《汉字在日本的文化研究》, 北京大学出版社, 2003

笹原宏之《現代日本の異体字》, 三省堂, 2003

笹原宏之《日本の漢字》, 岩波新書, 2006

笹原宏之《国字の位相と展開》, 三省堂, 2007.

笹原宏之《訓読みのはなし》, 光文社, 2008

笹原宏之《当て字・当て読み 漢字表現辞典》, 三省堂, 2010

笹原宏之《漢字の現在》, 三省堂, 2011

笹原宏之《方言漢字》, 角川學芸出版, 2013

李鍌《异体字字典》, http://dict.variants.moe.edu.tw/main.htm, 2004

何华珍《日本汉字和汉字词研究》, 中国社会科学出版社, 2004.

何华珍《俗字在日本的传播研究》, 宁波大学学报(社科版), 2011(6)(人大复印资料《语言文字学》2012年第2期全文转载)

何华珍《日本"国字"的汉读研究》, 宁波大学学报(社科版), 2012(4)

丁锋《日本常用汉字特殊字形来源小考》, (日)现代中国语研究, 2004(6)

村田雄二郎《漢字圏の近代》, 東京大学出版会, 2005

小池和夫《異体字の世界》, 河出書房, 2007

王晓平《从<镜中释灵实集>释录看东亚写本俗字研究》, 天津师范大学学报(社科版), 2008(5)

王晓平《日本汉籍古写本俗字研究与敦煌俗字研究的一致性》, 艺术百家, 2010(1)

王晓平《敦煌愿文域外姊妹篇<东大寺讽诵文稿>斠议》, 敦煌研究, 2010(1)

王晓平《俗字通例研究在日本写本考释中的运用》, 天津师范大学学报(社会科学版), 2010(6)

金文京《漢文と東アジア》, 岩波書店, 2010

文化庁《常用漢字表 平成22年11月30日内閣告示》, ぎょうせい, 2011

张磊《<新撰字镜>研究》, 中国社会科学出版社, 2012

潘钧《日本汉字的确立及其历史演变》, 商务印书馆, 2013

池锡永《字典释要》, 永昌书馆, 1909

崔南善《新字典》, 新文馆, 1915

鲇贝房之进《俗字考》, 近泽出版部, 1931

小仓进平《朝鲜语学史(增订)》, 刀江书院, 1940

金钟埙《韩国固有汉字研究》，集文堂，1983

金荣华《韩国俗字谱》，亚细亚文化社，1986

柳铎一《韩国文献学研究》，亚细亚文化社，1989

韩国国立国语研究院《韩国汉字的略体调查》，国立国语研究院，1991

韩国国立国语研究院《汉字略体调查研究》，国立国语研究院，1993

韩国国立国语研究院《汉字字形调查(1)》，国立国语研究院，1996

韩国国立国语研究院《汉字字形调查》(2)》，国立国语研究院，1997

韩国国立国语研究院《东洋三国略体字比较研究》，国立国语研究院，1992

河永三《朝鲜后期民间俗字研究》，中国语文学，1996(27)

河永三《韩国朝鲜后期坊刻本俗字研究》，殷都学刊，2010(2)

河永三《韩国固有汉字比较研究》，中国语文学，1999(33)

河永三《韩国固有汉字国字之结构与文化特点》，中国文字研究(第六辑)，2005

李圭甲《高丽大藏经异体字典》，高丽大藏经研究所，2000

张成《<朝鲜刻本樊川文集夹注>文字研究》，古汉语研究，2007(1)

韩小荆《<可洪音义>研究——以文字为中心》，巴蜀书社，2009

韩江玲《韩国汉字和汉字词研究》，吉林大学博士学位论文，2009

王平《韩国写本俗字的类型及特点》中国文字研究(15)，大象出版社，2011

吕浩《韩国汉文古文献异形字研究之异形字典》，上海大学出版社，2011

汪维辉《朝鲜时代汉语教科书丛刊续编(上下册)》，商务印书馆，2011

王晓平《朝鲜李朝汉文小说写本俗字研究》，上海师范大学学报(哲社)，2013(2)

何华珍《俗字在韩国的传播研究》，宁波大学学报(社科版)，2013(5)

(人大复印资料《语言文字学》2013年第12期全文转载)

闻宥《论字喃之组织及其与汉字之关涉》，载《燕京学报》，1933年第12期

王力《汉越语研究》，《岭南学报》，1948年9卷1期

陈荆和《校合本大越史记全书》，东京大学东洋文化研究所附属东洋学文献センター，
　　　　1984

竹内与之助《字喃字典》，大学书林,1988

广西壮族自治区少数民族古籍整理出版规划领导小组《古壮字字典》，广西民族出版
　　　　社，1989

郑阿财《越南汉文小说中的俗字》，第四届中国文字学全国学术研讨会论文集,大安出
　　　　版社，1993

谭志词《中越语言文化关系》，军事谊文出版社，2003

耿慧玲《越南史论》，台湾新文丰出版股份有限公司，2004

赵丽明≪汉字传播与中越文化交流≫，国际文化出版公司，2004

刘玉珺≪越南汉喃古籍的文献学研究≫，中华书局，2007

范宏贵≪越南语言文化探究≫，民族出版社，2008

覃晓航≪方块壮字研究≫，民族出版社，2010

刘康平≪越南汉文写卷俗字研究≫,西南交通大学研究生学位论文，2011

祁广谋≪越南语文化语言学≫，世界图书出版公司，2011

何华珍≪俗字在越南的传播研究≫，中国文字学会第七届学术年会，2013

≪越南汉喃铭文拓片总集≫(1-21册)，越南汉喃研究院、法国远东学院，越南文化通讯
　　　　　出版社，2005-2009

≪越南汉文燕行文献集成≫，复旦大学出版社，(2010)

附言：在本文写作过程中，友生金烨、贾盖东、孔青青、周玳帮助造字及调查有关文
　　献，谨此致谢。

□ 성명 : 何华珍

　주소：310018中国 杭州下沙高教园区学源街18号 浙江财经大学人文学院。

　전화：+86-57186735895；+86-15988198705

　전자우편 : E-mail：hhuazhen@163.com

□ 이 논문은 2013년 12월 1일에 투고되어
　　　　　　2014년 1월 13일부터 2월 14일까지 심사하고
　　　　　　2014년 2월 28일 편집회의에서 게재 결정되었음.

活字本『老乞大諺解』に
おける印出後の訂正について[*]
—奎章閣所蔵本を中心に—

竹越孝

（日本，神戸市外国語大学）

<要旨>

　朝鮮王朝時代の活字本には，印刷された後で誤字が見つかった場合に，その部分を切除して紙を貼り正しい字に直す「訂正」という現象が見られる。本稿では，ソウル大学校奎章閣所蔵の活字本『老乞大諺解』四種を主な対象として，印出後の訂正状況について報告するとともに，そこから窺われる版面の異同と訂正の有無，及びそれぞれのテキストにおける改版と訂正の進行過程について考察した。巻下では廂庫旧蔵の三本と訂正本・天理本の間に明確な差異があり，同版の丁と異版の丁が混在しているが，異版の丁にあっては訂正本・天理本の方が相対的に良いテキストであると考えられる。

Key Words: 訂正，『老乞大諺解』，廂庫三本，訂正本，天理本

1. はじめに

　朝鮮王朝時代の活字本には，印刷された後で誤字が見つかった場合に，その部分を切除して紙を貼り正しい字に直す「訂正」という現象が見られる。こ

---

* 本稿は，東京外国語大学アジア・アフリカ言語文化研究所の共同研究プロジェクト「朝鮮語歴史言語学のための共有研究資源構築」研究会(2011年12月3日，於東京外国語大学本郷サテライト)における発表に基づくものである。研究会の席上ご教示を賜った諸先生方に謹んで謝意を表したい。

の現象について最も包括的な考察をなした藤本(1994)は、訂正がなぜ行われるのかということについて次のように述べている。

　　朝鮮の官版は、例えば百部印出されれば、その中八十部程は「内賜本」(又は「宣賜本」)と称して、王から臣下や官衙に賜わるのが普通である。この内賜本には王の権威が付与されており、誤字を含むことは許容されない。又上述の如く1)その中には地方官衙へ藍本として供するものもあり、やはり誤字の存在は許されない。しかし実際には誤字が存在し、それがために印出後に訂正が行われるのである。

　筆者はかつて、天理大学附属天理図書館蔵の活字本『老乞大諺解』(今西春秋氏旧蔵、蔵書番号：829.1-タ11-1、2、以下天理本)を対象として、印出後の訂正状況を調査し報告したことがあるが(拙稿2009)、その後ソウル大学校奎章閣に所蔵される『老乞大諺解』テキスト四種につき、同様の調査を行う機会に恵まれたので、本稿ではその結果を報告するとともに、そこから窺うことのできる訂正や改版のあり方について考察してみたいと思う2)。

2. 現存の『老乞大諺解』諸本

　『通文館志』の巻八「書籍」条には、「内賜老乞大諺解：二本、康熙庚戌陽坡鄭相國啓、令芸閣鑄字印行」とある。この記載によれば、『老乞大諺解』は康熙庚戌年、即ち顕宗11年(1670)に鄭太和(1602-1673)が上啓し、芸閣(校書館)に活字で印行させたものということになる。現存しているのは戊申字(1668

---

1) 以下の記述を踏まえる：「もし地方官衙に全面的に委ねて、それぞれ自由に版下を作って版を起させると、藍本が悪かったり、校正が緻密さを欠いたりして、内容の粗悪な版が生ずることになるであろう。従って中央の校書館でよき藍本に依據し、校正を厳密に施した善本を作って地方官衙に供するのである。」
2) ソウル大学校奎章閣韓国学研究院での原本閲覧に際し、杉山豊氏より多大なご協力を賜った。ここに記して謝意を表したい。

年鋳造)による銅活字本と，英祖21年(1745)に箕営(平安監営)で刊行された木版本，いわゆる平安監営重刊本の二種であるが，本稿では専ら前者を問題とする。

ソウル大学校奎章閣には『老乞大諺解』のテキストとして奎2044，奎2304，奎2347，及び奎1528の四本が所蔵されており，うち奎2044，奎2304，奎2347の三本はいずれも昌徳宮の倉庫であった「廂庫」の印記を持っている。我々は廂庫本のうち奎2044の影印を奎章閣叢書第9『老乞大諺解』とその再印本3)，及び奎章閣資料叢書・語学篇1『老乞大・老乞大諺解』によって見ることができる。

しかし，安秉禧(1996)によれば，この影印の底本となった奎2044は，印出後の訂正が施されていない，誤字を多く含んだままのテキストである。一般に「廂庫」の印記を持つテキストは紙質が良く，善本が多いことから，安氏は影印底本の選定が内容面での検討なしに，書物の外見と先入観によって行われたのではないかとしている。

安氏によると，印出後の訂正が施された『老乞大諺解』のテキストには，慶北漆谷本(李敦柱氏旧蔵)，コロンビア大学のEast Asian Library所蔵本，及び奎章閣所蔵の奎1528という三本があり，このうち漆谷本とコロンビア大学本は内賜本であるという4)。

奎章閣の蔵書中に訂正本と未訂正本の両様が存在することは，1944年に奎章閣叢書の1冊として『老乞大諺解』が刊行された直後から意識されるようになったようで，その翌年には金壽卿氏が影印底本と訂正本との比較対校を行って，「山川哲」の名で奎章閣叢書の別冊附録『老乞大諸板の再吟味』(油印本，京城帝国大学法文学部，1945年)5)を刊行したほか，その翌年には方鍾鉉

---

3) 采華書林(1972)，亞細亞文化社(1973)，聯經出版(1978)，汪維輝編(2005)等がこれに相当する。

4) 安秉禧(1996)によると，漆谷本は表紙の見返しに「康熙十四年正月二十九日　内賜承政院假注書李珊命　老乞大諺解一件云云」という内賜記があり，これが康熙14年(肅宗元年，1675年)に下賜されたことを示すという。

5) 安氏によると，同書は「訂正本老乞大諺解の発見を契機として」という副題を持ち，巻頭の「小引」において末松保和氏が刊行に至る経緯を述べているという。安氏は通文館

(1946)が誤字と訂正に関するより詳細な調査結果を公にしている。なお，安氏によると影印底本においても巻上は訂正が施されており，未訂正であるのは巻下に限られるという。

拙稿(2009)では，天理本の訂正状況を方鍾鉉(1946)における記述と比較し，天理本が奎章閣蔵の訂正本，即ち奎1528と同じ系統に属するテキストであることを確認したが，本稿では奎章閣蔵のテキスト四種を加えた調査結果を公にしたいと思う。

3. 訂正の方法

諸本の訂正状況を検討する前に，訂正が行われる際の方法について確認しておこう。活字本の訂正に二つの方法があり得るということは，藤本(1994)の中で詳しく述べられている。訂正を行う際には，まず誤字の部分を切除し，窓の開いたような状態にした後で訂正を加えることになるが，その方法には以下の二通りがあるという。

> その一は，その窓の大きさより，四周に糊代分をとった分だけ大きい紙に，まず正しい活字を押し，次に糊代部分に糊をつけて紙面(以下これを本紙という)の裏面に貼付する場合である。その二は，活字の押されていない紙を，まず前者同様に本紙裏面に貼り付け，その後に前面から活字を押す場合である。

そして，この二つの方法を区別することは非常に困難だが，訂正箇所が多数に及ぶ場合には判別の手掛かりを得ることが可能であるとして，次のように述べている。

> つまり第一の場合には，押された活字の一部分が本紙の下に入り込んで，一部が見えなくなり，第二の場合には，活字が窓の部分より外にはみ出て，本紙に

主人李謙魯氏の所蔵本によって記述しているようだが，筆者は未見。

かかることがあるからである。訂正の多い場合には，うっかりしたミスから右
挙の如き現象が生じて，何れの方法に拠ったかが判るのであるが，訂正の少な
い場合は，殆どの文字が窓の中央に捺されているため，その判別は為し難い。

なお，藤本氏の観察によれば，内賜本の場合には第一の方法による訂正が
施され，非内賜本の場合には第二の方法が取られる場合が多いという[6]。

これに対し，上の二つの方法とは異なる第三の方法が存在した可能性を提
起したのが遠藤(2010)である。同論では崔世珍編『韻会玉篇』(1536年)の活字
本(尊経閣所蔵)において，訂正紙を相互に誤って貼り付けている箇所が存在
することを指摘し[7]，それが次のような過程を経たことによるのではないか
と推定している。

1)まず要訂正個所を切り取り，そこに訂正紙をあてがい，訂正後の字を活字に
　より押した。
2)その後で訂正紙を貼り付けた。

その上で，遠藤氏は次のように述べている。

さて，上で見た『韻会玉篇』の訂正紙の貼り付けミスから窺うことのできる過程
は，引用した第一と第二の方法を兼ね備えた第三の方法に拠ったものだという
ことになる。もしこのようなミスがなければ，『韻会玉篇』においてはほとんど
のケースにおいて，本紙と訂正紙にまたがって活字が押されているため，第二
の方法によって訂正がなされたものとしか考えようがないのだが，実際には第
三の方法を経ても，貼付が正確に行われている限りにおいては結果は第二の方
法と区別がつかないわけである。

---

6) その理由につき，藤本(1994)は次のように述べる：「訂正する側から言えば，第二方法
　の方がずっと手間が省けて容易である。しかしそれにも拘らず内賜本に第一の方法が
　採られるのは，手間をかけるということが，誠心を籠めているという意味を有するか
　らではないかと思う。」
7) 同論によれば，下巻36葉裏において，本来は「願諢」とあるものを「諢願」と訂正し，「劦
　�」とあるものを「�劦」と訂正すべきところ，切り取った箇所に対して相互に誤った
　訂正紙を貼り付けた結果，あり得ない偏と旁を持つ漢字が出現しているという。

　以上に見てきた藤本・遠藤両氏の見解によれば，活字本の訂正をめぐっては，これまでのところ，切った紙に活字を押してから貼った(第一の方法)，切った紙を貼ってから活字を押した(第二の方法)，活字を押してから紙を切って貼った(第三の方法)，という三つが提起されていると言える。なお，以下においては活字を押す場合だけではなく，筆で書き入れる場合であっても，訂正の方法としては同様のものとして扱うことにする。

4. 『老乞大諺解』諸本における訂正の状況

　以下では，『老乞大諺解』の諸テキストにおける訂正及び版面の異同の状況を，奎章閣所蔵の二本を比較した方鍾鉉(1946)に照らして記述していくことにしたい。方氏は同論の中で，奎章閣叢書の影印底本となった奎2044を「廂庫本」，訂正が施された奎1528を「訂正本」と記しているが，筆者が調査した廂庫旧蔵のテキストは全部で三種あるので，まとめて言う場合には「廂庫三本」と称し，内部的な差異がある場合はそれぞれの図書番号で表す。

　方氏の論文では巻上について42項目，巻下について143項目の言及が見られるので，本稿の番号もそれに対応させる。以下では最初に方氏の言及を引き，◎の後に筆者が調査した諸本の訂正状況を記す。方氏の言及は，原文の翻訳ではなく，筆者が適宜要約またはパラフレーズした形で示す。ただし，「○○は△△に作るべき」といった校記に類する記述や，文字のかすれ等不鮮明個所に対する言及については省略する。また，一つの項目であっても実質的に二つの部分に分かれている場合はa，bで区別する。ミスプリと思われる記述は適宜補正した上で示す8)。同論に言及されていない訂正については，「補」として末尾に掲げた。

　問題となる箇所は巻・葉・表裏・行数 / 字数・左右の順に記し，漢字音の表記が問題になる場合には〔 〕内にその漢字を記す。ハングルは河野式ローマ字

---

8) 方氏論文の扱いをめぐる以上の点については拙稿(2009)を合わせて参照されたい。

転写で表すこととするが，字形の区別を明確にするため，以下の6字母については河野式と異なる転写を用いる：§(ㅅ)，§§(ㅆ)，ĉ(ㅊ)，ĵ(ㅈ)，ĵĵ(ㅉ)，iuie(ㅔ)。また，特にハングルの字形が問題になる場合にはカッコ内にその字母を掲げる。

　なお，以下において「この部分を切り取って紙を貼り，筆で××を記入」とか「活字で××を印字」というような記述をしているが，これはあくまで便宜的な言い方であり，諸本における訂正の具体的な方法については次節で検討する。

　今回調査した奎章閣所蔵の四本につき，簡単に書誌的なデータを示すと次の通り。廟庫三本はいずれも冊大35.5×22.8cm，半葉の匡郭24.6×17.0cm，表紙に「老乞大諺解　乾」(巻上)，「老乞大諺解　坤」(巻下)と墨書。右上の綴じ代部分にも墨書があり，奎2044は上下とも「盈」，奎2304は上下とも「昃」，奎2347は上「宇」，下「荒」とする。訂正本の奎1528は冊大33.6×21.5cm，半葉の匡郭24.6×17.0cm，表紙に「老乞大諺解　一」(巻上)，「老乞大諺解　二」(巻下)と墨書。巻頭の印記は，廟庫三本が「廟庫」，「朝鮮總督府圖書之印」，「京城帝國大學圖書章」，「서울大學校圖書」の四種であり，訂正本はそのうち「廟庫」を欠く三種。安秉禧(1996)が指摘する通り，廟庫三本は造本や紙質等の面で明らかに訂正本よりも勝っている感がある。

4.1. 巻上

1. 上1a1/4左右［乞］：二本ともこの部分を切り取って紙を貼り，筆で左ki'，右kiを記入する。

◎ 廟庫三本・訂正本・天理本ともこの部分を切り取って紙を貼り，筆で左ki'，右kiを記入する。

3. 上3b3/3右［撤］：二本ともcieの下の終声部分を切り取り，白紙を貼付する。

◎ 廟庫三本・訂正本・天理本ともcieの下の終声部分を切り取り，白紙を貼付する。

4. 上3b8/1右［般］：もとの活字はbien，廟庫本は刃物で一画削ってbenに作る(ㅕ→ㅓ)；訂正本は筆でぼかしbenに作る。

◎ 庻庫三本は活字bienを刃物で一画削りbenに作る。訂正本・天理本はbienを筆でぼかしbenに作る。

5. 上4a7/6左〔傅〕：活字wuに筆を補いvuに作る（ㅁ→ㅸ）。

◎ 庻庫三本・訂正本・天理本とも活字wuに筆を補いvuに作る。

6. 上4b3/8左：二本とも活字'orを刃物で削り'yrに作る（ㅗ→ㅡ）。

◎ 庻庫三本・訂正本・天理本とも活字'orを刃物で削り'yrに作る。

9. 上10b7/12左〔錢〕：活字jjienに筆を補いjjienに作る（ㅉ→ㅉ）。

◎ 庻庫三本・訂正本・天理本とも活字jjienに筆を補いjjienに作る。

10. 上10b10/13左〔盤〕：二本とも活字bbienを筆でぼかしbbenに作る（ㅕ→ㅓ）。

◎ 庻庫三本・訂正本・天理本とも活字bbienを筆でぼかしbbenに作る。

11. 上10b10/15左〔纑〕：活字jjienに筆を補いjjienに作る（ㅉ→ㅉ）。

◎ 庻庫三本・訂正本・天理本とも活字jjienに筆を補いjjienに作る。

15. 上15a4/14左〔舅〕：二本とも活字が脱落していた箇所に筆でggiwを記入する。

◎ 庻庫三本・訂正本・天理本とも空格だった箇所に筆でggiwを記入する。

16. 上15a8/12左右〔親〕：二本とも左右の終声の部分を切り取って紙を貼り，筆でn(ㄴ)を記入する。

◎ 庻庫三本・訂正本・天理本とも左右の終声の部分を切り取って紙を貼り，筆でnを記入する。

17. 上15b4/17右〔口〕：活字kyuの部分を切り取って紙を貼り，筆で記入する。

◎ 庻庫三本・訂正本・天理本とも活字kyuにおけるky(ㅋ)を切り取って紙を貼り，筆でkyを記入する。

18. 上15b9/18左：二本とも活字kynにおける初声の部分を切り取って紙を貼り，筆で記入する。庻庫本は「ㅌ」のような形だが，訂正本は正しくk(ㅋ)に作る9)。

◎ いずれも活字kynにおける初声の部分を切り取って紙を貼り，筆で記入する。奎2044は「ㅌ」のような形，奎2304，奎2347，訂正本及び天理本はk

---

9) 方氏の論文ではこれについて，庻庫本があらかじめk(ㅋ)を記した紙を貼付する際に，上下を逆にしたためであろうと述べている。

(ㅋ)に作る。

19. 上16a9/12左〔稲〕：活字dawの初声dに筆で縦線を加えddawに作る(ㄷ→ㄸ)。

◎ 庿庫三本・訂正本・天理本とも活字dawの初声dに筆で縦線を加えddawに作る。

20. 上19a8/9左〔伴〕：活字benの初声bに筆で縦線を加えbbenに作る(ㅂ→ㅃ)。

◎ 庿庫三本・訂正本・天理本とも活字benの初声bに筆で縦線を加えbbenに作る。

21. 上19b8/7右〔調〕：二本とも活字riaoの初声rを刃物で削りtiaoに作る(ㄹ→ㅌ)。

◎ 庿庫三本・訂正本・天理本とも活字riaoの初声rの一部を刃物で削り，かつ筆で一画を加えてtiaoに作る。

22. 上19b9/8左〔了〕：もとの活字がravであるところ，庿庫本は筆で一画を加えriavに作る(ㅏ→ㅑ)；訂正本ではさらにその終声部分に筆を加えriawに作る(ㅸ→ㆄ)。

◎ 庿庫三本は活字ravに筆で一画加えてriavとする。訂正本・天理本はravに筆で一画加えてriavとし，さらに終声のvをwに改めようとした形跡が見られるが，不完全である。

26. 上23b9/4右〔了〕：二本とも切り取った箇所に紙を貼り，筆でriaoを記入する。

◎ 庿庫三本・訂正本・天理本ともこの部分を切り取って紙を貼り，筆でriaoを記入する。

29. 上38b4/3左：二本とも活字'iに筆で終声n(ㄴ)を加え'inに作る。

◎ 庿庫三本・訂正本・天理本とも活字'iに筆で終声nを加え'inに作る。

31. 上44a8/12右〔怎〕：二本とも活字jyに筆で終声m(ㅁ)を加えjymに作る。

◎ 庿庫三本・訂正本・天理本とも活字jyに筆で終声mを加えjymに作る。

37. 上55b6/8右〔自〕：もとの活字がjeであるところ，庿庫本は刃物でeを削り筆でyを加えてjyに作る(、→一)；訂正本はeの上に筆でyを加えてjyに作る。

◎ 廂庫三本は活字jeにおけるeを刃物で削り，筆でyを加えてjyに作る。訂正本・天理本はjeにおけるeの上に筆でyを加えてjyに作る。

38. 上61a3/2左右〔自〕：二本ともこの部分を切り取って紙を貼り，筆で左ĵĵyz，右jyを記入する。

◎ 廂庫三本・訂正本・天理本ともこの部分を切り取って紙を貼り，筆で左ĵĵyz，右jyを記入する。

39. 上61a3/4右〔看〕：この部分を切り取って紙を貼り，筆でkanを記入する。

◎ 廂庫三本・訂正本・天理本ともこの部分を切り取って紙を貼り，筆でkanを記入する。

補1. 上4a4/6-7左

◎ 天理本はこの部分を切り取って紙を貼り，筆でi-nenを記入する。

補2. 上5b10/10左右〔上〕

◎ 廂庫三本・訂正本・天理本ともこの部分を切り取って紙を貼り，筆で左ššiang，右siangを記入する。

補3. 上17b10/14左右〔火〕

◎ 廂庫三本・訂正本・天理本ともこの部分を切り取って紙を貼り，筆で左hue，右hoを記入する。

補4. 上23b7/5左〔了〕

◎ 廂庫三本・訂正本・天理本ともこの部分を切り取って紙を貼り，筆でriawを記入する。

4.2. 巻下

1. 下1a6/16左〔高〕：廂庫本は活字gavに筆を加えgawに改める（ᄝ→ᄝ）；訂正本はもともとgawである。

◎ 廂庫三本は活字gavに筆を加えgawに作る；訂正本・天理本はもともとgawである。

2. 下1b1/14右：廂庫本はdiに改めた形跡がある；訂正本はもともとdiである。

◎ 廂庫三本は活字jiの初声を刃物で削り活字でdを印字する（ᄌ→ᄃ）；訂正

本・天理本はもともとdiである。

3. 下1b2/19左：廂庫本はjaiに作る；訂正本はjeiに作る。

◎ 廂庫三本はjaiに作る；訂正本・天理本はjeiに作る。

4. 下1b3/10左〔遠〕：廂庫本はiuienに作る；訂正本はngiuienに作る。

◎ 廂庫三本はiuienに作る；訂正本・天理本はngiuienに作る。

6. 下3b6/10右：廂庫本はjiに作る；訂正本はjaiに作る。

◎ 廂庫三本はjiに作る；訂正本・天理本はjaiに作る。

7. 下3b8/9右：廂庫本は活字ddaiの初声ddを刃物で削りdに改める(ㄸ→ㄷ)；訂正本はもともとdaiである。

◎ 廂庫三本は活字ddaiの初声ddを刃物で削りdに改める；訂正本・天理本はもともとdaiである。

8. 下3b8/8左：廂庫本はtenに作る；訂正本はdenに作る。

◎ 廂庫三本はtenに作る；訂正本・天理本はdenに作る。

9. 下3b10/3右〔貴〕：廂庫本はgueに作る；訂正本はguiに作る。

◎ 廂庫三本はgueに作る；訂正本・天理本はguiに作る。

10. 下4a1/11右〔恠〕：廂庫本はkoaiに作る；訂正本はgoaiに作る。

◎ 廂庫三本はkoaiに作る；訂正本・天理本はgoaiに作る。

11. 下4b5/19右：廂庫本はjaiに作る；訂正本はjeiに作る。

◎ 廂庫三本はjaiに作る；訂正本・天理本はjeiに作る。

12. 下4b9/18右：廂庫本はsgiに作る；訂正本はsgaに作る。

◎ 廂庫三本はsgiに作る；訂正本・天理本はsgaに作る。

13. 下5a9/4右：廂庫本はʼanに作る；訂正本はʼenに作る。

◎ 廂庫三本はʼanに作る；訂正本・天理本はʼenに作る。

14. 下5b3/2右：廂庫本はʼeに作る；訂正本はʼiに作る。

◎ 廂庫三本はʼeに作る；訂正本・天理本はʼiに作る。

15. 下5b4/15右〔遼〕：廂庫本はraoに作る；訂正本はriaoに作る。

◎ 廂庫三本はraoに作る；訂正本・天理本はriaoに作る。

16. 下5b5/9右：廂庫本はʼenに作る；訂正本はʼanに作る。

◎ 廂庫三本はʼenに作る；訂正本・天理本はʼanに作る。

17. 下6a8/18左〔時〕：廂庫本はŝŝyzに作る；訂正本はšŝyzに作る。

◎ 廂庫三本はŝŝyzに作る；訂正本・天理本はšŝyzに作る。

18. 下6a9/14左〔尋〕：廂庫本はšŝinに作る；訂正本はŝŝinに作る。

◎ 廂庫三本はšŝinに作る；訂正本・天理本はŝŝinに作る。

20. 下6b2/9左右〔送〕, 6b3/14左右〔送〕：廂庫本は左がsungで右がŝungに作る；訂正本は左がŝungで右がsungに作る。

◎ 廂庫三本は左がsungで右がŝungに作る；訂正本・天理本は左がŝungで右がsungに作る。

21. 下7a5/16左〔子〕：廂庫本はĵyzに作る；訂正本はĵyzに作る。

◎ 廂庫三本はĵyzに作る；訂正本・天理本はĵyzに作る。

22. 下7a9/3左〔只〕：廂庫本はĵyzに作る；訂正本はĵyzに作る。

◎ 廂庫三本はĵyzに作る；訂正本はĵyzに作る；天理本は補写部分であり判読不能。

23. 下7a10/8右：廂庫本は空格である；訂正本はbdenに作る。

◎ 廂庫三本は空格である；訂正本・天理本はbdenに作る。

24. 下7b4/13左〔只〕：廂庫本はĵyngに作る；訂正本はĵyzに作る。

◎ 廂庫三本はĵyngに作る；訂正本・天理本はĵyzに作る。

25. 下8a6/10左：廂庫本はremに作る；訂正本は活字を上下倒置しmerに作る。

◎ 廂庫三本はremに作る；訂正本・天理本はmerに作る。

26. 下8a7/7左〔黄〕：廂庫本はhhoaに作る；訂正本はhhoangに作る。

◎ 廂庫三本はhhoaに作る；訂正本・天理本hhoangに作る。

27. 下8a9/15右：廂庫本はjamに作る；訂正本はjiamに作る。

◎ 廂庫三本はjamに作る；訂正本・天理本はjiamに作る。

28. 下8b1/13左〔環〕：廂庫本はhhoaに作る；訂正本はhhoanに作る。

◎ 廂庫三本はhhoaに作る；訂正本・天理本はhhoanに作る。

29. 下8b7/6右：廂庫本はgueに作る；訂正本はguiに作る。

◎ 廂庫三本はgueに作る；訂正本・天理本はguiに作る。

30. 下9a2/19右〔疥〕：廂庫本ではsgieiのs(ㅅ)を刃物で削りgieiに作る；訂正本はもともとgieiである。

◎ 廂庫三本はsgieiのsを刃物で削りgieiに作る；訂正本・天理本はもともと gieiである。

31. 下10a1/1左右〔要〕：訂正本はこの部分を切り取って紙を貼り，筆で左ïaw, 右iaoを記入する。

◎ 廂庫三本はもともとïaw, 右iaoである；訂正本・天理本はこの部分を切り 取って紙を貼り，筆で左ïaw, 右iaoを記入する。

32. 下10a1/9左右〔討〕：廂庫本はこの部分を切り取って紙を貼り，活字で左 taw, 右taoを印字する；訂正本はもともと左taw, 右taoである。

◎ 廂庫本のうち，奎2044, 奎2304はこの部分を切り取って紙を貼り，活字で 左taw, 右taoを印字する；奎2347はこの部分を刃物で削り，活字で左 taw, 右taoを印字する；訂正本・天理本はもともと左taw, 右taoである。

33. 下10a9/8左：廂庫本は空格である；訂正本はsgeiに作る。

◎ 廂庫三本は空格である；訂正本・天理本はsgeiに作る。

34. 下10b2/14左：廂庫本はgieiを刃物で削りgeiに作る(ᅨ→ᅦ)；訂正本はも ともとgeiである。

◎ 廂庫三本はgieiを刃物で削りgeiに作る；訂正本・天理本はもともとgeiで ある。

35. 下10b9/18右：廂庫三本は活字neに筆で一画加えてneiに作る(ᅥ→ᅦ)；訂 正本はもともとneiである。

◎ 廂庫三本はneに筆で一画加えてneiに作る；訂正本・天理本はもともとnei である。

36. 下11a1/18右：廂庫本はdergに作る；訂正本はderbに作る。

◎ 廂庫三本はdergに作る；訂正本・天理本はderbに作る。

37. 下11b8/3左〔般〕：廂庫本はbienに作る；訂正本はbenに作る。

◎ 廂庫三本はbienに作る；訂正本・天理本はbenに作る。

38. 下11b8/7左〔價〕：廂庫本はgieに作る；訂正本はgiaに作る。

◎ 廂庫三本はgieに作る；訂正本・天理本はgiaに作る。

39. 下11b8/13右〔賣〕：廂庫本はmeiに作る；訂正本はmaiに作る。

◎ 廂庫三本はmeiに作る；訂正本・天理本はmaiに作る。

40. 下11b8/15右：廂庫本は活字neに筆で一画加えてneiに作る(ㅓ→ㅔ)；訂正本はもともとneiである。

◎ 廂庫三本は活字neに筆で一画加えてneiに作る；訂正本・天理本はもともとneiである。

41. 下12b7/11：廂庫本は「好」に作る；訂正本は「銀」に作る。

◎ 廂庫三本は「好」に作る；訂正本・天理本は「銀」に作る。

43. 下13b7/4左〔分〕：廂庫本はvvynに作る；訂正本はvynに作る。

◎ 廂庫三本はvvynに作る；訂正本・天理本はvynに作る。

44. 下16b3/19左：廂庫本はこの部分を切り取って紙を貼り，活字でrymを印字する；訂正本では筆でrymを記入する。

◎ 廂庫三本はこの部分を切り取って紙を貼り，活字でrymを印字する；訂正本はこの部分が切り取られているが，訂正紙はない；天理本はこの部分を切り取って紙を貼り，筆でrymを記入する。

45. 下21a3/1-3左：廂庫本はrem-ʻi-niに作る；訂正本ではこの部分を切り取って紙を貼り，筆でrem-ʻi-raを記入する。

◎ 廂庫三本はrem-ʻi-niに作る；訂正本・天理本はこの部分を切り取って紙を貼り，筆でrem-ʻi-raを記入する。

46. 下21a7/16左右〔到〕：廂庫本は左dao，右dawに作る；訂正本ではこの部分を切り取って紙を貼り，筆で左daw，右daoを記入する。

◎ 廂庫三本は左dao，右dawに作る；訂正本・天理本はこの部分を切り取って紙を貼り，筆で左daw，右daoを記入する。

47. 下22a1/19左：廂庫本はこの部分を切り取って紙を貼り，活字でsgieを印字する。

◎ 廂庫三本はこの部分を切り取って紙を貼り，活字でsgieを印字する；訂正本・天理本はもともとsgieである。

48. 下22a2/18右：廂庫本は活字ceに筆で一画加えceiに作る(ㅓ→ㅔ)。

◎ 廂庫三本は活字ceに筆で一画加えceiに作る；訂正本・天理本はもともとceiである。

49. 下22b2/5左〔褐〕：廂庫本は空格である；訂正本はhheʼに作る。

◎ 廟庫三本は空格である；訂正本・天理本はhhe'に作る。

50. 下22b3/9左：廟庫本は空格である；訂正本はmyinに作る。

◎ 廟庫三本は空格である；訂正本・天理本はmyinに作る。

51. 下22b6/14右：廟庫本はこの部分を切り取って紙を貼り，活字で「紗」を印字する。

◎ 廟庫三本はこの部分を切り取って紙を貼り，活字で「紗」を印字する；訂正本・天理本はもともと「紗」である。

52. 下23a2/1：訂正本ではˇoが右にある。

◎ 廟庫三本ではˇoが左にある；訂正本・天理本ではˇoが右にある。

53. 下23b2/9右：廟庫本はこの部分を切り取って紙を貼り，活字で「易」を印字する。

◎ 廟庫三本はこの部分を切り取って紙を貼り，活字で「易」を印字する；訂正本・天理本はもともと「易」である。

54. 下23b6/15右：廟庫本はこの部分を切り取って紙を貼り，活字で「蘇」を印字する。

◎ 廟庫三本はこの部分を切り取って紙を貼り，活字で「蘇」を印字する；訂正本・天理本はもともと「蘇」である。

55. 下24a1/7右：廟庫本はgesに作る；訂正本はgiesに作る。

◎ 廟庫三本はgesに作る；訂正本・天理本はgiesに作る。

56. 下24a7/17右：廟庫本はdynに作る；訂正本はtynに作る。

◎ 廟庫三本はdynに作る；訂正本・天理本はtynに作る。

57. 下25a1/12左右〔京〕：廟庫本は左右ともginに作る；訂正本は左右ともgingに作る。

◎ 廟庫三本は左右ともginに作る；訂正本・天理本は左右ともgingに作る。

58. 下25a6/16右：廟庫本はmynに作る；訂正本はgymに作る。

◎ 廟庫三本はmynに作る；訂正本・天理本はgymに作る。

59. 下25a8/17右〔買〕：廟庫本はmeiに作る；訂正本はmaiに作る。

◎ 廟庫三本はmeiに作る；訂正本・天理本はmaiに作る。

60. 下25a10/7左：廟庫本はnunに作る；訂正本はnonに作る。

◎ 廂庫三本はnunに作る；訂正本・天理本はnonに作る。

61. 下25b9/15：廂庫本は「官」の活字が上下倒置する。

◎ 廂庫三本は「官」が上下倒置する；訂正本・天理本は「官」が倒置していない。

62. 下26b4/19右：廂庫本は空格である；訂正本はʼynに作る。

◎ 廂庫三本のうち，奎2044は空格である；奎2304，2347はʼynに作る；訂正本・天理本はʼynに作る。

63. 下28a8/18左右：廂庫本は左がnaで右がnenに作る；訂正本は左がnenで右がnaに作る。

◎ 廂庫三本は左がnaで右がnenに作る；訂正本・天理本は左がnenで右がnaに作る。

64. 下29b1/10左〔楳〕：廂庫本はgiavに作る；訂正本はbavに作る。

◎ 廂庫三本はgiavに作る；訂正本・天理本はbavに作る。

65. 下29b6/8右：廂庫本はdungに作る；訂正本はgungに作る。

◎ 廂庫三本はdungに作る；訂正本・天理本はgungに作る。

66. 下29b6/4左：廂庫本はdoに作る；訂正本はdongに作る。

◎ 廂庫三本はdoに作る；訂正本・天理本はdongに作る。

67. 下30b10/9左右：廂庫本は左がʼyiで右がʼaに作る；訂正本は左がʼaで右がʼyiに作る。

◎ 廂庫三本は左がʼyiで右がʼaに作る；訂正本・天理本は左がʼaで右がyiである。

68. 下31a5/1左右：廂庫本はこの部分を切り取って紙を貼り，活字で左nam，右dongを印字する。

◎ 廂庫三本はこの部分を切り取って紙を貼り，活字で左nam，右dongを印字する；訂正本・天理本はもともと左nam，右dongである。

69. 下31b2/9左：廂庫本はmegに作る；訂正本はmyiに作る。

◎ 廂庫三本はmegに作る；訂正本・天理本はmyiに作る。

70. 下32a5/14左：廂庫本はsisに作る；訂正本はsesに作る。

◎ 廂庫三本はsisに作る；訂正本・天理本はsesに作る。

71. 下32a6/8左：廂庫本はcinに作る；訂正本はcibに作る。

◎ 廂庫三本はcinに作る；訂正本・天理本はcibに作る。

72. 下32a8/11右：廂庫本はdeに筆で一画加えdaiに作る(ㅓ→ㅐ)[10]；訂正本は
もともとdeiである。

◎ 廂庫三本は活字deに筆で一画加えdaiに作る；訂正本・天理本はもともと
deiである。

73. 下32a8/17右〔在〕：廂庫本は活字jiに筆を加えjaiに作る(ㅣ→ㅐ)。

◎ 廂庫三本は活字jiに筆で一画加えjaiに作る；訂正本・天理本はもともとjai
である。

74. 下32b7/11右：廂庫本はʻueに作る；訂正本はʻuiに作る。

◎ 廂庫三本はʻueに作る；訂正本・天理本はʻuiに作る。

75. 下32b9/10左：廂庫本はsyrに作る；訂正本はsurに作る。

◎ 廂庫三本はsyrに作る；訂正本・天理本はsurに作る。

76. 下32b10/17右：廂庫本はmeに作る；訂正本はmeiに作る。

◎ 廂庫三本はmeに作る；訂正本・天理本はmeiに作る。

77. 下34a4/16左右〔肺〕：廂庫本は左右ともbingに作る；訂正本は左右ともvi
に作る。

◎ 廂庫三本は左右ともbingに作る；訂正本・天理本は左右ともviに作る。

78. 下34a5/19左右：廂庫本は左右ともtyuに作る；訂正本は左右ともtuに作
る。

◎ 廂庫三本は左右ともtyuに作る；訂正本・天理本は左右ともtuに作る。

79. 下34a8/19右：廂庫本はjeiに作る；訂正本はseiに作る。

◎ 廂庫三本はjeiに作る；訂正本・天理本はseiに作る。

80. 下34a9/16右：廂庫本はjeiに作る；訂正本はjieiに作る。

◎ 廂庫三本はjeiに作る；訂正本・天理本はjieiに作る。

81. 下34b2/4右：廂庫本はdasに作る；訂正本はdaisに作る。

◎ 廂庫三本はdasに作る；訂正本・天理本はdaisに作る。

---

10) 方氏の論文によると，本来はdeに筆を加えてdeiに改めようとしたものであろうとして
いる。

82. 下34b3/10右：廟庫本はsuiに作る；訂正本はsuisに作る。

◎ 廟庫三本はsuiに作る；訂正本・天理本はsuisに作る。

83a. 下34b6/19左：廟庫本はsigに作る；訂正本はsagに作る。

◎ 廟庫三本はsigに作る；訂正本・天理本はsagに作る。

83b. 下34b7/1-2：廟庫本はhen-sbai-sgyに作る；訂正本はhen-sbie-sgysに作る。

◎ 廟庫三本はhen-sbai-sgyに作る；訂正本・天理本はhen-sbie-sgysに作る。

84. 下34b7/8右：廟庫本はgueに作る；訂正本はguiに作る。

◎ 廟庫三本はgueに作る；訂正本・天理本はguiに作る。

85. 下34b9/2右〔葡〕：廟庫本は空格である；訂正本はpuに作る。

◎廟庫三本は空格である；訂正本・天理本はpuに作る。

86. 下35a5/17右：廟庫本はꞌebに作る；訂正本はꞌabに作る。

◎ 廟庫三本はꞌebに作る；訂正本・天理本はꞌabに作る。

87. 下35a8/2右〔頭〕：廟庫本はtyuに作る；訂正本は誤ってkyuに作る。

◎ 廟庫三本はtyuに作る；訂正本・天理本はkyuに作る。

88. 下36a1/8-9右：廟庫本はꞌir-peに作る；訂正本はꞌar-pyに作る。

◎廟庫三本はꞌir-peに作る；訂正本・天理本はꞌar-pyに作る。

89a. 下36a9/9右：廟庫本はpeに作る；訂正本はpyに作る。

◎廟庫三本はpeに作る；訂正本・天理本はpyに作る。

89b. 下36a9/5左：廟庫本はmiに作る；訂正本はmeに作る。

◎廟庫三本はmiに作る；訂正本・天理本はmeに作る。

90. 下36b7/8右：廟庫本は空格である；訂正本はtirに作る。

◎廟庫三本は空格である；訂正本・天理本はtirに作る。

91. 下36b8/11右：廟庫本はbygに作る；訂正本はbogに作る。

◎廟庫三本はbygに作る；訂正本・天理本はbogに作る。

92. 下36b9/17右：廟庫本はꞌaiに作る；訂正本はꞌeiに作る。

◎廟庫三本はꞌaiに作る；訂正本・天理本はꞌeiに作る。

93. 下37a8/11左：二本ともこの部分を切り取って白紙を貼付する。

◎ 廂庫本のうち奎2044，奎2304はこの部分を切り取って白紙を添付する；奎2347は表面を刃物で削る；訂正本・天理本はこの部分を切り取って白紙を添付する。

94.　下37b5/16右：二本ともこの部分を切り取って紙を貼り，筆でremを記入する。

◎ 廂庫三本・訂正本・天理本ともこの部分を切り取って紙を貼り，筆でremを記入する。

95.　下40b9/2左右〔瘦〕二本ともこの部分を切り取って紙を貼り，筆で左šyw, 右syuを記入する。

◎ 廂庫三本・訂正本・天理本ともこの部分を切り取って紙を貼り，筆で左šyw，右syuを記入する。

96.　下41a9/14右：二本ともこの部分を切り取って紙を貼り，筆でsberを記入する。

◎ 廂庫三本・訂正本・天理本ともこの部分を切り取って紙を貼り，筆でsberを記入する。

97.　下41b8/5左〔結〕：二本とも空格に筆でgie'を記入する。

◎ 廂庫三本・訂正本・天理本とも空格に筆でgie'を記入する。

98.　下41b9/16右：二本ともこの部分を切り取って紙を貼り，筆でoを記入する。

◎ 廂庫三本・訂正本・天理本ともこの部分を切り取って紙を貼り，筆でoを記入する。

99.　下43a7/15右：訂正本はこの部分を切り取って紙を貼り，筆でsieiを記入する。

◎ 廂庫三本はsaiに作る；訂正本・天理本はこの部分を切り取って紙を貼り，筆でsieiを記入。

100.　下43b1/1右：訂正本はこの部分を切り取って紙を貼り，筆でmyrを記入する。

◎ 廂庫三本はmyrに作る；訂正本はこの部分を切り取って紙を貼り，筆でmyrを記入する；天理本は補写部分につき未詳。

101. 下43b3/1：廂庫本は「麿」に作る；訂正本は「磨」に作る。

◎ 廂庫三本は「麿」に作る；訂正本・天理本は「磨」に作る。

102. 下43b6/19：訂正本はこの部分を切り取って紙を貼り，筆で「搴」を記入する。

◎ 廂庫三本は「搴」に作る；訂正本・天理本はこの部分を切り取って紙を貼り，筆で「搴」を記入する。

103. 下43b9/6右〔娘〕：廂庫本はこの部分を切り取って紙を貼り，活字でniangを印字する。

◎ 廂庫三本はこの部分を切り取って紙を貼り，活字でniangを印字する；訂正本・天理本はもともとniangである。

104. 下44a3/8右〔狗〕：廂庫本はkyuに作る；訂正本はgyuのgy(ユ)の部分を切り取って紙を貼り，筆でgyを記入する。

◎ 廂庫三本はkyuに作る；訂正本・天理本はgyuのgyの部分を切り取って紙を貼り，筆でgyを記入する。

105. 下44a5/14-15左：廂庫本はpe-jieに作る；訂正本はʼyi-jibに作る。

◎ 廂庫三本はpe-jieに作る；訂正本・天理本はʼyi-jibに作る。

106. 下44b6/1左右〔錢〕：廂庫本はこの部分を切り取って紙を貼り，活字で左jjien，右cienを印字する。

◎ 廂庫本のうち，奎2044，奎2304はこの部分を切り取って紙を貼り，活字で左jjien，右cienを印字する；奎2347はこの部分を切り取るが紙を貼らずに活字で左jjien，右cienを印字する；訂正本・天理本はもともと左jjien，右cienである。

107. 下44b6/19：廂庫本はこの部分を切り取って紙を貼り，活字で「幇」を印字する。

◎ 廂庫本のうち，奎2044，奎2304はこの部分を切り取って紙を貼り，活字で「幇」を印字する；奎2347はこの部分を切り取るが紙を貼らずに活字で「幇」を印字する；訂正本・天理本はもともと「幇」である。

108. 下45a1/19右：廂庫本はこの部分を切り取って紙を貼り，活字でssenを印字する。

◎ 廂庫三本はこの部分を切り取って紙を貼り，活字でssenを印字する；訂正本・天理本はもともとssenである。

109. 下45a10/2左〔褶〕：廂庫本は活字jiʼに筆を加えjieʼに作る（丨→彐）。

◎ 廂庫三本は活字jiʼに筆を加えjieʼに作る；訂正本・天理本はもともとjieʼである。

110. 下45b1/10：廂庫本は「皆」に作る；訂正本は「的」に作る。

◎ 廂庫三本は「皆」に作る；訂正本・天理本は「的」に作る。

111. 下45b5/19左：廂庫本はこの部分を切り取って紙を貼り，活字でʻerを印字する。

◎ 廂庫三本はこの部分を切り取って紙を貼り，活字でʻerを印字する；訂正本・天理本はもともとʻerである。

112. 下45b8/10右：廂庫本はこの部分を切り取って紙を貼り，活字でgymを印字する。

◎ 廂庫三本はこの部分を切り取って紙を貼り，活字でgymを印字する；訂正本・天理本はもともとgymである。

113. 下45b7/6右〔紬〕：訂正本ではこの部分を切り取って紙を貼り，筆でciuを記入する。

◎ 廂庫三本はciuに作る；訂正本・天理本はこの部分を切り取って紙を貼り，筆でciuを記入。

114. 下46b2/17右〔秋〕：二本ともこの部分を切り取って紙を貼り，筆でciuを記入する。

◎ 廂庫三本はこの部分を切り取って紙を貼り，筆でciuを記入する；訂正本・天理本はこの部分を切り取って紙を貼り，筆でciuを記入する。

115a. 下47a1/13-15右：廂庫本はdio-hon-jyngに作る；訂正本はdio-hyn-jongに作る。

◎ 廂庫三本はdio-hon-jyngに作る；訂正本・天理本はdio-hyn-jongに作る。

115b. 下47a1/13-15左：廂庫本はmis-go-gyに作る；訂正本はmeis-go-gymに作る。

◎ 庮庫三本はmis-go-gyに作る；訂正本・天理本はmeis-go-gymに作る。

117. 下47b9/17：庮庫本は「緑」に作る；訂正本は「縁」に作る。

◎ 庮庫三本は「緑」に作る；訂正本・天理本は「縁」に作る。

118. 下49a5/16右：庮庫本はᵇyiに作る；訂正本はᵇinに作る。

◎ 庮庫三本はᵇyiに作る；訂正本・天理本はᵇinに作る。

119. 下49a7/11：庮庫本はこの部分を切り取って紙を貼り，活字で「幇」を印字する。

◎ 庮庫三本はこの部分を切り取って紙を貼り，活字で「幇」を印字する；訂正本・天理本はもともと「幇」である。

120. 下49b1/4右：庮庫本はこの部分を切り取って紙を貼り，活字でnomを印字する。

◎ 庮庫三本はこの部分を切り取って紙を貼り，活字でnomを印字する；訂正本・天理本はもともとnomである。

121a. 下49b8/3左：庮庫本はbserに作る；訂正本はbsyrに作る。

◎ 庮庫三本はbserに作る；訂正本・天理本はbsyrに作る。

121b. 下49b8/6左：庮庫本はこの部分を切り取って白紙を貼付する；訂正本ではもともと空格である。

◎ 庮庫三本はこの部分を切り取って白紙を貼付する；訂正本・天理本はもともと空格である。

122. 下49b8/15：庮庫本は「之」に作る；訂正本は「乏」に作る。

◎ 庮庫三本は「之」に作る；訂正本・天理本は「乏」に作る。

123. 下49b10/7左：庮庫本はこの部分を切り取って紙を貼り，活字でgyiを印字する。

◎ 庮庫三本はこの部分を切り取って紙を貼り，活字でgyiを印字する；訂正本・天理本はもともとgyiである。

124. 下50a9/10右：庮庫本は活字ʰhoaに筆でng(○)を加えhoangに作る。

◎ 庮庫本のうち，奎2044，奎2394は活字ʰhoaに筆でng(○)を加えhoangに作る；奎2347は筆で●を加える；訂正本・天理本はもともとhoangである。

125. 下51a5/17左右：庮庫本はこの部分を切り取って紙を貼り，活字で左he,

右simを印字する。

◎ 廡庫三本はこの部分を切り取って紙を貼り，活字で左he，右simを印字する；訂正本・天理本はもともと左he，右simである。

126. 下51a6/17右：廡庫本はこの部分を切り取って紙を貼り，活字でsimを印字する。

◎ 廡庫三本はこの部分を切り取って紙を貼り，活字でsimを印字する；訂正本・天理本はもともとsimである。

127. 下51a10/16左右：廡庫本はこの部分を切り取って紙を貼り，活字で左'y，右'esを印字する。

◎ 廡庫三本はこの部分を切り取って紙を貼り，活字で左'y，右'esを印字する；訂正本・天理本はもともと左'y，右'esである。

128. 下51b1/19左右〔不〕：廡庫本はこの部分を切り取って紙を貼り，活字で左bu'，右buを印字する。

◎ 廡庫三本はこの部分を切り取って紙を貼り，活字で左bu'，右buを印字する；訂正本・天理本はもともと左bu'，右buである。

129. 下51b10/5-6左右：廡庫本はこの部分を切り取って紙を貼り，活字で左bsy-ri，右hi-'aを印字する。

◎ 廡庫三本はこの部分を切り取って紙を貼り，活字で左bsy-ri，右hi-'aを印字する；訂正本・天理本はもともと左bsy-ri，右hi-'aである。

132. 下56b8/15右：廡庫本はgeに作る；訂正本はgesに作る。

◎ 廡庫三本はgeに作る；訂正本・天理本はgesに作る。

133. 下57a1/15右：廡庫本は空格である；訂正本はsiogに作る。

◎ 廡庫三本は空格である；訂正本・天理本はsiogに作る。

134. 下57b7/7左：廡庫本は空格である；訂正本はsisに作る。

◎ 廡庫三本は空格である；訂正本・天理本はsisに作る。

135. 下59a6/4左：廡庫本はbserに作る；訂正本はbsyrに作る。

◎ 廡庫三本はbserに作る；訂正本・天理本はbsyrに作る。

137. 下61a2/1左右：訂正本はこの部分を切り取って紙を貼り，筆で左tie'，右tieを記入する。

◎　廂庫三本は左tie'，右tieに作る；訂正本・天理本はこの部分を切り取って紙を貼り，筆で左tie'，右tieを記入する。

138.　下61a2/4左右：廂庫本は左がbsɐ，右が空格である；訂正本では左がbsɐm，右がcimに作る。

◎　廂庫三本は左がbsɐ，右が空格である；訂正本・天理本は左bsɐm，右cimに作る。

139.　下61a2/17右：廂庫本はjioに作る；訂正本はjiogに作る。

◎　廂庫三本はjioに作る；訂正本・天理本はjiogに作る。

140.　下61a4/10右：廂庫本はˑyに作る；訂正本はˑugに作る。

◎　廂庫三本はˑyに作る；訂正本・天理本はˑugに作る。

141.　下61a5/10右：廂庫本は活字buの初声に筆でs(ㅅ)を加えsbuに作る；訂正本はもともとsbuである。

◎　廂庫三本は活字buの初声に筆でsを加えsbuに作る；訂正本・天理本はもともとsbuである。

142.　下61a7/10右：廂庫本はcoに作る；訂正本はcongに作る。

◎　廂庫三本はcoに作る；訂正本・天理本はcongに作る。

143.　下64b9/10-16左：廂庫本はこの部分を切り取って紙を貼り，活字で「癸nɐn-'i-tien-gan-'i-'o」を印字する。

◎　廂庫三本はこの部分を切り取って紙を貼り，活字で「癸nɐn-'i-tien-gan-'i-'o」を印字する；訂正本・天理本はもともと「癸nɐn-'i-tien-gan-'i-'o」である。

補1.　下1a3/12左〔高〕

◎　廂庫三本は活字gavに筆を加えてgawに作る(ᄫ→ᄝ)；訂正本・天理本はもともとgawである。

補2.　下26b7/18右

◎　廂庫三本はこの部分の表面を刃物で削り取り，活字で「水」を印字する；訂正本・天理本はもともと「水」である。

補3.　下26b9/3左〔價〕

◎　廂庫三本はgiaに作る；訂正本・天理本はこの部分を切り取って紙を貼

り，筆でgiaを記入する。

補4. 下64a7/5右

◎ 廂庫三本はこの部分を切り取って紙を貼り，活字でpirを印字する；訂正本・天理本はもともとpirである。

補5. 下65a7/1左右〔錢〕

◎ 廂庫三本・訂正本・天理本ともこの部分を切り取って紙を貼り，筆で左ȷ̂ȷ̂ien，右cienを記入。

補6. 下66b10/2左右〔老〕

◎ 廂庫三本・天理本は右raw，左raoに作る；訂正本は左右とも活字の初声hに筆でrを書き加える(ㅎ→ㄹ)。

5. 考察

5.1. 訂正の状況と方法

上に見てきた活字本『老乞大諺解』の諸本における訂正の状況を，丁ごとに整理してみる。まず巻上であるが，訂正には紙を貼付して筆で書き入れる，もとの活字に補筆する，刃物を使って活字を部分的に削り取る，といったいくつかの種類があるので，それぞれ「紙＋筆」，「補筆」，「刃物」と略称し，そのうちどれが用いられているかを表で示す。なお，廂庫三本は基本的に同一のものとして扱い，内部的な差異がある場合には注記する。

表1　巻上における訂正の状況

丁	訂正の状況									No.	備考
	廂庫三本			訂正本			天理本				
	紙+筆	補筆	刃物	紙+筆	補筆	刃物	紙+筆	補筆	刃物		
1	○			○			○			1	
3	○*		○	○*	○		○*	○		3-4	白紙貼付
4		○	○		○	○		○	○	5-6,補1	

5	○			○			○		補2	
10		○			○			○	9–11	
15	○*			○			○		15–18	内部差異
16		○			○			○	19	
17	○			○			○		補3	
19		○	○		○	○	○	○	20–22	
23	○			○			○		26,補4	
38		○			○			○	29	
44		○			○			○	31	
55		○	○		○			○	37	
61	○			○			○		38–39	

　上の表によると，巻上においては，第3丁(No.4)および第55丁(No.37)のケースにおいて訂正のやり方が若干異なるだけで，諸本がいずれも同じ個所につき同じ内容の訂正を行っているので，基本的に同版と考えてよいと思われる。

　一方，巻下の状況は上とかなり異なる。まず，庖庫三本と訂正本・天理本の間でもとから活字が相違している丁が見られ，これらについては版面そのものが異なると判断される。また，訂正本・天理本が一貫して筆を用いて訂正するのに対し，庖庫三本は活字を押して訂正する丁と筆を用いて訂正する丁があるなど，複雑な様相を呈している。それを表で示すと次の通りである。なお，活字を用いて行った訂正は「活字」と略称するが，紙を貼付して活字を押す，空格に活字を押す，表面を削って活字を押すといった背景的な状況は区別しない。

表2　巻下における活字の相違と訂正の状況

丁	活字の相違例	訂正の状況						版面の相違	No.	備考
		庖庫三本				訂正本	天理本			
		紙+筆	補筆	活字	刃物	紙+筆	紙+筆			
1	○		○	○				○	1-4, 補1	
3	○				○			○	6-9	

4	○							○	10-12	
5	○							○	13-16	
6	○							○	17-20	
7	○							○	21-24	
8	○							○	25-29	
9					○			○	30	
10	○		○	○*	○	○	○	○	31-35	内部差異
11	○		○					○	36-40	
12	○							○	41	
13	○							○	43	
16				○		○*	○	?	44	訂正紙なし
21						○*	○*	?	45-46	結果不一致
22	○		○	○				○	47-51	
23	○			○				○	52-54	
24	○							○	55-56	
25	○							○	57-61	
26	○			○*		○	○	○	62, 補2-3	内部差異
28	○							○	63	
29	○							○	64-66	
30	○							○	67	
31	○			○				○	68-69	
32	○		○					○	70-76	
34	○							○	77-85	
35	○							○	86-87	
36	○							○	88-92	
37		○				○	○	?	93-94	
40		○				○	○	?	95	
41		○				○	○	?	96-98	
43	○			○		○*	○*	○	99-103	結果不一致
44	○			○		○*	○*	○	104-107	結果不一致
45	○		○	○		○	○	○	108-113	
46		○				○	○	?	114	
47	○							○	115-117	
49	○			○				○	118-123	

50			○*				○	124	内部差異
51				○			○	125-129	
56	○						○	132	
57	○						○	133-134	
59	○						○	135	
61	○		○		○	○	○	137-142	
64				○			○	143, 補4	
65		○			○	○	?	補5	
66	○				○*		○	補6	補筆

　上の二つの表によると，活字による訂正が見られるのは庮庫三本の巻下に限られ，庮庫三本の巻上，訂正本の巻上下，天理本の巻上下は一貫して筆を用いた訂正を行っていることがわかる。また，庮庫三本の巻下では，活字による訂正がある丁と，紙を貼付し筆で記入する訂正がある丁は補い合っているが，活字による訂正と補筆あるいは刃物を用いた訂正は同一丁内に共存する場合がある。こうした丁では，小規模な訂正は補筆や刃物で行い，それで処理しきれない場合に活字を用いて訂正したと解釈できよう。

　次に訂正の方法に関してであるが，まず藤本(1994)の言う第一の方法(切った紙に活字を押して/筆で書いてから貼った)と第二の方法(切った紙を貼ってから活字を押した/筆で書いた)について検討すると，第一の方法によったとしか解釈できない箇所はない。というのも，上掲の判別方法にいうところの，訂正紙からはみ出して本紙にかかっている箇所が複数見られるからで，活字の例では，奎2044における巻下No.32の「taw/tao」やNo.108の「ssen」などがあり，また筆を用いたものでも，訂正本における巻下補3の「gia」などがある。また，奎2044における巻上No.17の「kyu」の部分などは，袋綴じを内側から見ると，訂正紙が菱形のような格好で貼り付けられており，本紙における窓の形と甚だしく異なっている。こうした点から見て，現存諸本は活字の場合，筆の場合とも第二の方法によったと考えるのが穏当であろう。

　さて，遠藤(2010)の言う第三の方法(活字を押して/筆で書いてから紙を切って貼った)が存在したか否かという問題であるが，『老乞大諺解』におい

ても訂正紙が誤って貼付されている箇所が見られるので，その可能性はあるというべきであろう。例えば巻上のNo.18では，本来k(ㅋ)であるべきところが，奎2044では「ヒ」のような形になっており，これは方鍾鉉(1946)も指摘するように，訂正紙を上下逆さまに貼ったためと解釈される。また，同じく巻上のNo.16では，奎2044において訂正紙と本紙の両方にかかったn(ㄴ)の文字が若干ずれている。こうした点は，遠藤氏の説にとって有利に働くと考えられる。ただし，これらが第三の方法によったとするならば，誤って貼付された時にその場で気付きそうなものであり，また巻下No.44における訂正本の「rym」の例のように，窓は開けられているのに訂正紙が欠落している箇所もある。こうした点を勘案するならば，訂正が行われた段階ではきちんと貼られていた訂正紙がその後欠落し，後代の何者かが貼り直した際に誤ったという解釈も可能ではないかと思う。

5.2. 改版と訂正の進行過程

先に述べたように，巻上では諸本の訂正状況がほぼ同じであり，すべて同版と考えてよいが，巻下では廂庫三本と訂正本・天理本の間で版面が異なる丁があると考えられる[11]。まず，第4節の記述結果と表2に基づいて，巻下における活字の相違例と訂正のパターンを整理してみると，次のようになる。

(A)廂庫三本と訂正本・天理本の間で活字の相違例がある丁
(A1)活字の相違例のみであり，訂正本・天理本の方が正しい：第4, 5, 6, 7, 8, 12, 13, 24, 25, 28, 29, 30, 34, 35, 36, 47, 56, 57, 59丁
(A2)廂庫三本に訂正があり，その結果は訂正本・天理本の活字と一致する：第1, 3, 11, 22, 23, 31, 32, 49丁
(A3)廂庫三本に訂正があり，その結果は訂正本・天理本の活字と一致する；また訂正本・天理本にも訂正があり，その結果は廂庫三本の活字と一致する：

---

11) 方鍾鉉(1946)が巻下において同版とするのは第1, 18, 33, 37, 38, 40, 41, 46, 48, 54, 55, 58, 60, 62, 63, 65の各丁で，今回の調査結果と矛盾するのは第1丁のみである。

第10, 26, 45, 61丁

(A4)廂庫三本に訂正があり，その結果は訂正本・天理本の活字と一致する；また訂正本・天理本にも訂正があり，その結果は廂庫三本の活字と一致せず，訂正本・天理本の方が正しい：第44丁

(A5)廂庫三本に訂正があり，その結果は訂正本・天理本の活字と一致する；訂正本・天理本にも訂正があり，その結果は廂庫三本の活字と一致するものとしないものがあり，一致しないものは訂正本・天理本の方が正しい：第43丁

(A6)訂正本にのみ訂正があり，その結果は廂庫三本と一致するが，天理本とは一致せず，廂庫三本の方が正しい：第66丁

(B)廂庫三本と訂正本・天理本の間で活字の相違例がない丁

(B1)廂庫三本に訂正があり，その結果は訂正本・天理本の活字と一致する：第9, 50, 51, 64丁

(B2)廂庫三本と訂正本・天理本で同じ個所に訂正があり，その結果は一致する：第16, 37, 40, 41, 46, 65丁

(B3)訂正本・天理本に訂正があり，その結果は廂庫三本の活字と一致せず，訂正本・天理本の方が正しい：第21丁

　以上のうち，(A1-6)と(B1)の場合，廂庫三本と訂正本・天理本は異版であり，(B2-3)の場合，廂庫三本と訂正本・天理本は同版の可能性があると言える。このうち異版の丁については，その成立過程を次のように推定することが可能である。

(A1)訂正本・天理本では新たに版を組み直した。

(A2)廂庫三本の訂正箇所が多いため，通常の訂正では処理しきれず，訂正本・天理本では新たに版を組み直した。

(A3)廂庫三本の訂正箇所が多いため，訂正本・天理本では版を組み直したが，組み直した際に誤り(もしくは見づらい箇所)が生じたので，それを訂正した。

(A4)廂庫三本の訂正箇所が多いため，訂正本・天理本では版を組み直したが，組み直した版で直していなかった誤りが見つかったので，それを訂正した。

(A5)廂庫三本の訂正箇所が多いため，訂正本・天理本では版を組み直したが，組み直した際に誤り(もしくは見づらい箇所)が生じたので，それを訂正し

た。また，組み直した版で直していなかった誤りが見つかったので，それを訂正した。

(A6)訂正本・天理本で新たに版を組み直した際に誤りが生じたので，訂正本はそれを訂正した。

(B1)厢庫三本の訂正箇所が多いため，訂正本・天理本では新たに版を組み直した。

　さらに，筆を用いて訂正する丁と活字を用いて訂正する丁があることから窺える訂正と改版の進行過程については，①丁により訂正の手法が異なっていた場合と，②時期により訂正の手法が異なっていた場合が考えられる。①の場合は，

(ア)厢庫三本の巻下では活字により訂正を行うグループと筆により訂正を行うグループがあった。厢庫三本の巻上，訂正本・天理本の巻上下は筆により訂正を行うグループのみ。

(イ)訂正本・天理本は巻下において訂正すべき箇所が多い丁の版面を組み直した。

(ウ)訂正本・天理本はさらに訂正すべき箇所があれば筆により訂正を行った。

という過程が想定され，②の場合は，

(ア)厢庫三本は巻下について活字を用いて訂正を行った。

(イ)訂正本・天理本は巻下において訂正すべき箇所が多い丁の版面を組み直した。

(ウ)厢庫三本・訂正本・天理本は巻上・下についてさらに訂正すべき箇所について筆を用いて訂正した。その際，厢庫三本ですでに活字により訂正が行われていた丁には手を入れなかった。

という過程が想定されることになる。

6. おわりに

6.1. まとめ

　本稿では，現存する活字本『老乞大諺解』の諸テキストに見られる印出後の
訂正状況を，方鍾鉉(1946)の言及に照らして記述し，訂正の種類と方法につ
いて考察するとともに，各テキストにおける改版と訂正の進行過程を推定し
た。巻下については，廂庫三本と訂正本・天理本では明らかに系統が異な
り，同版の丁と異版の丁が混在しているが，異版の丁にあっては訂正本・天
理本の方が相対的に良いテキストであると考えてよいと思われる。

　本来ならば，このような調査は50年以上前の論文において言及された箇所
のみについて行うべきではなく，それぞれのテキストを一丁ずつ仔細に突き
合わせた上で行うのが望ましいわけであるが，主に時間的な制約からこのよ
うな方法を取らざるを得なかった。本稿はいまだ予備的調査の段階にとどま
るものであることをご了承いただきたい。

6.2. 余論：版心の魚尾と版面の異同

　余論として，版心における魚尾の形と版面の異同との関係について見てお
きたい。『老乞大諺解』の諸本においては，版心に二葉花紋魚尾を持つ丁と三
葉花紋魚尾を持つ丁が混在しており，全体的に二葉花紋魚尾の方が優勢であ
るが，安秉禧(1996)は，訂正本において再度組版をした場合，版心に三葉花
紋魚尾を付すことで他と区別したのではないかと推定している。筆者が確認
した限りでは，諸本において三葉花紋魚尾を持つ丁は以下の通りである。

表3　三葉花紋魚尾を持つ丁

版本	巻	三葉花紋魚尾を持つ丁	備考
廂庫三本	上	36, 39, 42, 45, 48, 51, 54, 57, 60, 64	上が二，下が三
	下	30*, 38, 39*, 41, 54, 62	
訂正本	上	36, 39, 42, 45, 48, 51, 54, 57, 60, 64	

	下	4, 7, 11, 14, 17, 19, 23, 28, 31, 34, 38, 41, 45, 49, 51, 54, 57, 59, 61*, 62, 66	上が三, 下が二
天理本	上	36, 39, 42, 45, 48, 51, 54, 57, 60, 64	
	下	4, 7, 11, 14, 17, 19, 23, 28, 31, 34, 38, 41, 45, 49, 51, 54, 57, 59, 61*, 62, 66	上が三, 下が二

　巻上についてはいずれのテキストも同じ状況にある。巻下については，廂庫三本において三葉花紋魚尾を持つ丁は訂正本・天理本のそれに重なり[12]，それらはいずれも同版と思われる丁である。安氏の説に従うならば，訂正本・天理本において三葉花紋魚尾を持つその他の丁は，廂庫三本から改版した丁という解釈になるが，上に見てきたように，改版が行われたと推定される丁は他にもある。こうした点を考えるならば，版心の魚尾が二葉か三葉かという点だけが改版のマークであるとは見なし難いように思われる。

＜参考文献＞

亞細亞文化社(1973)『老乞大朴通事諺解』서울：亞細亞文化社

安秉禧(1996)「老乞大와 그 諺解書의 異本」서울大學校『人文論叢』35：1-20.

遠藤光曉(2010)「崔世珍『韻會玉篇』について」『譯學과 譯學書』1：87-112.

汪維輝編(2005)『朝鮮時代漢語教科書叢刊』2．北京：中華書局.

小倉進平(1940)『増訂朝鮮語學史』東京：刀江書院

奎章閣(2003)『老乞大・老乞大諺解』서울：서울大學校奎章閣(奎章閣資料叢書語學篇1).

京城帝國大學(1944)『老乞大諺解』京城帝國大學法文學部(奎章閣叢書9).

采華書林(1972)『老乞大諺解・朴通事諺解』名古屋：采華書林.

竹越孝(2009)「天理図書館蔵の内賜本『老乞大諺解』について—印出後の訂正状況を中心に—」『愛知県立大学外国語学部紀要(言語・文学編)』41：379-404.

藤本幸夫(1994)「朝鮮本の訂正に就いて—『重修政和経史証類備用本草』を中心にして—」『朝鮮文化研究』1：93-136.

方鍾鉉(1946)「老乞大諺解의 廂庫本과 訂正本과의 比較『한글』96：42-55；(1963)『一

---

12) ただし，上が二葉で下が三葉というような例外的なケースの丁は除く。

簒國語學論集』340-359. 서울 : 民衆書館.
聯經出版(1978)『老乞大諺解·朴通事諺解』臺北 : 聯經出版事業公司.

□ 성명 : 竹越 孝 (Takashi TAKEKOSHI)
　　주소 : 日本 651-2187 神戸市西区学園東町 9-1 神戸市外国語大学中国学科
　　전화 : +81-78-794-8111
　　전자우편 : takekosi@inst.kobe-cufs.ac.jp

□ 이 논문은 2013년 11월 27일에 투고되어
　　　　　2014년 1월 13일부터 2월 14일까지 심사하고
　　　　　2014년 2월 28일 편집회의에서 게재 결정되었음.

『老朴集覽』引書考

田村祐之
(日本，姫路獨協大学)

<要旨>

崔世珍が漢語教本『老乞大』『朴通事』の注釈書として編纂した『老朴集覽』には多種多様な文献が引用されているが、原典ではなく他の文献から二次引用したと思われるものも少なくない。『老朴集覽』の引用文献について調査を行った結果、二次引用元として『古今韻會』(もしくは『古今韻會擧要』)、『古今事文類聚』、『翻譯名義集』、『事林廣記』、『南村輟耕録』などが多く利用されていることが分かった。また、『老朴集覽』「單字解」に引用された文献から、「單字解」の編纂時期・編纂者について疑問が生ずることとなった。

Key Words：老朴集覽、引用、二次引用、古今韻會、古今韻會擧要、古今事文類聚、翻譯、名義集、事林廣記、南村輟耕録、吏學指南

1.『老朴集覽』について

『老朴集覽』は、朝鮮王朝初期の訳官であり中国語学者であった崔世珍(1473-1542)が編纂した、漢語教本『老乞大』『朴通事』の注釈書である。現存するものは、東国大学校中央図書館蔵書の「乙亥字本」と、『朴通事諺解』(1677)所収本がある。

構成は、「凡例」「單字解」「累字解」[1)]「老乞大集覽」「朴通事集覽」からなり、

1) 「凡例」に「單字累字之解，只取『老乞大』『朴通事』中所載者爲解」とあるが、両書に見えない語が収録されている。「單字解」は「歿」「俚」「挨」「儹」「弔」「鞞」「絪」、「累字解」は「委的」「剗新」「斬新」「倘或」「哏似」「丁囑」「活計」「無賴」「幾會」「一回」「看成」「悔交」「悔親」「礙甚事」「濟甚事」。山川英彦「≪老朴集覽≫覚え書」を参照。

「老乞大集覽」「朴通事集覽」は崔世珍が諺解を加えた『翻譯老乞大』『翻譯朴通事』の分巻に合わせて、それぞれ上・下巻、上・中・下巻に分けられている。

　『老朴集覽』のうち「單字解」「老乞大集覽」「朴通事集覽」には多種多様な文献が引用されている。その引用のしかたについて、大きく以下の三種類に分けることができる。

　① 書名を明示し、書名・内容ともに原典との違いがない、または少ないもの
　② 書名を明示するが、書名、内容のいずれか（または両方とも）について原典との違いが大きいもの
　③ 書名を明示せずに引用したもの

　とくに②については、書名が明示された文献からではなく、他の文献から二次引用したものも散見される。二次引用された文献（すなわち、崔世珍が依拠した文献）を明らかにすることで、崔世珍が『老朴集覽』編纂に利用した文献の一端を明らかにすることができるだろう。

　また、『老朴集覽』のうち「單字解」については、「凡例」に「單字累字之解、只取老乞大朴通事中所載者爲解」とあるにも関わらず、両書に見えない語が収録されているなど、現存する『老乞大』『朴通事』の内容と合わない部分がある。この問題についても、「單字解」に引用された文献について調査することで、解明の糸口をつかむことができるだろう。

　本稿では、上記のうち①、②について調査を行い、崔世珍が『老朴集覽』編纂に利用した文献について探る。また、「單字解」「累字解」と「老乞大集覽」「朴通事集覽」の編纂時期の違いについても検討し、『老朴集覽』成立の過程について考察する。

2. 『老朴集覽』に引用された文献

　『老朴集覽』に引用された文献について、その内容に従って分類し、該当す

る文献を取りあげて一覧表にした。2)　表の見方は以下の通り。

・「語彙」欄には『老朴集覧』に収録された語彙を示す。

・「葉行」欄には當該語彙の『老朴集覧』における葉・表裏(ab)・行を示す。「單字解」は「單」、「老乞大集覧」は「老」、「朴通事集覧」は「朴」と略記する。

・「引用書名」欄には、當該語彙の説解で引用されている文献の書名を、説解に書かれたとおりに示す。書名ではなく総称だと考えられるものには、書名の前に「※」を付す。

・必要に応じて、當該語彙の『老朴集覧』における説解の一部(または全部)を、「引用書名」欄にカッコ書きで示す。説解が長すぎる場合は、「引用書名」欄ではなくページ下部の注に示す。

・「該当する文献」欄には、「引用書名」欄に示した引用書について、原典と考えられるものの書名・巻数などを示す。ただし、二次引用の可能性が高いものについては、「該当する文献」に書名を示さず、「備考」欄に依拠したと思われる文献の書名・巻数などを示す。

・「備考」欄に示した文献について、引用されたと思われる部分を当該語彙の解説と比較して、字句の異同が見られる場合には「異同あり」と、字句の異同が甚だしい場合には「異同多し」と示す。

・「引用書名」欄に示した引用書に、該当する引用部分が見えず、二次引用についても確証がない場合は、「該当する文献」欄に「(未検出)」と示す。

2.1 小学書

語彙	葉行	引用書名	該当する文献	備考
繃子	朴上13b6	廣韻	『重修廣韻』	
卸	老上2b9	増韻	『増修互註禮部韻略』	
只	單1a7	韻會	『古今韻會』もしくは『古今韻會擧要』	

---

2)『老朴集覧』で最も多く引用される文献として、『音義』『質問』があるが、この二書は『老乞大』『朴通事』の注釈書であり、本稿で取り上げる文献とは性格が異なる。また両書とも佚書であり、原典調査は不可能である。そのため、本稿ではこの二書については調査の対象としない。

做	單3b7	韻會	『古今韻會』もしくは『古今韻會擧要』	
羊腔子	朴上14b6	韻會	『古今韻會』もしくは『古今韻會擧要』	
噯	單2a5	五音集韻（『五音集韻』云, 烏盖切）		『集韻』『五音集韻』は「噯」を「於藹切」とする『五音篇海』は「噯」を「烏盖切」とする
咳	單2a6	五音集韻（『五音集韻』云, 何來切）		『五音集韻』は「咳」を「苦蓋切」とする『五音篇海』は「咳」を「何來切」とする
咱	單3a6	五音集韻（『五音集韻』云, 子葛切）		『五音集韻』に「咱」字見えず『五音篇海』は「咱」を「子葛切」とする
剌	單5a9	集韻（『集韻』作㪉）		『集韻』『五音集韻』ともに「剌」「㪉」両字あり
歺	單6a2	集韻（『集韻』作觠）		『集韻』に「觠」見えず『五音集韻』には「歺」「觠」両字あり
■[百刂]劃	朴中3a6	免疑韻略		『百川書志』巻二に『免疑字韻』四卷、元李士謙集とある『千頃堂書目』巻三に「李士濂『免疑字韻』四卷」とある『康熙字典』「餕」に『字彙補』丑庚切，音撐。病食曰餕，出『免疑雜字韻』。」とある
閣落	朴中9a3	免疑韻略		
建子	朴上6b5	免疑雜韻		
■[乍刂]柳	朴上14a1	免疑雜韻		
咱	單3a6	免疑雜字		
緜羊	老下1b5	※韻書		『千頃堂書目』巻三に「邵光祖『韻書』四卷字弘道吳人」とある
們	單3b5	※諸韻書（諸韻書皆云, 們, 渾肥滿兒）		『類篇』『集韻』『五音集韻』「們」に「們, 渾肥滿兒」とある
卸	老上2b9	説文	『説文解字』巻九	
呆種	朴中8a1	易見雜字		『百川書志』巻三に『易見雜字』一巻 載繡谷淰馤坊章句, 錦里幽求巷直音, 不知何許人, 日用事物類成四言, 傍加音釋, 凡三百八十章, 以資蒙士其他頗爲鄙淺不及此本」とある

躧	朴中7b9	字學啓蒙	(未見)	
閑落	朴中9a3	字學啓蒙	(未見)	
碧漢	朴上15a8	爾雅	『爾雅』釋天	

　小学書で引用数の多いものとして、『韻會』が3例、『五音集韻』が3例ある。また、『免疑韻略』『免疑雜韻』『免疑雜字』という、似た書名を持つものが計5例見える。それぞれの問題点について、検討する。

　まず『韻會』は、『古今韻會』(佚書)もしくは『古今韻會舉要』のことと考えられる。『韻會』という書名は崔世珍が編纂した『四聲通解』にも見えており、花登正宏氏はこれを『古今韻會』だとする[3]。同じく崔世珍が編纂した『老朴集覧』に引く『韻會』も、『古今韻會』であろうか。以下に、『老朴集覧』の『韻會』引用部分と、『古今韻會舉要』の該当部分を挙げて比較してみよう。『老朴集覧』引用の『韻會』を「集」と、『古今韻會舉要』を「舉」とし、引用された部分を下線で示す。

「只」集：『韻會』註云、「今俗讀若質。」
　　　舉：『佩觿集』曰、渠只之只、本之尔切、今讀若質。
「做」集：『韻會』遇韻作字註云、「造也。俗作做非。」箇韻作字註云、「爲也，造
　　　　 也，起也。俗作做非。做音直信切。」
　　　舉：(遇韻「作」)造也。後廉范傳，范叔度，來何暮，不禁火，民安作。俗作
　　　　 做，非是。(箇韻「作」)爲也，造也，起也。韓文詩，方橋如此作。又御
　　　　 鐸韻，俗作做非。做音直信切。
「羊腔子」集：≪韻會≫云、「骨体曰腔。」
　　　　　舉：(江韻「腔」)『説文』：「肉空也，从肉空聲。」骨體曰腔。

　『老朴集覧』の引用文は字音の部分のみを引いているため短く、これだけでは判断の根拠に乏しい。ただ、「只」字について、『古今韻會舉要』で「今讀若質。」とするところ、『老朴集覧』では「今俗讀若質。」と「俗」字が増えている。また「做」字について、『古今韻會舉要』で「俗作做，非是。」とするところ

---

3) 花登正宏「四聲通解所引古今韻会考」を参照。

を『老朴集覽』では「俗作做非。」と、「是」字を落としている。もし『老朴集覽』のこの部分の引用が正確なものであったとすれば、この二字の増減は、引用元が『古今韻會舉要』ではなく『古今韻會』であったことを意味するのかもしれない。

　次に『五音集韻』について、上表の備考欄にも記したとおり、『老朴集覽』で『五音集韻』からの引用とされる反切は、いずれも『五音集韻』4)には見えず、『五音篇海』5)に見える。ただ『五音篇海』『五音集韻』ともに韓道昭が編纂に関わっており6)、『五音集韻』の初期の版本(『崇慶新雕改並五音集韻』〔1212刊〕など)では両書の反切が入り混じっているという7)。『老朴集覽』編纂時に崔世珍が参考にした『五音集韻』は、初期の版本である可能性が高い。

　次に『免疑韻略』『免疑雜韻』『免疑雜字』の三書について、いずれも他の文献には見られない書名である。ただ『免疑韻略』のみ『四聲通解』にも同名の文献が引用されており、遠藤光曉氏はこれについて、類似の書名を持つ文献として『決義韻式』を挙げている8)。その他に類似の書名の文献として、明、高儒『百川書志』卷二「小學」に「『免疑字韻』四卷、元李士謙集」とあり、また、清、黄虞稷『千頃堂書目』卷三「小學類」の元人の項に「李士濂『免疑字韻』四卷」とある。『免疑韻略』『免疑雜韻』『免疑雜字』の三書は、この『免疑字韻』のことかもしれない。

2.2 史書類

語彙	葉行	引用書名	該当する文献	備考
尋聲救苦應念除災	朴中6a6	史記		『北史』卷三十「盧景裕傳」
六鶴舞琴	朴下3a10	史記	『史記』卷二四「樂書」	

---

4) 明、正德乙亥(1515)重刊『改併五音集韻』を使用。
5) 明、成化丁亥(1467)重刊『改併五音類聚四聲篇海』を使用。
6) 『五音篇海』は韓孝彦と韓道昭の親子が編纂し、『五音集韻』は韓道昭が編纂した。
7) これについては神戸市外国語大学の竹越孝准教授よりご教示いただいた。
8) 遠藤光曉『『四聲通解』の所拠資料と編纂過程』を参照。

左近平人	老上1b6	漢書左驗註	『漢書』巻六六「楊惲伝」「廷尉定國考問左驗明白」顔師古注	
擔	朴上5a8	前漢蒯通傳	『漢書』巻四五「蒯通傳」應劭注	『古今韻會舉要』「飯」に「飯石小罌也,通作儋。『前蒯通傳』守儋石之祿,應劭注,受二斛。『揚雄傳』家無儋石之儲」とある
擔	朴上5a8	楊雄傳	『漢書』巻八十七上「揚雄傳」顔師古注	
南斗	朴上7a5	晉書天文志	『晉書』巻十一「天文志」	
北斗左輔右弼	朴上7a7	晉書天文志	『晉書』巻十一「天文志」	
氣力	朴上13b8	續綱目兩石弓註(『續綱目』兩石弓註云,三十斤爲鈞,四鈞爲石,重百二十斤也)		『續資治通鑑綱目』に「兩石弓」句見えず 『古今韻會舉要』「石」に「三十斤鈞四鈞爲石重百二十斤」とある

　史書類では、『史記』からの引用が2例、『漢書』が3例、『晉書』が2例、『續綱目』が1例となっている。このうち、『老朴集覽』の「尋聲救苦應念除災」項に見える『史記』の引用、および「擔」項に見える『漢書』の引用について検討する。

　まず、「尋聲救苦應念除災」項の説解における『史記』引用は以下のとおりである。

　　『史記』：昔盧景裕繋晉陽獄，志心念觀世音菩薩，枷鎖自脱。又有人當死，志心誦觀世音菩薩普門品經千百遍，臨刑刀折，因以赦之。

　しかしこの一節は『史記』にはない。仏教が中国に入ったのは後漢の頃であり、前漢、武帝の頃に編纂された『史記』に觀世音菩薩にまつわるエピソードが入るはずはない。また、盧景裕は北魏の人であり、『北史』巻三十に伝がある。そしてその伝に、以下の一節がある。

　　景裕之敗也，繋晉陽獄，至心誦經，枷礑自脱。是時，又有人負罪當死，夢沙門教講經，覺時如所夢謂誦千遍，臨刑刃折，主者以聞，赦之。

　『老朴集覽』の『史記』引用とよく似た文である。ただこの文には観世音菩薩は登場しない。あるいは観世音菩薩信仰を広めるために改変され、しかも『史記』からの引用と誤って、その種の書籍に載せられたのかもしれない。
　次に、「擔」項に見える『漢書』の引用について、まず『漢書』から引用された部分を見てみよう。

　　『前漢蒯通傳』「守甐石之祿。」應劭註：擔受二斛。『楊雄傳』「家無甐石之儲。」
　　註：一石為石，再石為擔。

『前漢蒯通傳』は『漢書』巻四五「蒯通傳」、『楊雄傳』は『漢書』巻八十七上「揚雄傳」のことである。以下に、それぞれの本文を示し、その後に注文を〔 〕で示す。

　　「蒯通傳」：計者存亡之機也。夫隨厮養之役者，失萬乗之權。守儋石之禄者，闕
　　　　卿相之位。〔應劭曰，齊人名小甖為儋，受二斛。晉灼曰，石斗石
　　　　也。師古曰，儋音都濫反。或曰，儋者一人之所負擔也。〕
　　「揚雄傳」：家産不過十金，乏無儋石之儲，晏如也。〔師古曰，儋石鮮在「蒯通
　　　　傳」。〕

　『老朴集覽』の引用と比べると、『漢書』本文の「守儋石之禄」「無儋石之儲」の「儋」字が『老朴集覽』では「甐」になっていることに気づく。これは、『漢書』から直接引用したのではなく、他の文献から二次引用したことを物語るのではないか。たとえば『古今韻會擧要』の「甐」字を見ると、「甐，石小甖也，通作儋。『前蒯通傳』守儋石之祿，應劭注，受二斛。『揚雄傳』家無儋石之儲」とあり、『老朴集覽』の引用に近い。ただ、「一石為石，再石為擔」の句は『漢書』「揚雄傳」にも『古今韻會擧要』にも見えない。

2.3 地誌類

語彙	葉行	引用書名	該当する文献	備考
永平	朴上4a5	一統誌	『大明一統志』巻五	
慶壽寺	朴下2b1	一統誌	『大明一統志』巻一	
大寧	朴上4a7	遼誌	『遼東志』巻一	
遼陽	朴上4a8	遼誌	『遼東志』巻一	
開元	朴上4a10	遼誌	『遼東志』巻一	異同多し
瀋陽	朴上4b3	遼誌	『遼東志』巻一	異同多し

　地誌類は、『一統志』が2例、『遼誌』が4例ある。『一統志』は『大明一統志』、『遼誌』は『遼東志』のことであろう。『遼東志』は明の畢恭が著わした地誌で、正統八年(1443)に成書し、弘治元年(1488)に刊行された(佚書)。のち改訂が施された重修本が嘉靖八年(1529)に刊行されている[9]。この重修本と『老朴集覽』の引用を比較すると、4例のうち、「開元」(『遼東志』では「開原」)、「瀋陽」については、『遼東志』と大きく異なる。「開元」を例に見てみよう。

　　『老朴集覽』「開元」:『遼誌』云,「本肅慎氏地。虞舜時高麗有其地。周時爲荒服。
　　　　元設開元路, 元末屬納哈出。今設三萬衛, 又設遼海衛。永樂年間設安樂、
　　　　自在二州, 倶隷遼東都司。」
　　『遼東志』巻一「開原・三萬衛」:古肅慎氏地。後曰挹婁。元魏時號曰勿吉, 隋曰黑
　　　　水靺鞨, (中略)元伐之得其地至開元, 開元之名始此。立開元南京二萬戸
　　　　府, 治黄龍府。後更遼東路總管府, 又改開元路, 領縣七, 咸平、新興、慶
　　　　雲、銅山、清安、崇安、歸仁。元末納哈出據之。本朝洪武二十一年平定東
　　　　土改元為原置。

　『遼東志』のほうが記述が詳細だが、『老朴集覽』に見える「虞舜時高麗有其地。周時爲荒服。」などの句は『遼東志』には見えない。前述したとおり、重修本『遼東志』は正統八年の初刊本に改訂が施されている。『老朴集覽』に引用されたのは、初刊本『遼東志』の可能性が高い[10]。

―――――――――――――――――

　9)『遼海叢書』所収『遼東志』に付された、稲葉嵓吉の解題による。

2.4 儒教類

語彙	葉行	引用書名	該当する文献	備考
打春	朴下9b8	月令 (『月令』云, 季冬出土牛以示農之早晚)	(『禮記』「月令」：偏命有司大難旁磔出土牛以送寒氣	『古今事文類聚』前集巻六「天時部・春・出土牛」 (季冬出土牛以示農耕之早晚刪定月令)
温克	老上1a5	詩傳	『詩集傳』巻十二「小雅・小宛」「人之齊聖飲酒温克」朱熹注	異同あり
三捌	老下3a7	詩抑釋掤忌註	『詩集傳』巻四「鄭風・大叔于田」「抑釋掤忌」朱熹注	
要約	老下1a8	周禮司約註 (『周禮司約』云, 約言語之約束)	(『周禮注疏』巻三四「司寇」「司約下十二人府一人史二人徒四人」鄭玄注：「約言語之約束」)	『增韻』『古今韻會舉要』などの「約」字に「周禮司約注約言語之約束」とある
三台	朴上7a3	周禮疏[11]	(『周禮注疏』巻十八「大宗伯」「三能三階也」賈公彦疏：三能三階也者案武陵太守星傳云三台一名天柱上台司命爲大尉中台司中爲司徒下台司祿爲司空云	『古今事文類聚』新集巻一「三師部・上應台階」[12]
苈箒	朴中8a3	周禮桃茢 (『周禮桃茢』云, 苈苈帚也)	(『周禮注疏』巻三二「戎右」「贊牛耳桃茢」鄭注：苈苈帚所以掃不祥)	『古今韻會舉要』「苈」に「『周禮桃茢』注鄭云, 苈苈帚也」とある
瀝青	朴下5b5	家禮儀制	(未見)	
唱喏	朴上12b5	家禮集註説	(未見)	
下多少財錢	朴上11b4	家禮會通	(未見)	

儒教類では、『月令』(『禮記』「月令」)『詩経』『詩集傳』『周禮』など四書五経およびその注釈書から6例、朱熹『家禮』の注釈書3種から各1例が引用されてい

---

10) 稲葉氏の解題によれば、朝鮮で世宗二十九年(1447)に刊行された『龍飛御天歌』の注に『遼東志』の一節が引かれており、初刊本『遼東志』が刊行まもなく朝鮮に伝わったことを示すという。

11) 『周禮疏』云, 上台司命爲太尉, 中台司中爲司徒, 下台司祿爲司空。

12) 『周禮大宗伯』疏 上台司命為太尉, 中台司中為司徒, 下台司祿為司空。

る。『家禮』の注釈書3種については、いずれも『老朴集覧』に示される書名の文献は管見の限りでは見つからず、詳細は不明である。『家禮儀制』に似た書名のものとして、明、丘濬『家禮儀節』があり、また『家禮集註説』に似た書名のものとして、明、馮善『家禮集説』があるが、国立公文書館に所蔵されている両書を実見した限りでは、該当する句は見つからなかった。

2.5 仏教類

語彙	葉行	引用書名	該当する文献	備考
善知識	朴上16b1	反譯名義	『翻譯名義集』巻五「三德祕藏篇」	
因縁	朴中8b2	反譯名義	『翻譯名義集』巻四「十二分教篇・尼陁那」	
目連尊者	朴下2b6	反譯名義	『翻譯名義集』巻一「十大弟子篇」	
道場	朴下9a5	反譯名義	『翻譯名義集』巻七「寺塔壇幢篇」	
蘋婆果	朴上2a7	飜譯名義	『翻譯名義集』巻三「五果篇・頻婆」	
袈裟	朴上10a4	反譯名義	『翻譯名義集』巻七「沙門服相篇・袈裟」	異同多し
座飾芙蓉	朴中4b2	飜譯名義	『翻譯名義集』巻三「百華篇・摩訶曼殊沙」	
居士宰官	朴中5a5	飜譯名義	『翻譯名義集』巻二「人倫篇・迦羅越」	
隨相現相	朴中5a5	飜譯名義	『翻譯名義集』巻三「什物篇・薩褒殺地」	
結草廬於香山之上	朴中5b5	飜譯名義	『翻譯名義集』巻三「諸水篇・阿耨達」	
傾甘露於瓶中濟險途於飢渇	朴中5b9	飜譯名義	『翻譯名義集』巻七「犍稚道具篇・軍遲」	
魔障	朴下1b8	飜譯名義	『翻譯名義集』巻二「四魔篇・魔羅」	異同多し

盂蘭盆齋	朴下2b5	飜譯名義	『飜譯名義集』卷四「十二分教篇·盂蘭盆」	
壇主	朴下2b5	飜譯名義	『飜譯名義集』卷七「寺塔壇幢篇」	
擎拳合掌	朴下2b10	飜譯名義	『飜譯名義集』卷四「眾善行法篇」	
刹土	朴中4a9	法苑[13]		『飜譯名義集』卷七「寺塔壇幢篇·刹摩」[14]
善男善女	朴上16b1	金剛經疏		『金剛般若經疏』、『金剛般若疏』に該当箇所無し
起浮屠於泗水之間	朴中5a8	神僧傳	『神僧傳』卷七	
貪嗔癡	朴下3a3	大智論	『大智度論』卷三一	『飜譯名義集』卷四「衆善行法·阿檀」
瓔珞	朴中4b4	普門品經	『妙法蓮華經』卷七「妙法蓮華經觀世音菩薩普門品經」?	
善男信女	朴下2b9	了義經[15]		『金剛般若經疏論纂要』など[16]
證果金身	朴下1b10	佛三十二相		『大般若波羅蜜多經』卷三八一に「正等覺三十二大士相」「正等覺八十隨好」あり
面圓璧月	朴中6a2	佛八十種好		
身瑩瓊瑰	朴中6a3	佛八十種好		
兜率[17]	朴上15a10	佛地論		『飜譯名義集』卷二「八部篇·兜率陀」[18]
好女不看燈	朴下11a2	涅槃經		『藝文類聚』卷四「正月十五日」、『古今事文類聚』卷七「上元」
刹土	朴中4a9	瓔珞經		『菩薩瓔珞經』に該当箇所無し
證果金身	朴下1b10	觀經疏[19]		『飜譯名義集』卷七「寺塔壇幢篇·刹摩」[20]
擎拳合掌	朴下2b10	西域記[21]	『大唐西域記』卷二[22]	『飜譯名義集』卷四「眾善行法篇」[23]
傾甘露於瓶中濟險途於飢渴	朴中5b9	※佛經	(未檢出)	
居士宰官	朴中5a1	※佛書	(未檢出)	
盂蘭盆齋	朴下2b3	※大藏經	(未檢出)	『書言故事』正保本卷十「中元類」

---

13) 『法苑』云, 阿育王取金華金幡, 懸諸刹上。

　仏教類では、『反譯名義』『翻譯名義』(いずれも宋、法雲『翻譯名義集』のこと)からの引用が15例あり、その他さまざまな仏典から引用されている。しかし、仏典からの引用について詳細に見ると、『翻譯名義集』や各種の類書から二次引用したと思われるものが散見される。いくつか例を挙げてみよう。

①「刹土」
『老朴集覧』：『法苑』云，「阿育王取金華金幡，懸諸利上。」
『法苑珠林』巻三六「懸幡篇・印証部」：如迦葉詰阿難經云。昔阿育王自於境内，立
　　千二百塔。王後病困. 有一沙門省王病。王言，「前爲千二百塔，各織作金
　　縷幡，欲手自懸幡散華始得成辨，而得重病。恐不遂願。」道人語王云，「
　　王好叉手一心，道人即現神足。」應時千二百寺皆在王前。王見歡喜，便使
　　取金幡金華懸諸利上。
『翻訳名義集』巻七「寺塔壇幢篇」「刹摩」項：如『法苑』云，阿育王取金華金幡。懸
　　諸利上塔寺低昂羅摩。
②「好女不看燈」
『老朴集覧』：『涅槃經』云，「上元如來闍維訖，收舍利，置金床上，天人散花奏
　　樂，繞城步步，燃燈十二里。」
『涅槃經』：未検出(最も近い名を持つ仏典として『大般涅槃經』があるが、該当部
　　分は見当たらない)
『芸文類聚』巻四「歳時部・正月十五日」：涅槃經曰，「如来闍維訖，收舍利曧，置
　　金床上，天人散花奏樂，繞城步步、燃燈十二里。」
③「盂蘭盆齋」

---

14) 如法苑云，阿育王取金華金幡，懸諸利上塔寺低昂羅摩。
15) 『了義經』云，善者，順理也。信者，言是事如是也。佛法大海信爲能入智爲能度人若無信
　　不入佛法。
16) 智度論云。信成就也。佛法大海信爲能入智爲能度。信者言是事如是。不信者言是事不如
　　是。
17) 『佛地論』云，名憙足，謂後身苦薩，於中教化，多修憙足故。
18) 故『佛地論』名憙足，謂後身苦薩，於中教化，多修憙足故。
19) 『觀經疏』云，果報，行真實法，感得勝報也。
20) 果報者，從報果爲名，亦號實報。『觀經疏』云，行眞實法，感得勝報。
21) 『西域記』云，致敬之式，其儀九等。四曰合掌平拱。
22) 　致敬之式，其儀九等。(中略)四合掌平拱。
23) 　致敬之式，其儀九等。(中略)四合掌平拱。

『老朴集覽』：『大藏經』云，「大目犍連尊者，以母生餓鬼中不得食。佛令作盂蘭
　　盆，至七月十五日，具百味五果置盆中，供養十方大德，而後母乃得食。」
『大藏經』：未檢出（『大藏經』は仏典の集成であり、個別の仏典の名称ではない）
『書言故事』正保本巻十「中元類」：目連救母，佛經云，「目連以母生餓鬼中不得
　　食，佛令作盂蘭盆〔盂蘭盆、俗以竹為器者〕。至七月十五日，具百味五
　　果著〔張入聲〕盆中，供養十方佛，而後母得食。」

　『書言故事』は宋の胡繼宗が編纂した類書24)。『老朴集覽』の編纂に当たっ
ては、類書類が大いに活用されていたことがわかる。

2.6 道教類

語彙	葉行	引用書名	該當する文献	備考
萬劫	朴中6a10	※道經		『太上説玄天大聖真武本傳神咒妙經』巻一
三清	朴下4b4	※道經	（未檢出）	
羅天	朴下4b6	※道經		『度人經集注』
大醮	朴下4b9	※道經	（未檢出）	
好女不看燈	朴下11a2	※道經	（未檢出）	
七月十五日	朴下2a8	※道藏經	（未檢出）	
大運	老下4a9	五行精紀	『五行精紀』巻三三	
殃榜	朴下9a2	臞仙肘後經	『臞仙肘後經』	異同多し

　道教類については出典調査をまだ進めていないが、引用書名を『道經』とす
るなど、二次引用の可能性は少なくない。

---

24)『書言故事』のテキストはは以下の2種を使用した。
　「徐本」：明・徐心魯編『新鍥増補萬錦書言故事大全』八巻(明萬暦年間刊本、中國社會科
　　學院歴史研究所文化室編『明代通俗日用類書集刊』〔西南師範大學出版社.東方出版社、
　　2011〕第八冊所収)
　「正保本」：明・陳玩直解、李廷機校『京本音釋注解書言故事大全』十二巻(江戸正保三年
　　〔1646〕九月吹權兵衛後印本、長沢規矩也編『和刻本類書集成』第三輯〔汲古書院、
　　1984；上海古籍出版社影印、1990〕所収)

2.7 類書類

語彙	葉行	引用書名	該当する文献	備考
花押	老上1a2	事物紀原	『事物紀原』巻二	異同あり
牙税錢	老上1a9	事物紀原	『事物紀原』巻一	
脱套換套	老下3b6	事物紀原	(未検出)	
搭護	朴上8b10	事物紀原	『事物紀原』巻三「半臂」	
釧	朴上7b4	事物紀原	『事物紀原』巻三「環」、「釧」	
窟嵌戒指	朴上7b7	事物紀原	『事物紀原』巻三「指環」	
漢子	朴上9b7	事物紀原	『事物紀原』巻十「稱漢」	異同あり
行李	老上2a8	事文類聚	『古今事文類聚』別集巻二五「行旅」	
三台	朴上7a3	事文類聚	『古今事文類聚』新集巻一)「天之三階」	
耳墜兒	朴上7b6	事文類聚		『南村輟耕録』巻十七「穿耳」
骨朶	朴上9a7	事文類聚	『古今事文類聚』別集巻六「骨朶」	
牙家	朴上14a5	事文類聚	『古今事文類聚』別集巻六「互郎」	
褒彈25)	朴中7b4	事文類聚	『古今事文類聚』別集巻六「包彈」	
餡	朴下5b10	事文類聚	(未検出)	
細料物	朴下3b9	事林廣記食饌類	(未検出)	
呆種	朴中8a1	事林廣記	北大本『事林廣記』26)庚集巻上「音譜類・辨字差珠・呆老」	
解夏	朴下2a9	事林廣記	故宮本『事林廣記』前集巻二「節序類・歳時雜記・四月・結夏解夏」、北大本『事林廣記』甲集巻上「節序類・歳時雜記・四月・結夏解夏」、元禄本『事林廣記』甲集巻四「節令門・四月・結夏　解夏」	
目連尊者	朴下2b6	事林廣記	故宮本『事林廣記』前集巻五「方國類・方國雜誌・賓童龍國」、北大本『事林廣記』癸集巻下「方國類・方國雜誌・賓童龍國」、元禄本『事林廣記』辛集巻八「島夷雜誌・賓童龍國」	異同多し
蜜煎	朴下5a6	事林廣記	故宮本『事林廣記』別集巻七「茶菓類・收藏果木法・造蜜煎訣」、北大本『事林廣記』壬集巻上「茶菓類・收藏果木法・造蜜煎訣」、元禄本『事林廣記』癸集巻五「殽蔌搜奇・造蜜煎訣」	
黃燒餅	朴下7a2	事林廣記	(未検出)	
花房窩兒	朴下7b9	事林廣記	故宮本『事林廣記』續集巻七「文藝類」、北大本『事林廣記』辛集巻上「三錦門庭」、元禄本『事林廣記』戊集巻二「文藝類」に「打毬」に関する記述有り	

水滑經帶麵	朴下6a9	、居家必用	『事林廣記』故宮本、北大本、元禄本に記述無し 『居家必用事類全集』庚集巻十三「飲食類・濕麵食品」「水滑麵」「經帶麵」	
餡	朴下5b10	事林廣記、事文類聚、居家必用27)	(具体的な引用ではないため、調査せず)	
水精角兒	朴下6a2	居家必用	『居家必用事類全集』庚集巻十三「飲食類・乾麵食品」「薄饅頭水晶角兒包子等皮」	
象眼■[食其]子	朴下6a7	居家必用	『居家必用事類全集』庚集巻十三「飲食類・濕麵食品」「米心棊子」	
拘欄	朴上6b10	書言故事	正保本『書言故事』巻十二「拾遺類」	
傳衣鉢	朴上16a8	書言故事	正保本『書言故事』巻四「釋教類」、徐本巻七「法教門」	
三隻脚鐵蝦蟆	朴下2a5	書言故事	正保本『書言故事』巻八「科第類・蟾宮」	

　類書類で引用されたものは、『事物紀原』7例、『事文類聚』6例、『事林廣記』9例、『居家必用』3例、『書言故事』3例となっている。いずれも宋代から元代

---

25)「朴諺」は「駁彈」に作る。

26)『事林廣記』のテキストは以下の3種を使用した。
　「故宮本」:『新編纂圖增類群書類要事林廣記』前集十三巻・後集十三巻・續集八巻・別集八巻(元至順年間建安椿莊書院刻本、中華書局影印、1963;中文出版社據中華書局本影印、1988)
　「北大本」:『纂圖增新群書類要事林廣記』十集二十巻(元後至元六年〔1340〕鄭氏積誠堂刻本、中華書局影印、1999)
　「元禄本」:『新編纂圖增類群書類要事林廣記』十集九四巻(據元泰定二年〔1325〕刻本翻刻、日本元禄十二年〔1699〕京都今井七郎兵衛・中野五郎左衛門刊本、『和刻本類書集成』第一輯〔汲古書院、1976;上海古籍出版社影印、1990〕;中華書局影印、1999)
　このほか、中国語版ウィキソース「維基文庫」に『新編纂圖增類羣書類要事林廣記』の全文が掲載されている(http://zh.wikisource.org/wiki/事林廣記)。ただしこのテキストは依拠した版本を明記していない。内容を見る限りでは「故宮本」に最も近いようだが、巻数が異なる(前集十二巻・後集十三巻・續集十三巻・別集十一巻、ただし續集巻五〜九、別集巻六を欠く)。今回の調査で、他の版本に見えない項目でこのウィキソース版に見えるものがあったが、上述の通り依拠した版本が不明のため、本文では取り上げない。

27) 或肉, 或菜, 及諸料物, 拌匀為胎, 納於餅中者曰餡。酸餡, 素餡, 葷餡, 生餡, 熟餡, 供用合宜。詳見『事林廣記』『事文類聚』『居家必用』等書。劑法不一今不煩註。

にかけて編まれた類書であり、とくに『事文類聚』『事林廣記』『居家必用』『書言故事』は、日常生活のさまざまな事柄についてまとめた「日用類書」である。これらの文献からの引用が多いことは、日常生活に関わる内容を豊富に含む『老乞大』『朴通事』の注釈書である『老朴集覧』を編纂するうえで、これら日用類書が大いに役立ったことを示している。

　ここで注目すべきは、『事林廣記』の版本についてである。『事林廣記』は元初に陳元靚によって編まれた類書であり、後人によって何度も改訂出版されたため、さまざまな版本が現存する[28]。本稿でも、「故宮本」「北大本」「元禄本」の3種について調査したが、いずれにも見えない語彙が存在することは、この3種より古い時代の刊本が『老朴集覧』編纂時に利用されたことを示しているのではないだろうか。

2.8 筆記類

語彙	葉行	引用書名	該当する文献	備考
圓飯筵席	朴上12a4	邵氏聞見録	『邵氏聞見後録』巻二七	
五箇鋪馬	朴下8b5	邅齋閑覽[29]		『古今事文類聚』外集巻十「五馬之貴」[30]
好女不看燈	朴下11a2	容齋隨筆	『容齋隨筆三筆』巻一「上元張燈」	
嬭母	老下3a1	宋張文潛明道雑志[31]		『南村輟耕録』巻十七「嬭姈」[32]
■[扩桑]馬	老下1a7	南村輟耕録	『南村輟耕録』巻二三「嗓」	
點心	老下4a3	南村輟耕録	『南村輟耕録』巻十七「點心」	
院本	朴上2b10	南村輟耕録	『南村輟耕録』巻二五「院本名目」	
雜劇[33]	朴上3a8	南村輟耕録	『南村輟耕録』巻二七「雜劇曲名」	
骨朶	朴上9a7	南村輟耕録	『南村輟耕録』巻一「云都赤」	

---

28) 森田憲司「王朝交代と出版—和刻本事林広記から見たモンゴル支配下中国の出版」(『奈良史学』20号、56~78頁、2002)、酒井忠夫『中国日用類書史の研究』第六章「宋元時代の日用類書—特に『事林廣記』について」(国書刊行会、2011)を参照。
29) 『邅齋閑覽』云, 漢朝臣出使, 爲太守増一馬, 故爲五馬。

獸醫	朴上10b9	南村輟耕録	『南村輟耕録』卷九「獸醫」	
娘子	朴上11a1	南村輟耕録	『南村輟耕録』卷十四「婦女曰娘」	
大帽	朴中6b4	南村輟耕録	『南村輟耕録』卷二十「應聘不遇」	
一百七	朴中7a1	南村輟耕録	『南村輟耕録』卷二「五刑」	
取燈兒	朴中7b1	南村輟耕録	『南村輟耕録』卷五「發燭」	
牢子走	朴中8b5	南村輟耕録	『南村輟耕録』卷一「貴由赤」	
衙門處處向南開	朴中9a7	南村輟耕録	(未検出)	『吏學指南』卷一「衙門南北之異」に類似の文あり
元寶	朴下5b1	南村輟耕録	『南村輟耕録』卷三十「銀錠字號」	

　筆記類で引用されたものは、『南村輟耕録』が13例、その他4例となっている。『南村輟耕録』は元末、陶宗儀の撰。元代の社会や風俗に関する記述が豊富であり、前述の日用類書と同様に、『老朴集覧』編纂に役立ったのだろう。また『南村輟耕録』以外の筆記からの引用とするもの、たとえば「嫜母」項に引く『宋張文潜明道雑志』も、実際には『南村輟耕録』からの二次引用と考えられる。

2.9 食書類

語彙	葉行	引用書名	該当する文献	備考
羢羊	老下1b7	飲饌正要	『飲饌正要』卷三「獸品」に「羊」「黄羊」「山羊」「[羊古][羊里]」項あり	
水精角兒	朴下6a2	飲饌正要	『飲饌正要』卷一「水晶角兒」	
麻尼汁經卷兒	朴下6a5	飲饌正要	『飲饌正要』卷一「■[食正]餅」	

---

30)『遁齋閒覧』與『學林』云，漢時朝臣出使，為太守増一馬，故為五馬。潘子真詩語
31) 宋張文潜『明道雑志』云，經傳中無嫜㜈二字，嫜乃世母二字合呼，㜈乃舅母二字合呼也。二合如真言中合兩字音爲一。
32) 宋張文潜『明道雑志』云，經傳中無嫜㜈二字，嫜字乃世母字二合，呼㜈字乃舅母字二合呼也。二合如真言中合兩字音為一。
33)「朴諺」は「雜技」に作る。

　食書類では『飲饌正要』から3例が引用されている。『飲饌正要』は正しくは『飲膳正要』で、元、忽思慧の撰。元代の飲食と栄養、食の禁忌などについてまとめた書で、食事に関する語彙も多い『老乞大』『朴通事』の注釈に、『事林廣記』や『居家必用事類全集』などとともに役立ったようである。

2.10 医書類

語彙	葉行	引用書名	該当する文献	備考
滿月	朴上13b2	産書		『婦人大全良方』卷十八「産後門」
疹子	老下1a2	直指方		『仁齋直指方論』に該当箇所無し
浮沉	老下3b3	難經34)		『南村輟耕録』卷十九「脈」35)
浮沉	老下3b4	脈訣	(未見)	

　医書類では4種の文献から各1例が引用されている。しかしこれらの引用も、二次引用の可能性が高い。「浮沉」項について見てみよう。

　　『老朴集覽』：『難經』云, 浮者爲表爲陽, 外得之病也, 有力主風, 無力主氣。沉
　　　　者爲裏爲陰, 内受之病也, 有力主積, 無力主氣。
　　『難經』：浮者陽也, 沉者陰也, 故曰陰陽也。
　　『南村輟耕録』卷十九「脈」：宋淳熙中南康崔子虚隱君嘉彦, 以『難經』於六難專言
　　　　浮沉, 九難專言遲數, 故用為宗, 以統七表八裏, 而總萬病其説。以為浮者
　　　　為表為陽, 外得之病也, 有力主風, 無力主氣。浮而無力為芤, 有力為洪,
　　　　又沉為實。沉者為裏為陰, 内受之病也, 有力主積, 無力主氣。

　　『難經』は『黄帝八十一難經』の略称で、後漢より以前に成書したとされる医書である。上述の引用を比較すると、『老朴集覽』は『南村輟耕録』から二次引

---

34)　『難經』云, 浮者爲表爲陽, 外得之病也, 有力主風, 無力主氣。沉者爲裏爲陰, 内受之病也, 有力主積, 無力主氣。
35)　宋淳熙中南康崔子虚隱君嘉彦, 以『難經』於六難專言浮沉, 九難專言遲數, 故用為宗, 以統七表八裏, 而總萬病其説。以為浮者為表為陽, 外得之病也, 有力主風, 無力主氣。浮而無力為芤, 有力為洪, 又沉為實。沉者為裏為陰, 内受之病也, 有力主積, 無力主氣。

用した可能性が高いことがわかる。また、「滿月」項の引用は『婦人大全良方』
卷十八「産後門」に同文があるものの、引用書名を『産書』としていたり、「疹
子」項では『直指方』なる書を引いているが、最も近い書名を持つ『仁齋直指方
論』には該当箇所がないなど、他の文献からの二次引用の可能性が高い。

2.11 法制書類

語彙	葉行	引用書名	該当する文献	備考
劄付	朴上4b7	求政錄	(未見)	
關字	朴上4b	求政錄	(未見)	
照會	朴下3a8	求政錄	(未見)	
申	朴下11b	求政錄	(未見)	
金字圓牌	朴中1b7	至正條格	(未檢出)	
弓兵	老上1b9	諸司職掌	『諸司職掌』「兵刑工都通大職掌・兵部・關津・設置巡檢司」	異同あり
緜羊	老下1b5	諸司職掌（『諸司職掌』云,婚禮北羊二牽、山羊二牽。)		『諸司職掌』「禮部職掌・儀部・親王婚禮儀式」に「北羊二牽」は見えるが「山羊二牽」は見えない
象生纏糖	朴上2a9	諸司職掌	『諸司職掌』「禮部職掌・儀部・親王婚禮儀式・納徵」	
十羊十酒	朴上12a1	諸司職掌	『諸司職掌』「禮部職掌・儀部・親王婚禮儀式」	
大使	朴中1a9	諸司職掌	『諸司職掌』「吏戶部職掌・司勛部・資格」	
保	單2b9	吏學指南	『吏學指南』卷六「良賤孳産・媒保」	
外路	老下2a10	吏學指南	『吏學指南』卷一「郡邑・路」	
盤問	老上2b4	吏學指南	『吏學指南』卷六「推鞫・盤問」	
勘合	朴上1b7	吏學指南	『吏學指南』卷二「膀據・勘合」	
發落	朴上10b4	吏學指南	『吏學指南』卷七「體量・發落」	
甘結	朴中2a3	吏學指南	『吏學指南』卷二「狀詞・甘結」	
解由	朴中8a10	吏學指南	『吏學指南』卷二「膀據・解由」	
打關節	朴中9a1	吏學指南	『吏學指南』卷四「贓私・關節」	
仵作	朴下9a6	吏學指南	『吏學指南』卷六「獄訟・仵作」	
狀子	朴下12a5	吏學指南	『吏學指南』卷二「狀詞・狀／告狀」	

弓手	朴下12a2	文獻通考36)		『文獻通考』に該当箇所見えず
典	單6b1	律條疏議	『律條疏議』卷六「戸律・婚姻・典雇妻女」	
雇	單6b3	律條疏議		

　法制書類では、『吏學指南』が10例、『諸司職掌』が5例、『求政録』が4例、『律條疏議』が2例などとなっている。『吏學指南』は早くから朝鮮に伝わっており、『老朴集覽』編纂時にも活躍したことが引用数からうかがえる。その他の引用書について見てみよう。

　『諸司職掌』は明の太祖が勅定した、六部およびその他の行政機関の職掌について定めた書で、洪武二六年(1393)に刊行された37)。

　『求政録』は朝鮮、李仁榮(1911-1950以降)の個人蔵書目録である『清芬室書目』によれば、明・張昇38)の撰。具体的内容は不明。朝鮮、『清芬室書目』に見えるのは中宗七年(1512)の乙亥字刊本であることから、それ以前に中国で刊行された版本が朝鮮に伝わったと考えられる。

　『律條疏議』は明・張楷(1398-1460)が編纂した法律の解釋書で、正統年間(1436-1449)に成立したとされる。明代初期にはよく利用されたが、16世紀以降は徐々に廃れたとされる39)。この『律條疏議』が『老朴集覽』の「單字解」にのみ引用され、「老乞大集覽」「朴通事集覽」に引用されなかったことは、「單字解」と「老乞大集覽」「朴通事集覽」の編者が異なることを示すのかもしれない。

---

36)『文獻通考』曰，弓手兵号，如弩手槍手之類。
37) テキストは以下のものを使用した。
　　楊一凡他点校『明代法律文獻』上(楊一凡・田濤總主編『中國珍稀法律典籍』續編第三冊、黒龍江人民出版社、2002)所収の排印本『諸司職掌』(明嘉靖刻本〔中国国家図書館蔵、十四巻〕を底本とし、萬暦七年刻本〔東洋文庫蔵、二十巻〕を主な校本とする)
38)『明史』巻百八十四に伝あり、成化五年(1469)進士。
39)　apabi(阿帕比)Reference DB(http://art.tze.cn/Refbook/default.aspx?cult=US)内の『律條疏議』提要による。なおテキストは以下のものを使用した。
　　明嘉靖二三年(1544)黄巌符驗重刊本(楊一凡編『中國律學文獻』第1輯第2～3冊所収、黒龍江人民出版社、2004)

2.12 訳学書類

語彙	葉行	引用書名	該当する文献	備考
閣落	朴中9a	直解小學	(佚書)	
朣胡羊	老下1b1	譯語指南	(佚書)	
殺■[羊+广+歷-厂]	老下1b3	譯語指南	(佚書)	
細褶	老下2a9	譯語指南	(佚書)	
麂	朴上8a9	譯語指南	(佚書)	
褡子	朴上13b5	譯語指南	(佚書)	
撒蹄	朴上14a10	譯語指南	(佚書)	
前失	朴上14a	譯語指南	(佚書)	

　　訳学書類では、『譯語指南』が7例、『直解小學』が1例となっている。いずれも佚書であり、引用について検討する手掛かりはない。

2.13 其他

語彙	葉行	引用書名	該当する文献	備考
寒食	朴上14b8	荊楚記40)		至順本『事林廣記』前集巻二「節序類・歲時雜記・三月」「寒食」41)
解夏	朴下2a9	荊楚歲時記42)		至順本『事林廣記』前集巻二「節序類・歲時雜記・四月」「結夏解夏」43)
打春	朴下9b8	東京夢華録44)	『東京夢華録』巻六「立春」45)	『古今事文類聚』前集巻六「天時部・春」「出土牛」46)
翫月會	朴上8a6	東京録47)		『事林廣記』前集巻二「節序類・歲時雜記・八月」「中秋月夕」48)
寒食	朴上14b8	東京録		『東京夢華録』に該当箇所無し
■[乍刂柳]49)	朴上14a1	歲時樂事記	(未見)	
拜節	朴上14b7	歲時樂事記	(未見)	
喜神	老下4b2	便民圖纂	『便民圖纂』巻六「雜占類・論喜神」	
操	朴中8a1	劉向別録50)	(佚書)	『古今韻會擧要』『洪武正韻』「操」51)

瑤池	朴上15a9	列仙傳52)		『『太平廣記』『太平広記』巻五六『女仙一·西王母』53)
六鶴舞琴	朴下3a10	善惡報應錄	（未見）	
弔蹶	朴下1b5	西遊記		元刊『西遊記』54)か？
燒金子道人	朴下4a1	西遊記		
孫行者	朴下4a3	西遊記		
金頭揭地銀頭揭地波羅僧揭地	朴下5a3	西遊記		
二郎爺爺	朴下10b5	西遊記		
西天取經去	朴下1a9	西遊記		
二郎爺爺	朴下10b5	宣和遺事	『大宋宣和遺事』元集	
好女不看燈	朴下11a2	宣和遺事	『大宋宣和遺事』亨集	
鑌鐵	朴上6a4	總龜		
鉢盂	朴上10a3	總龜		
■[乍刂]柳	朴上14a1	總龜		
黃燒餅	朴下7a2	總龜		
文引	老上2b3	漢志	（未見）	
喜鵲兒	老下1a2	語55)		語云＝常言道？

40)『荊楚記』云，去冬節一百五日，有疾風甚雨，謂之寒食，又謂之百五節。秦人呼爲熟食日，言其不動煙火，預辦熟食過節也。晉文公焚山求子推因燒死，遂禁火以報之。

41)『荊楚記』云，去冬至一百五日，即有疾風甚雨，謂之寒食節，又謂之百五節。秦人呼寒食為熟食日，言其不動煙火，預辦寒食過節也。齐人呼為冷煙節，又云禁煙節。『新序』云，晉文公返國，介子推無爵遂去而之綿上，文公求之不得，乃焚山求之子推燒死。因禁火以報之。

42)『荊楚歲時記』云，天下僧尼，於四月十五日就禪利掛搭不出門，謂之結夏，亦日結制。盖夏乃長養之節在外行，則恐傷草木虫類，故九十日安居不出，至七月十五日，應禪寺掛搭，僧尼皆散去，謂之解夏。

43) 四月十五日乃僧尼結夏之日。『荊楚歲時記』云，天下僧尼此日就禪利掛搭，謂之結夏，又謂之結制。盖夏乃長養之節在外行，則恐傷草木蟲類，故九十日安居禪苑。宗規云，祝融在候，炎帝司方，當法王禁足之辰，是釋子護生之日。至七月十五日應禪寺掛搭，僧尼尽皆散去，謂之解夏。

44) 東京夢華錄云，立春前五日，造士牛耕夫犁具。前一日，順天府進農牛，入禁中鞭春。府縣官吏士庶耆社，具鼓樂出東郊迎春。牛芒神至府前，各安方位，至日黎明，官吏具香花燈燭爲壇，以祭先農。至立春時，官吏行禮畢，各執綵杖環，擊士牛者三，以示勸農之意，爲牛者謂十二月建丑屬牛寒將極，故爲其像以送之且以升陽也。

45) 立春前一日，開封府進春牛，入禁中鞭春。開封祥符兩縣緝春牛於府前。至日絶早，府僚打春如方州儀。府前左右百姓賣小春牛，往往花裝欄坐上，列百戲人物春幡雪柳，各

「2.1」から「2.12」までに分類できなかったものをここにまとめた。ここでも『事林廣記』『古今事文類聚』『古今韻會擧要』などから二次引用したと思われるものが少なくない。4例の引用が見られる『總龜』は、『四聲通解』に見える『雜字總龜』[56]のことであろうか。

3. まとめ

『老朴集覽』で多く利用された文献は、二次引用も含めると『古今韻會』(または『古今韻會擧要』、以後『古今韻會 / 擧要』と表記)『古今事文類聚』、『翻譯名義集』、『事林廣記』、『南村輟耕録』、『吏學指南』などが挙げられる。その中でもとくに『古今韻會 / 擧要』、『古今事文類聚』、『翻譯名義集』、『事林廣

相獻遺春日宰執親王百官皆賜金銀幡勝入賀訖藏謔詩私第。

46) 立春前五日、並造土牛耕夫犂具於大門之外。是日黎明、有司為壇、以祭先農、官吏各具綵仗環、擊牛者三、所以示勸耕之意。夢華録。

47) 『東京録』云、中秋夜、貴家結飾臺榭、民間爭占酒樓翫月、絲簧鼎沸近內庭、居民夜深遙聞笙竿之聲、宛若雲外天樂、閭里兒童連宵嬉戲、夜市駢闐至於通曉。

48) 『夢華録』云、中秋夜、貴家結飾臺榭、民間爭占酒楼翫月、絲簧鼎沸近內庭、居民夜深遙聞笙竿之声、宛若雲外、閭里兒童連宵嬉戲、夜市駢闐至曉。

49) 「朴諺」は「■才巛工]柳」とする。

50) 『劉向別録』曰、其道阨塞悲愁、而作者其曲曰操、言遇災害不失其操也、仍名曲爲操。

51) 『古今韻會擧要』:『劉向別録』、其道阨塞悲愁、而作者名其曲曰操、言遇災害不失其操也。『洪武正韻』も同じ。

52) 『列仙傳』云、崑崙閬苑白玉樓、十二玄室九層、左瑤池右翠水、環以弱水九重、非飈車羽輪不可到也、註、瑤池王母所居。ただしこのエピソードは現存する『列仙伝』に見えない。

53) 崑崙之圃、閬風之苑、金城千重玉樓十二、瓊華之闕、光碧之堂、九層玄基、紫翠丹房、左帶瑶池、右環翠水、其山之下、弱水九重、洪濤萬丈、非飈車羽輪、不可到也。(後略)出集仙録

54) 太田辰夫『西遊記の研究』(研文出版、1984)、中野美代子『西遊記の秘密 タオと煉丹術のシンボリズム』(福武書店、1984;岩波現代新書、2003)、同『西遊記XYZ このへんな小説の迷路をあるく』(講談社選書メチエ、2009)、磯部彰「『西遊記』形成史の研究」(創文社、1993)、同『旅行く孫悟空 東アジアの西遊記』(塙書房、2011年)などを参照。

55) 『語』云、乾鵲噪而行人至、漢陸賈曰、喜鵲噪行人至、蛛蜘集百事喜。

56) 遠藤1994を参照。

記』、『南村輟耕録』は、二次引用元としても頻繁に利用されている。崔世珍
はこれらの文献を、辞書あるいは百科事典代わりにして、『老朴集覧』編纂を
行ったのだろう。

　いっぽう、「單字解」の引用文献については、以下のような問題が明らかに
なった。中村雅之氏は、『四聲通解』に引く『集韻』は『五音集韻』のことだとす
る(中村「近世韻書の萌芽」；遠藤1994)。しかし「單字解」には『集韻』『五音集
韻』の二書が引用されており、「單字解」における『集韻』が『五音集韻』ではな
いことは明らかである。

　もう一つの問題は、「單字解」にのみ引かれる文献、『律條疏議』についてで
ある。すでに述べたが、「老乞大集覧」「朴通事集覧」にこの『律條疏議』が引用
されなかった理由の一つとして、両「集覧」編纂時にはすでに中国でもあまり
利用されていなかったことが考えられる。

　さらに、冒頭で述べたように、「單字解」には現存する『老乞大』『朴通事』諸
版本に見えない語が収められている。

　これらのことから、「單字解」は崔世珍が編纂したものではないという可能
性が出てくる。『朴通事諺解』李聃命序において、『老朴集覧』および「單字解」
の編者を崔世珍とする記述57)と矛盾するが、一考に値する問題ではなかろう
か。

<h3 style="text-align:center">＜参考文献＞</h3>

山川英彦　「≪老朴集覧≫覚え書」(『名古屋大学文学部研究論集(文学)』LXX(文学24)、
　　　　　1977)
花登正宏　「四聲通解所引古今韻会考」(『東北大学文学部研究年報』40、1990)
中村雅之　「近世韻書の萌芽」(『東方』1994年5月号、東方書店)
遠藤光暁　『『四聲通解』の所拠資料と編纂過程」(青山学院大学『論集』第35号、1994)
森田憲司　「王朝交代と出版─和刻本事林広記から見たモンゴル支配下中国の出版」

---

57)『朴通事諺解』序：近有宣川譯學周仲者，於閭閻舊藏偶得一卷書曰『老朴輯覽』，其下又
　　有『單字鮮』，亦世弥所撰也。…

(『奈良史学』20号、56~78頁、2002)

梁伍鎮「『老朴集覽』과 標題語에 대하여」(『중국언어연구(中国言語研究)』第37巻、2011)

이순미「≪老乞大≫·≪朴通事≫를 위한 어휘사전 ≪音義≫에 대한 고찰」(『중국어문논총(中国語文論集)』53、2012)

酒井忠夫『中国日用類書史の研究』(国書刊行会、2011)

鄭光·梁伍鎮『老朴集覽譯注』(태학사、2011)

□ 성명 : 田村祐之
　주소 : 日本國兵庫縣姬路市上大野 7-2-1 姬路獨協大學播磨總合研究所
　전화 : +81-079-223-0941
　전자우편 : pak@d1.dion.ne.jp

□ 이 논문은 2013년 12월 3에 투고되어
　　　　2014년 1월 13일부터 2월 14일까지 심사하고
　　　　2014년 2월 28일 편집회의에서 게재 결정되었음.

한중연 소재 만한합벽(滿漢合璧) 영조(英祖) 고명(誥命) 자료의 만문(滿文)에 대하여

김양진

(한국, 경희대학교)

<要旨>

이 논문은 한국학중앙연구원(韓國學中央研究院) 소재(所在) 만한합벽(滿漢合璧) 영조(英祖) 고명(誥命) 자료의 만문(滿文)에 대하여 살펴본 것이다. 이 자료는 청대 조선 왕실의 책봉(冊封) 고명(誥命) 가운데 영조(英祖)와 관련된 청황제 발급 고명으로 장서각(藏書閣)에 소장된 것으로 그 역사적 의의와 중요성은 비교적 일찍 알려져 왔으나 이 자료의 한 축을 담당하는 만주어 자료에 대해서는 아직 국내에서 충분히 논의된 바가 없다. 본고에서 다루어진 자료는 영조에 대한 옹정제의 칙명(勅命)과 칙유서(勅喩書), 국왕책봉예물단자의 내용 가운데, 만주어 부분을 한문 고명 부분과의 대응을 중심으로 현대 한국어로 옮기고 이에 대한 주석을 통해 이들 자료를 활용할 수 있는 역사적, 언어학적 기초를 제공하였다.

Key Words : 고명(誥命), 만주어, 만한합벽(滿漢合璧), 칙명(勅命)과 칙유서(勅喩書), 국왕 책봉예물단자

1. 머리말

고명(誥命)은 명청 시기 중국 황제가 작위나 관직 등을 제수할 때 내리는 조령(詔令)을 담은 공식 문서를 가리키는 말이다. 조선 이래 우리나라는 명청의 번국(藩國)으로서 국왕, 왕세자, 왕세제, 왕세손 등의 책봉 때 이러한 고명을 통해서 왕권을 공식화해 왔는데, 이 가운데 국내에 현전하는 조선왕실 책봉 고명은 모두 청대에 제작된 것으로 장서각에 세 건이 확인된다. 장을연(2010)

에서는 조선 시대의 교명(敎命)[1]이 현전하는 실물 형태로 정립되게 된 배경과
실물의 확인이 불가능한 조선전기 교명 형태에 대한 논의를 위해[2] 청대에 발
급된 이들 세 건의 고명 자료의 실물을 전개도로 재구성하여 각부의 형태적
특징을 고찰함으로써 이 교명과 고명 두 가지 유형의 문서 형태를 비교하여
논의한 바 있다.

청대의 고명(誥命) 제도는 청대 법전『欽定大淸會典則例』16권 <工部> '織
造'條에서 그 근거를 찾아볼 수 있다.

'고명(誥命)'은 오색(五色) 및 삼색(三色) 명주를 사용하고, 문귀[文]는 '奉天誥命'
이라 한다. '칙명(勅命)'은 순백색 비단을 쓰고 문귀[文]는 '奉天勅命'이라 한다.(誥
命用五色及三色紵絲 文曰奉天誥命 勅命用純白綾 文曰奉天勅命)[3] <『欽定大淸會
典則例』卷16 '工部 織造 條>

청대의 고명(誥命)의 형식과 내용의 기본 틀은 전 시기인 명대의『명회전
(明會典)』과 거의 일치하나 명대의 고명이 한문(漢文)으로만 되어 있는 데 대
해서 청대의 고명은 만문(滿文)과 한문(漢文) 합벽(合璧)으로 기록되어 있다
는 점에 근본적인 차이가 있다. 그동안 조선 왕실에 대한 청대의 책봉 고명은
중국의 일반 관료 고명과의 대비나 조선 왕실에서 중국의 제도를 본따서 사용
하기 시작한 교명의 형태와 내용을 연구하는 데 참고 자료로 이용되어 왔으나
이들 자료의 주요한 특징인 만문(滿文) 부분에 대해서는 거의 논의된 바가 없

---

1) 교명(敎命)은 조선시대에 왕이 왕비·왕세자·왕세자빈·왕세제(王世弟)·왕세제빈·왕세손
   을 책봉할 때 내리는 훈유문서(訓諭文書)로서 책봉 받는 대상이 갖는 지위의 존귀함을
   강조하고, 책임을 다할 것을 훈계하고 깨우쳐주는 것으로 되어 있어서 조선시대의 왕정
   및 왕실의 성격을 살피는 데 중요한 자료이다. 서식(書式)은 교서(敎書)와 비슷하나,
   교명에는 '시명지보(施命之寶)'가 찍혀 있다는 점이 다르다.
2) 교명에 대해서는 손계영(1978)이 장서각 소장 교명 2건을 대상으로 그 장황의 형태를
   고찰한 바 있으며 김경미(2008)에서 현전하는 모든 고명, 즉 국립고궁박물관 소장 교명
   28건과 기타 기관 소장 4건을 대상으로 그 장황의 형태를 고려하여 소개한 바 있다.
   고명 혹은 교명과 관련한 서식의 용어는 원칙적으로 손계영(1978)의 명명을 따르도록
   한다.
3) 이 내용은 본래 명대의『明會典』卷201 「詔勅式樣」條에 언급된 "誥織用五色紵絲 其前
   織文曰奉天誥命 勅織用純白綾 其前織文曰奉天勅命 俱用乘降龍門 云云"의 내용을 계승
   한 것이다.

다. 본고는 이들 책봉 고명에 사용된 만문(滿文)4)의 내용을 고찰하여 이를 한문 고명 부분과 비교 검토함으로써 만문 고명 부분과 한문 고명 부분의 공통점과 차이점을 밝히고자 한다. 이러한 공통점과 차이점을 통해 이들 고명 자료의 특징을 좀더 분명하게 이해할 수 있고 조선 왕실에 대한 청대 황실의 입장을 좀더 구체적으로 확인할 수 있을 것으로 판단한다.

2. 자료 개관

현재 전하는 조선 왕실의 책봉(冊封) 고명(誥命)은 세 건으로 모두 영조(英祖)와 관련된 청황제 발급 고명으로 장서각(藏書閣)에 소장되어 있다.

<聖祖皇帝李昑封王世弟誥命>. 康熙 61年(1722) 4월 10일. 부속문서
: <王世弟冊封禮物單子>
<世宗皇帝李昑封王誥命>. 擁正 3年(1725) 1월 22일. 부속문서
: <諭朝鮮國王書>, <朝鮮國王冊封禮物單子>.
<世宗皇帝李緈封王世子誥命>. 擁正 3年(1725) 9월 23일. 부속문서
: <王世子冊封禮物單子>.

<聖祖皇帝李昑封王世弟誥命>은 청(淸)의 성조황제(즉 강희제) 때인 강희 61년 4월 10일에 이금(李昑, 즉 英祖)을 조선국 왕세제(王世弟)로 책봉한다는 내용을 담은 것으로 부속문서로 <王世弟冊封禮物單子>가 포함되어 있다. <世宗皇帝李昑封王誥命>은 청 세종황제(즉 옹정제) 때인 옹정 3년 1월 22일에 이금(즉 영조)을 조선국 왕으로 책봉한다는 내용을 담은 것인데 부속 문서로 세종황제가 이금(李昑, 즉 영조)에게 내리는 칙유서(勅諭書)와 <朝鮮國王冊封禮物單子>가 포함되어 있다. <世宗皇帝李緈封王世子誥命>은 청 세종황제(즉 옹정제) 때인 옹정 3년 9월 23일에 이행(李緈, 즉 思悼世子)을 왕세자에

---

4) 본고에서 '만문(滿文)'이란 이미 구어로서의 만주어가 폐어화한 현실에서 과거에 만주 문자로 기록된 문어로서의 만주어 문장을 통틀어 가리킨다.

책봉하는 내용을 담은 것으로 <王世子冊封禮物單子>가 부속문서로 포함되어
있다.

　각 고명의 내용과 형식이 유사하기 때문에 이 가운데 부속문서가 가장 많은
<世宗皇帝李昑封王誥命>의 고명문서와 부속문서를 중심으로 이 문서들에 실
려 있는 만문의 내용을 살펴보고 이를 기왕에 알려진 한문 고명 부분과 비교하
여 검토하고자 한다.5)

3. 청대 고명(誥命) 자료 <世宗皇帝李昑封王誥命>의 고찰

3.1 <世宗皇帝李昑封王誥命>(英祖 告命)의 형식과 내용

　粧黃의 形態: 비단에 먹으로 글씨를 쓴 두루마리형으로 우측에 직경 2cm
정도의 옥축이 있는데, 옥축이 고명의 바깥으로 드러나 있지는 않다. 좌측에는
0.5cm 정도의 납작한 나무를 안에 넣어 변아(邊兒)의 비단으로 감쌌다. 앞면은

---

5) 이들 고명 자료에 대한 최초의 보고는 한국학중앙연구원(1992)에서 최초로 이루어졌다.
여기에는 이들 자료에 대한 간략한 해제와 함께 <聖祖皇帝李昑封王世弟誥命>(강희61
년4월초10일), <世宗皇帝李緈封王世子誥命>(옹정 3년 9월 23일), <世宗皇帝李昑封王
誥命>(옹정 3년 정월 22일)과 <諭朝鮮國王書>(옹정 3년 정월 22일)이 흑백으로 복사되
어 제시되어 있다. 하지만 이 자료의 한문 원문이나 만주문에 대한 내용에 대해서는
고찰이 이루어지지 못했다. 따라서 본고는 이들 만문 및 한문 고명 자료에 대한 최초의
보고서라 할 수 있다.

얇은 명주를 교차시키는 방식으로 짠 비단을 썼고 후면은 종이로 배접(褙接)하되 좌측 끝의 일정한 부분을 비단으로 직조하여 織金 編金絲法(종이 위에 금을 붙여서 편평하게 만드는 방법)으로 蓮花輔相華文을 수놓았다.6) 비단은 왼쪽으로부터 황색(黃色)-백색(白色)-흑색(黑色)-남색(藍色)-홍색(紅色)의 오색실로 구분되어 있는데 이는 전형적인 오행의 배열 '土[黃]-金[白]-水[黑]-木[靑]-火[赤]'에 따른 것이다.7) 각 색깔의 비단은 서로 연속된 것은 아니고 분리되어 직조된 것을 합한 것이다. 고명의 앞면 비단에는 다양한 문양이 그려져 있는데 직조된 것은 아니고 여러 가지 색으로 채색된 것이다. 제1질과 제5질에는 각각 우측에 승룡(乘龍), 좌측에 강룡(降龍)으로 구성된 승강용문이 그려져 있는데 통색 몸통에 황색 선으로 비늘을 표현하고, 테두리도 황색 선으로 그렸다.

構成 : 고명(誥命) 앞면의 각부 구성은 고명문을 기록하는 제1~5질(質) 비단과 상하좌우의 邊兒로 구성되어 있다. 상하의 邊兒는 내외로 구분되고 좌우의 邊兒 역시 내외로 구분되는데 또 좌우의 외변아(外邊兒)는 외내와 외외로 구분된다. 상하좌우의 내변아(內邊兒)는 외변아와 분리되어 있고 좌우의 외내변아는 백색(白色), 좌우의 외외변아는 황색(黃色), 상하의 외변아는 강청색(鋼靑色)으로 되어 있다. 고명문은 제1질에 만문, 제5질에 한문으로 기록되어 있는데 서사의 방향은 만문은 왼쪽에서 오른쪽으로 한문은 오른쪽에서 왼쪽으로 기록되었다.8) 제2질의 시작 부분과 제5질의 끝에 각각 붉은 인주를 사용한

---

6) 이는 고명을 옥축 부분을 중심으로 두루마리 형식으로 말았을 때, 이 끝 부분이 전체 고명 두루마리의 표지 역할을 할 수 있도록 하기 위한 것이다.
7) 장을연(2010)에서는 영조 고명 비단의 배색을 오른쪽의 한문 부분을 중심으로 홍색-남색-흑색-백색-황색의 순서에 따라 각각 1질-5질까지로 명명하여 설명하였는데 이는 청대 만한(萬恨) 합벽(合璧)의 문서들이 만문을 중심으로 구성되었음을 무시한 순서 배열이다. 즉 이들 고명 자료들은 모두 왼쪽의 만문을 우선적으로 배치하고 이에 따라 한문 부분을 병치한 문서로 이해되어야 한다.
8) 장을연(2010)에서는 제1질에 한문이, 제5질에 만문이 작성된 것으로 보았으나 오행에 따른 색의 배열이나 청대의 만한 합벽문 혹은 만몽 합벽문의 일반적 구성으로 볼 때, 왼쪽의 만문이 있는 부분을 제1질, 오른쪽 한문이 있는 부분을 제5질로 보는 것이 타당하다. 따라서 본고에서는 황색-1질, 백색-2질, 흑색-3질, 남색-4질, 홍색-5질로 구분하여 필요에 따라 1질-5질까지의 부위명을 사용하도록 하겠다.

정방형의 황제어보가 안보되어 있다. 인문(印文)은 좌우 2단으로 구성되어 좌측은 만문(滿文), 우측은 한문(漢文)으로 인장(印章)되어 있고 만문 인문(印文)의 내용은 'hesei wasihun boobai[칙명으로 내려준 보배]'이고 한문 인문(印文)은 전형적인 소전(小篆) 형태로 '勅命之寶'라 새겨져 있다. 특히 만문 고명이 담겨 있는 제1질에 이어진 제2질의 시작 부분에 찍힌 인문 한가운데에 만문 고명 내용의 마지막에 해당하는 연월일에 대한 내용으로 'hūwaliyasun i ilaci aniya aniya biyai orin juwe de(옹의 3년 정월의 22에)'가 필사되어 있고 제5질의 끝부분에는 같은 형태의 인문(印文) 위에 '擁正三年正月二十二日'이라 기록되어 있다.

만문 고명은 승강용문 사이에 'abkai hesei g'oming'[天의 勅命의 告命]이라 쓰여 있고, 본문의 제1행은 대두법에 의해 제1단에서부터 'abkai hesei forgon be aliha'[天의 勅命의 運을 받든]를 쓰고 다시 제2행 제2단에서부터 'hūwangdi hese. amba doro de tulgiyen akū oci'[황제의 칙명. 광대한 도모함에 바깥이 없으며]이라는 내용으로 이어져 이후 제3행부터는 제4단부터 본격적인 고명의 내용을 담고 있다. 한문 고명은 '奉'[제1행 제4단]으로 시작하여 대두법에 의해 '天承運[제2행 제1단부터]과 '制曰鴻圖無外敷聲敎於海邦'[제3행 제2단부터]의 내용 이후에 '寵命維新溥懷柔於東土奕世'[제4행 제4단부터] 등의 내용이 이어져 있다.

한문 고명 내용 1 : 한문 고명 부분은 다음과 같은데 투식화된 표현 등에 의해 그 내용을 분절하여 이해하기가 쉽지 않다.

奉
天承運
　皇帝 制曰鴻圖無外敷聲敎於海邦 / 寵命維新溥懷柔於東土奕世
　　　 篤忠貞之美職貢勤修累朝嘉 / 恭順之誠彝章洊錫當續服之
　　　 伊始宜綸綍之重申爾朝鮮國 / 王世弟李昑器識淵深躬行純
　　　 茂夙擅岐嶷之譽克紹家聲式 / 道禮義之風丕承前烈念此刻
　　　 符之舊爰隆賜爵之文茲特封 / 爾爲朝鮮國王屛翰東藩處恭
　　　 正朔綏安爾宇永夾輔於皇家 / 精白乃心用對揚於天室欽哉

勿替朕命

雍正三年正月二十二日

만문 고명 내용 : 따라서 고명(誥命) 자료의 내용을 분명하게 판독하기 위
해서는 만문으로 된 부분의 내용을 정확하게 읽어낼 필요가 있다.

abkai hesei g'oming
天의 勅命의 告命
天子의 告命

abkai hesei forgon be aliha[9]
天의 勅命의 運 을 받든
하늘의 칙명의 기운을 받든

O hūwangdi hese. amba doro de tulgiyen akū oci
   皇帝   勅命. 큰   圖 에 바깥 않게 되며
   황제의 칙명. 원대한 계획은 끝이 없고
O   tacihiyan wen be goroki gurun de selgiyembi.
       가르치신 德化 를 遠方의 나라 에 傳하노라.
       (황제의) 敎化를 먼 나라에 傳諭하노라.
O   doshon hese be icemleme isibume ofi,
       寵愛   勅命 을 새로이하여 보내게 되어
       총애의 칙명을 새로이 하여 보내어,
O   hefeliyere bilure[10] be dergi bade badarambumbi
       품기   어루만지기 를 동쪽 지방에 넓힌다.
       품어 달래기[懷撫]를 동쪽 지방까지 펴노라.

---

9) 명대로부터 관습화된 告命 자료의 '奉 天乘運[하늘을 받들고 운을 따름]'이 청대의 만주
   어 고명 부분에서는 'abkai hesei forgon be aliha(천자의 칙명의 운을 받듬)'으로 반영되
   었다.
10) 한문 원문의 '懷撫'를 만주어본에서는 'hefeliyere bilure'으로 번역하였다. 이는 이 고명
   이 본래 투식화된 한문으로 작성되고 이후 이에 적당한 만주어로 번역되었음을 말해
   준다.

○   jalan halame tondo akdun i sain be akūmbume
　　　世　　바꾸어 忠　　信　의 美　를 다하여
　　　대(代)를 이어 충성과 신의의 아름다움을 다하여

○   tušan alban[11] be kiceme faššaha, jalan jalan
　　　職　　貢　을 부지런히하여 힘썼다 世　　世
　　　맡은 공물바치기를 부지런히 힘썼고, 대대로

○   gungnecuke ijishūn i unenggi be saišame
　　　　　恭　　　順　　의　　誠　을 칭찬하여
　　　공순(恭順)한 정성(精誠)을 칭찬하여

○   ferguwecuke hese be emdubei isibuha, te
　　　기특한　　　勅命 을 거푸　보냈다　지금
　　　기특하다는 칙명(勅命)을 거듭 보냈다. 지금

○   wang sirame fungnere be dahame, doshon hese be
　　　왕　이어 봉할　　을 따라　　寵　勅命 을
　　　왕을 이어 봉함에 따라 총애의 칙명을

○   dabtame isibure giyan[12], coohiyan gurun i
　　　거듭 말하여 보낼 도리, 조선　　국　의
　　　거듭 말하여 보내는 것이 도리이다. 조선의 국

○   wang ni sirare deo li kin, sini gūnin
　　　왕　　의 이을 弟 李 昑 너의 뜻
　　　왕을 이을 아우 이금(李昑), 너의 생각과

○   funiyagan šumin goro, beye yabun gulu
　　　　度量　　깊은 멀다 몸 行　純/素
　　　도량이 깊고도 넓으며, 몸소 행함이 순수하고

○   wesihun[13], sure ulhisu i maktacun be daci
　　　上/貴/東　聰　俊敏　의 讚揚之辭 를 본래부터
　　　숭고하며, 총명하고 준민하다는 찬사를 일찍부터

○   alifi, booi tacihiyan be sirame mutehe,
　　　받고 집의　訓　을 이어　능히 한
　　　받아서 王家의 가르침을 이어받을 수 있었다.

○   dorolon urgan i kooli[14] be dahame yabufi,

---

11) ※'tušan alban'은 '맡은 貢物' 즉 '職貢'이라는 한문 투식어의 만주어 번역이다.
12) ※한문 원문의 '宜'를 만주어본에서는 'giyan'으로 번역하였다.
13) ※한문 원문의 '純茂'를 'gulu wesihun[순수하고 아름다움]'으로 번역.

禮　　義　의 典 을 따라　　행하여
　예의의 전범(典範)을 따라 행하여

○　　nenehe gung be ambarame aliha[15], simbe fungneci
　　　앞선　　功 을　　크게 하여 받았다 너를　封하기에
　　　선대의 功을 크게 하여 받들었다. 너를 봉하기에

○　　acara niyalma seme gosime, tuttu wang
　　　마땅한 사람　　하고 아끼어, 그렇게 왕
　　　마땅한 인물로 아껴서, 그렇게 왕을

○　　sirara kooli be wesihuleme, te simbe cohome
　　　이을　典 을　尊重하여　　이제 너를 任命하여
　　　잇는 전범(典範)을 존중하고, 이제 너를 임명하여

○　　fungnefi coohiyan gurun i wang obuha, dergi
　　　封하고　朝鮮　　國　의 王　삼았다 東
　　　봉하고 조선국의 왕으로 삼았다. 동쪽

○　　bade fiyanji dalikū ofi, forgon ton[16] be
　　　땅에 保障[의지할 이] 되고 運　　數 를
　　　에 병한(屏翰)[17]이 되고, (황제의) 운수(運數)를

○　　olhošome ginggule, sini bade toktobume
　　　조심하여 공경하라, 너의 땅에 평정하여
　　　삼가 공경하라. 너의 지역을 평정하여

○　　elhe obufi, enteheme ejen i boode aisilame
　　　평안히 되게 하고 길이 주인의 집에　도와서
　　　평안하게 하고, 길이 황가(皇家)를 도와서

○　　wehiyen, sini mujilen be bolgo gulu obufi,
　　　도움[輔] 너의 마음　을 淸潔　純 되게하여

---

14)　※한문 원문의 '禮義之風'을 'dorolon urgan i kooli'으로 번역함.

15)　※한문 원문의 '丕承前烈'를 'nenehe gung be ambarame aliha'로 번역함. '丕承'은 '위대한 계승', '前烈'은 '선대/전대의 功業'의 뜻이다.

16)　forgon ton은 각각 운(運, forgon)과 수(數, ton)를 가리키는 말인데 여기서는 합성어 '운수(運數)'에 대한 번역어로 쓰인 것으로 보았다.

17)　병한(屏翰) : ①천자(天子)를 호위하는 울타리라는 뜻으로 제후(諸侯)의 나라를 일컬음. [유사어] 번리(藩籬). 번병(藩屏). ②감사(監司)나 수령(守令) 따위의 지방 장관을 비유한 말. ③수도(首都) 근방에 있는 고을로 유사시 군사적 요충지의 구실을 할 수 있는 고을을 뜻함. ④임금을 보필하여 국정을 담당하는 중신(重臣)을 비유함. ⑤변경 지방을 의미함.

보좌하며, 너의 마음을 맑고 순결하게 하여
O   abkai gurun be weileme akūmbu, ginggule,[18]
하늘의 나라 를 일하기를 극진히 하고 공경하라.
천자(天子)의 나라를 섬기기를 극진히 하고 공경하라.
O   mini hese be ume jurcere.
나의 勅命 을 말라 어긔지
나의 칙명을 어기지 말라.

O hūwaliyasun i ilaci aniya aniya biyai orin juwe de
雍[온화함] 의 3 년 정월의 20 2일 에
옹정 3년(1725년) 정월 22일에

한문 고명 내용 2 : 한문 고명 부분을 앞에서 읽은 만문 고명의 내용을 참고
하여 내용을 분절하여 보이면 다음과 같다.

O 奉 天承運 皇帝 制曰,
하늘의 기운을 받들어 황제가 制하여 말하노라,
O 鴻圖[19)無外, 敷聲教於海邦, /
원대한 계획에는 바깥이 없으니 말씀하신 教化를 海邦[20)에 알린다.
O 寵命[21)維新, 溥懷柔於東土.
총애의 칙명을 새로이하고, 東土에 懷柔가 미치게 하노라.
O 奕世, /篤忠貞之美, 職貢勤修[22),
대(代)를 이어 충성과 貞節의 아름다움을 돈독히 하고 공물 바치기에 삼가
부지런히 힘쓰니
O 累朝, 嘉/恭順之誠, 彝章[23)洊錫,

---

18) 이 부분은 한문 원문의 '用對揚於天室[天室의 뜻을 널리 백성들에게 알리라]'과 내용이
크게 다르다.
19) ※鴻圖 : 황제나 임금의 큰 도모함, 원대한 계획
20) ※海邦 : 바다 근처에 있는 나라. 예전에 중국에서 우리나라나 일본 등 바다에 인접한
나라를 '먼 나라'라는 뜻으로 이르던 말.
21) ※寵命 : 총애하여 내리는 칙명 또는 명령.
22) ※職貢勤修는 '職貢을 삼가 닦다'는 말로 上國에 供物 바치는 것을 해마다 빠지지 않도
록 잘 하는 것을 가리킨다.
23) ※彝章 : 책봉의 예의, 예절.

여러 조정에 걸쳐서 恭順한 精誠을 아름답게 여기어 책봉의 예를 거듭 내렸노라.

○ 當續服24)之/伊始, 宜綸綍25)之重申,

왕위를 잇는 처음을 당하여, 綸音을 거듭 알리는[밝히는] 것이 마땅하다.

○ 爾朝鮮國/王世弟李昤, 器識淵深,

너 조선국의 王世弟 李昤은, 기량과 식견이 깊고 깊으니,

○ 躬行純/茂, 夙擅岐嶷26)之譽,

몸소 행하는 것이 순수하고 아름다워, 일찍이 영리하고 지혜롭다는 칭찬을 받았으며,

○ 克紹家聲式, /遵禮義之風,

집안의 聲式[예의와 법도]을 능히 이었고, 禮義의 풍모를 좇았으며,

○ 丕承前烈27). 念此刻/符28)之舊,

先烈을 크게 계승하였다. 이 刻符의 오래된 일을 생각하고,

○ 爰隆賜爵之文, 玆特封, /爾爲朝鮮國王.

이에 賜爵의 글을 훌륭하게 하고, 이렇게 특별히 봉하여, 너를 朝鮮國의 王으로 삼노라.

○ 屛翰東藩29), 處恭/正朔30),

東藩의 屛翰으로 공손히 正朔에 處하고[공손히 황제의 政令을 따르고],

○ 綏安爾宇, 永夾輔於皇家,

너의 나라를 다스려 편안하게 하여 길이 皇家를 옆에서 도우며,

○ 精白31)乃心, 用對揚32)於天室.

마음을 티 없이 맑고 깨끗이 하여 天室의 뜻을 널리 백성들에게 알리라.

○ 欽哉/ 勿替朕命.

공경할지니라. 朕의 칙명을 저버리지 말라.

---

24) ※續服 : 왕위를 이음.
25) ※綸綍 : 綸音. 황제나 임금의 말이나 명령.
26) ※岐嶷 : 어릴 때부터 영리하고 지혜로움.
27) ※前烈 : 先烈, 先君. 선대의 功業
28) ※刻符 : 중국 고대 진나라의 팔서체 중의 하나. 符節 혹은 符信[=信符]에 쓰는 글씨체로의 하나로 주로 八分體로 썼다. 오랜 약속의 의미로 사용된다.
29) ※東藩 : 동쪽 邊防을 지킨다는 의미로, 우리나라를 이르는 말.
30) ※正朔 : '正月 朔日'을 가리키는 말로 '정월 초하루'를 말한다. 고대로부터 왕조가 바뀔 때마다 正朔을 달리 정하였기 때문에 흔히 '달력'이라는 의미로 사용되며, 나중에는 '황제의 政令'이라는 뜻으로도 쓰였다.
31) ※精白 : 티 없이 아주 깨끗한 흰 빛.
32) ※對揚 : 임금의 명령을 받들어 그 마음을 널리 백성에게 알리는 일.

○ 雍正三年正月二十二日
　옹정삼년정월이십이일

3.2. 조선국왕(朝鮮國王)에게 보낸 칙유서(勅諭書)의 형식과 내용

　옹정제가 옹정 3년 1월 22일에 보낸 <世宗皇帝李昑封王誥命>(英祖 告命)
에는 조선국왕(朝鮮國王)에게 보낸 칙유서(勅諭書)와 조선국왕 및 왕비에게
보내는 예물 단자가 포함되어 있다. 칙유서(勅諭書)는 고명(誥命)과 달리 전체
가 사주용문(四周龍紋)의 黃綾에 묵서(墨書)로 작성되었는데 역시 마찬가지로
왼쪽에는 만문, 오른쪽에는 한문으로 작성되었고 중간에 'hesei wasihun
boobai[칙명으로 내려준 보배]/勅命之寶' 짝의 인문(印文)이 두 개 찍혀 있고
왼쪽에는 만문으로 된 날짜[hūwaliyasun i ilaci aniya aniya biyai orin juwe
de(옹의 3년 정월의 이십이일에]가 오른쪽에는 한문으로된 날짜[雍正三年正
月二十二日]가 각각 한 가운데에 묵서되어 있다.

　만문 칙유서는 역시 대두법에 따라 첫 구절 'huwangdi hese' 부분이 왼쪽
제1행 제1단부터 시작하고 있고 제2행 이후의 나머지 본문은 모두 3단에 배열
되었다. 한문 칙유서 역시 첫 구절 '皇帝勅諭' 부분이 오른쪽 제1행 제1단부터
시작하고 나머지 본문은 제2행부터 모두 3단에 배열되었다.

　고명 자료와 마찬가지 방법으로 한문 칙유서의 내용을 만문의 내용에 준하

여 살펴보자.

한문 칙유서 내용1 : 한문 칙유서의 내용은 다음과 같다.

皇帝敕諭朝鮮國王世弟李昑覽奏爾兄 / 王昀薨逝朕心惻然據傳順王妃金
　　氏奏稱爾聰明孝友寬弘仁恕夙有 / 長人之德爲國人所願戴請冊承襲
　　朕俯順輿情特允所請玆遣官賫詔 / 誕告爾國封爾爲朝鮮國王繼理國
　　政封爾妻徐氏爲國王妃佐理內治 / 幷賜爾及妃誥命彩幣等物爾宜永
　　矢靖共懋續承於候服廸宣忠順作 / 屛翰於天家爾其欽哉毋替朕命故
　　諭

雍正三年正月二十二日

만문 칙유서 내용 : 만문 칙유서 내용은 다음과 같다.

huwangdi hese, coohiyan gurun i wang ni sirara deo li gin de wesimbuha[33]), sini
　　皇帝　勅命,　朝鮮　　國 의 王 의 이을 弟李 昑 에게 勅諭함,　너의
　　황제의 칙명. 조선국의 왕을 이을 아우 이금(李昑)에게 칙유함. 너의

---

33) 만주어 'wesimbuha'는 'wesimbu-mbi'의 완료형인데, 본래 'wesine-mbi[올라가다/升上
去]'의 어간 'wesin(e)-'에 접미사 '-bu-'가 결합하여 만들어진 파생어이다. 'wesin-
bu-mbi'는 자음동화 규칙에 의해 'wesimbu-mbi'가 된 것인데, 이때 만주어 접미사
'-bu-'는 사동과 피동의 기능을 겸하는 접미사여서 이 단어는 때로는 사동사로 때로는
피동사로 사용된다. 'wesimbu-mbi'의 사전적 의미는 [上奏하다](혹은 [告하다])인데 이
는 접미사 '-bu-'가 사동접미사의 기능을 하여 '(무엇을) 위로 올리다'의 의미로 사용된
용법에 따른 것이다. 하지만 여기서 'wesimbuha'는 문맥상 피동의 의미를 지니고 있는
것으로 한문에서의 [諭]에 해당하는 의미로 사용된 것이다. 이 다음 구절에 다시
'wesimbure'가 나오는데 한문 "朝鮮國王世弟李昑覽奏爾兄/王昀薨逝'의 '奏'에 해당하
는 것은 바로 이것이다. 따라서 'wesimbuha'는 [올려주다, 上奏하다]는 뜻의 사동사로
볼 수 없으며 여기서는 피동적 의미에서 기인한 파생의미로 [내려주다, 勅諭하다]의 의
미로 사용된 것으로 보아야 한다. 이 칙유서의 마지막 단어에서도 역시 '諭'는 만주어
'wesimbuha'에 대응되어 있다. 'wesimbuha'의 이러한 용법은 일반적인 만주어 사전에
서는 확인할 수 없다.

ahūn li yūn i bederehe[34] seme wesimbure be tuwafi, mini dolo ambula
　형 李昀 의 물러간 　　　하여 　上奏할 　　을 보고, 나의 마음 크게
형(兄) 이윤(李昀)이 돌아갔다고 상주(上奏)한 것을 보고, 내가 마음에 크게

šar seme gūnimbi, olhoba ijishūn wang ni fei gin ši, simbe sure
惻隱하다 여기다 　　삼가 순종하는 왕 의 비 金 氏, 너를 聰
측은히 여긴다. 삼가고 순종한 왕비 김씨가, 너를 '聰

ulhisu, hiyoošun deocin, onco ambalinggū gosin giljangga, daci niyalma de
　明 　孝 　友 　寬 　弘 　仁 　恕 처음부터 사람 에
明 孝友 寬弘 仁恕'으로, 일찍이 사람에 대해

da oci ojoro erdemu bisire jakade, gurun i niyalma gemu alimbaharakū
　長 되게 할 　德 　있을 까닭에, 　國 의 사람 　모두 不勝
장(長)이 될 만한 덕(德)이 있으매, 나라 사람들이 모두 이기지 못하고

---

34) <어제청문감>에는 'bederembi'에 대해서 세 가지 뜻이 제시되어 있다. 그 첫째는 한자
　　로 '退'를 쓰고 "wang beile. ambasa hafasa dorolon yongkiyaha manggi. juwe ergide
　　hūwalame ilinara be. bederembi sembi.(왕후(王侯)와 대신(大臣)들이 예를 갖출 때에,
　　양쪽으로 갈라져서 서는 것을 'bederembi'라고 한다"라고 풀이한 것이고 다른 하나는
　　"yaya hargašaha urse meimeni da bade amasi genere be. bederembi sembi.(모든 상조
　　(上朝)한 나라 각각이 자기 땅에 되돌아 가는 것을 'bederembi'라고 한다."이며, 끝으로
　　한자로 '歸'를 쓰고 "amasi jidere be. bederembi sembi.(뒤로 가는 것을 'bederembi'라고
　　한다.)"로 풀이한 것이다. 문제는 이 고명(告命)의 문맥에서 'bederehe'는 분명 '薨逝'에
　　대응하는 단어로 우리말로는 '돌아가다[死]'에 해당하는 단어인데 <어제청문감>에는
　　'薨逝'에 대응하는 뜻의 'bederembi'가 없다. 이는 <어제증정청문감> 역시 마찬가지여
　　서 같은 단어에 대해서 "wang. beile. ambasa hafasa dorolome wajiha manggi. juwe
　　ergide hūwalame ilinara be. bederembi sembi.(왕, 제후, 대신들이 예를 갖추어 마칠
　　때에 양쪽으로 갈라져서 서는 것을 'bederembi'라고 한다."로 풀이한다든지 하여 뜻풀이
　　상에 부분적인 차이를 보이기는 하나 '죽다, 돌아가다'의 뜻으로 사용된 바가 없다. 이러
　　한 사정은 다른 만주어 사전들에서도 동일하다. 하지만 이 영조 고명 자료에서
　　'bederembi'는 분명 '薨逝'에 대응하는 것으로 '사람이 죽은 것'을 높이거나 우언적으로
　　표현한 단어로 우리말의 '돌아가다'와 의미상 대응 관계를 보이고 있다. 우리말 문헌
　　자료에서 '돌아가다/도라가다' 합성어는 <용비어천가>에서부터 나타나나, '돌아가다/
　　도라가다'가 '죽다'의 우언적 용법으로 사용되는 것은 17세기 <낙선재본 소설류> 이후
　　에 주로 나타난다. 즉 '죽다'의 뜻으로 쓰이는 한국어 '돌아가다/도라가다'의 용법은 그
　　시기나 만주어 'bederembi'의 용법과 무관해 보이지 않는다. 이에 대해서는 추후 상론할
　　필요가 있다.

hukšembi[35] seme ce bithe bume sirabure be baime wesimbuhe be dahame, bi
　감격한다 하여 冊 글 주어 잇게할 을 찾아 上奏함 　을 따라 내가
감격한다 하여 책봉(冊封)의 글을 주어 승계하기를 바란다고 상주(上奏)함
에 따라 내가

geren i gūnin de acabume, cohome baime wesimbuhe be yabufi, te hafan
　모든 의 생각 에 맞추어 　특별히 찾아 上奏한 을 행하고 　지금 官吏
모든이의 생각에 맞추어, 특별히 바란다고 상주(上奏)한 대로 행하고, 이제
관리를

tucibufi joo bithe be jafabufi suweni gurun de wesimbufi, simbe coohiyan
내보내 詔 글 을 잡게하고 너희의 나라 에 상주(上奏)하게 하고 너를 조선
내보내 조서(詔書)를 들게 하여 너희 나라에 상주하게 하고, 너를 조선

gurun i wang fungnefi gurun i baita be sirame icihiyabuha, sini sargan
국 의 왕에 봉하고 나라 의 일 을 이어서 처리하게한, 너의 아내
의 왕에 봉하여 나라의 일을 이어서 처리하게 하고, 너의 아내

sioi ši be gurun i wang ni fei fungnefi, dorgi baita de aisilame
徐 씨를 나라 의 왕 의 비로 봉하고 　안의 일 에 도와주어
서(徐) 씨를 왕비로 봉하여, 내정(內庭)을 도와서

icihiyabuha, geli sini beye, fei de ǧoming bume, boconggo suje i jergi jaka
처리하게 한, 또 너의 몸(自身), 妃 에 告命 주어 빛나는 　비단의 등 것
처리하게 한다. 또 너 자신과 비에게 고명(告命)을 주고, 채색 비단[彩幣]
등의 물건을

šangnaha, si ginggun unenggi be enteheme akūmbume, jecen i golo be saikan
하사하였다 너 공경 진심 을 길이 　충심하여 地境 의 省 을 잘

---

35) 'hukšembi'는 <어제청문감>에 따르면 세 가지 뜻이 있다. 첫째는 '북돋는다[培苗]'는
뜻이고 둘째는 '머리에 쓰다[頂着]'는 뜻이며 셋째는 '감격하다[感激]'의 뜻이다. 이 중
세 번째 뜻에 대해서 <어제청문감>에서는 "ujen(서울대본: ucen) jiramin kesi be alifi
hing seme gūnire be. hukšembi sembi.(무겁고 두터운 은덕을 받아(받들어) 성심으로
생각하는 것을 hukšembi라 한다.)"고 풀이하였다. 여기서는 세 번째 뜻으로 보았다.

하사한다. 너는 공경하고 진심으로 길이 충성을 다하여 변방의 성(省)을 잘

sirame tuwakiya, tondo ijishūn be ele kicemu, gurun boode fiyanji dalikū
    이어서 지키라,   忠   順   을 이제 힘써   國   家에 保障[의지할 이]
이어서 지켜라. 충성과 순종을 이제 힘써서 나라에 병한(屛翰)이

oso, si ginggule, mini hese be ume jurcere, tuttu ofi hese
되도록 너 공경으로, 나의 글을 말라 어그지, 그렇게 하도록 勅書
되도록, 너는 공경하는 마음으로 나의 칙명을 어기지 말라. 그렇게 하도록
칙명을

wesimbuha.
諭[내린다]
내린다.

hūwaliyasun i ilaci aniya aniya biyai orin juwe de
옹   의 3 년   정   월의 20 2(일)에
옹정 3년(1725년) 정월 22일에

한문 칙유서 내용2 : 만문 칙유서의 내용에 따라 한문 칙유서의 내용은
분절하여 보이면 다음과 같다.

○ 皇帝勅諭朝鮮國王世弟李昑
  황제가 朝鮮國 王世弟 이금(李昑)에게서 勅諭하노라.
○ 覽奏爾兄/王昀薨逝, 朕心惻然
  네 형 이윤(李昀)이 薨逝했다고 상주한 것을 보니, 짐의 마음이 측은하다.
○ 據僖順王妃金/氏奏, 稱爾聰明孝友寬弘仁恕,
  僖順王妃 金氏가 上奏에 따르면, 너를 '聰明・孝友・寬弘・仁恕'로 칭하고,
○ 夙有/長人36)之德, 爲國人所願載, 請冊承襲37)./
  일찍이 君長이 될 만한 德이 있어 國人이 추대하기를 원한 바 되어 承襲의
  冊文을 청하니,

---

36) ※長人 : 君長이 될 만한 사람. 혹은 統治者를 가리키는 말이다.
37) ※承襲 : 아버지의 封爵을 이어받음. 여기서는 형의 封爵을 이어받음을 가리킨다.

○ 朕俯順輿情38), 特允所請,
짐이 굽어 여론을 따라 특별히 청한 바를 윤허하고,

○ 玆遣官賚詔39), 誕告爾國,
이에 관리를 보내 詔書를 가져가게 하여 너희 나라에 널리 고하게 하며,

○ 封爾爲朝鮮國王, 繼理國政,
너를 봉하여 朝鮮國 왕으로 삼아 國政을 이어서 처리하게 하고,

○ 封/爾妻徐氏, 爲國王妃, 佐理內治.
너의 妻 徐氏를 봉하여 국왕비로 삼아 內治를 도와 처리하게 하노라.

○ 幷賜爾及妃誥命彩幣等物,
아울러 너와 비에게 誥命과 彩幣 등의 물건을 하사하니,

○ 爾宜永/矢40)靖共懋, 續承於候服41),
너는 마땅히 길이 변함없이 함께 힘쓰고 다스리며, 제후의 땅을 계승하여

○ 廸宣忠順, 作/屛翰於天家. 爾其欽哉.
忠順을 이끌고 베풀어 天家에 屛翰으로 일할지어다. 너는 그저 공경하라.

○ 毋替朕命. 故/諭
짐의 칙명을 저버리지 말라. 까닭에 勅諭하노라.

○ 雍正三年正月二十二日
雍正 3년 정월 22일

3.3. <朝鮮國王冊封禮物單子>의 형식과 내용

<世宗皇帝李昑封王誥命>의 부속 문서로 <朝鮮國王冊封禮物單子>가 있다. <朝鮮國王冊封禮物單子>는 앞의 칙유서와 마찬가지로 사주용문(四周龍紋)의 황색지에 묵서(墨書)로 작성되었다. 그 내용은 조선의 왕에게 보내는 예물단자와 조선의 왕비에게 보내는 예물단자의 두 부분으로 되어 있는데, 다른 문서들과 마찬가지로 왼쪽에는 만문으로 오른쪽에는 한문으로 작성되어 있다. 특히 이 목록에 있는 만주어 어휘들에서는 다수의 한화된 어휘들을 확인할 수 있다. 강희 연간만 하더라도 아직 만주어의 고유성을 지키려던 청 황실

---

38) ※輿情 : 一般의 輿論.
39) ※賚詔 : 詔書를 가져가게 함.
40) ※永矢 : 영원히 쏜 화살처럼 변하지 않음.
41) ※候服 : 제후의 관할지역.

의 의지는42) 이미 옹정 연간이 되면 심각하게 회석되어 만주어 어휘 중에 상당수가 한어화하게 되는데, 이 예물단자에 나온 만주어들에서도 그러한 양상을 찾아볼 수 있다.

만문 예물단자는 제1행의 첫 번째 구절 'coohiyan gurun i wang de'을 3단으로 내려 쓰고 제2행에서 황제의 행위에 해당하는 'šangnara[下賜할]'을 1단으로 올려서 대두(擡頭)하고 3행 이후는 모두 제3단에서 기록하고 있으며, 한문 예물단자에서는 황제의 행위에 해당하는 '賜'를 높이기 위해서 첫 번째 구절 '賜朝鮮國王禮物'을 제1행 제1단으로부터 시작하고 나머지는 모두 제3단에서 작성하고 있다. 만문-한문 합벽의 인문(印文)은 앞의 두 문서에서와 마찬가지로 만문 부분에 한 번, 한문 부분에 한 번씩 각 두 번 찍고 한 가운데에 각각 만문과 한문으로 날짜를 묵서하였다.

한문 예물단자의 내용 : 한문 예물단자의 예물 목록은 다음과 같다.

賜朝鮮國王禮物

    黑色狐皮㪺一件   三等黑貂皮一百張

    全備玲瓏鞍轡馬一匹   大莽緞貳疋

    小莽緞壹疋   粧緞壹疋

    錦緞壹疋   大緞壹疋

    肆團補緞貳疋   石靑緞壹疋

賜朝鮮國王妃禮物

    大莽緞貳疋   粧緞貳疋

    錦緞壹疋   倭緞貳疋

    閃緞貳疋   帽緞貳疋

    衣素緞貳疋   大緞貳疋

    彭緞參疋   石靑緞貳疋

    紡絲紬肆疋   紗肆疋

만문 예물단자의 내용 : 만문 예물단자의 예물 목록은 다음과 같다.

coohiyan gurun i wang de
조선　　　 국 의 왕 에게

šangnara boro dobihi dakū emke   ilaci jergi sahalca[43] seke[44] emu

---

43) sahalca : 흑초피(黑貂皮). <어제증정청문감>에는 "buljin yacin seke be. sahalca sembi.(純 야청 담비가죽을 sahalca라 한다."로 풀이되어 있다. 따라서 그 뜻은 '雅靑(鴉靑, 鴨靑으로도 쓴다)빛 담비가죽' 혹은 '紺靑빛 담비가죽'이다. '아청, 야청, 압청, 감청' 등은 모두 '푸른색을 띤 검은색'을 가리키는 말이다. ※만주어로 '담비'를 'seke'라고 하고 한자로는 '貂鼠'로 쓴다. 만주어 'seke'는 또 '貂皮'를 가리키는 용법으로도 사용되고 있는데, <동문유해>에서는 만주어 'seke'에 대한 우리말에 '돈피'를 대응해 놓고 우리말 '담뷔[담비]'에는 만주어 '할새[harsa]'와 한자어 '臊鼠'를 각각 대응시켜 놓았다. <어제 청문감>에서는 '臊鼠皮'를 만주어 'solohi'의 한자 대응어로 보이고 "kurene de adalikan. boco suwayan. erebe icefi mahala arambi.(kurene(족제비 닮은 짐승)과 비슷하다. 색은 누렇다. 이것을 물드려서 mahala[마래기]를 만든다."고 풀이해 놓았고 'harsa'에 대해서는 한자어는 '蜜鼠'으로 뜻풀이는 "seke de adali bime golmin. wa ehe. uncehen yacin bime luku uncehen i hibsu be ulgame gaifi jembi.(seke와 같이 길다. 냄새가 나쁘다. 꼬리는 아청색이고 북실거리는 꼬리에 꿀을 찍어서 가지고 간다.)"와 같이 대응시켜 놓았다. 'harsa'의 뜻풀이로 보면 'sahalca'의 뜻풀이와 연관성이 있어 보인다. 만주어의 'sahaliyan[黑/壬]', 'sahahūn[淡黑/癸]' 등의 의미를 고려할 때 'sahalca'는 'saha-[黑]+harsa[蜜鼠]'의 구성에서 만들어진 단어는 아닌지 의심스럽다.

tanggu
下賜할　暗靑 狐皮　가죽옷 하나　　　　3째 等 黑貂皮 獤皮 1
百

foloho enggemu tohohoi morin emke　　　gecuheri juwe
아로새긴 鞍裝 길마지운 말　하나　　　蟒龍段(蟒緞) 둘

undurakū[45] emke　　　　　　　　　　juwangduwan[46] emke
龍緞　　하나　　　　　　　　　　　　粧緞　　하나

giltasikū emke　　　　　　　　　　　amba suje juwe
錦緞　　하나　　　　　　　　　　　　큰 緞子 둘

duin puse noho suje[47] juwe　　　　　genggiyen[48] emke

---

44) seke : 초피(貂皮)=돈피(獤皮). <어제증정청문감>에는 "solohi de adalikan. funiyehe icangga bime gincihiyan. furdehe i dorgi umesi wesihun ningge. ere jergi jaka banin be gemu gurgu i bade arahabi.(족제비 가죽과 같다. 털이 좋고 윤이 난다. 가죽 안이 매우 품질이 높은 것이다. 이러한 종류의 물건의 모양을 모든 짐승의 것으로 만들었다." 으로 풀이되어 있고, 동물로서의 'seke[담비, 貂]'에 대해서는 "solohi de adalikan. boco yacin suwayan adali akū. baltaha bi. funiyehe icangga bime gincihiyan.(족제비와 같고, 빛이 야청인 것과 노란것이 다르다. baltaha가 있고 털이 좋고 윤이 난다.)"으로 풀이해 놓았다. baltaha란 '담비의 아래턱에 있는 털'을 가리키는 말로 담비 종류에 따라 노란색 털이 나는 것과 흰색 털이 나는 것 등이 있다. 'solohi(노랑족제비)'와 관련하여서는 아래 <참고자료 1>을 참조할 것.

45) undurakū : 용단(龍緞). <어제증정청문감>에는 "ishun ilhū muduri noho ten akū gecuheri be. undurakū sembi.(맞은편 둘레 용이 蟒欄이 없는 蟒緞을 undurakū라고 한다."로 풀이되어 있다.

46) juwangduwan은 한자어 粧緞을 음차한 것이고 이 단어의 만주어는 'dardan'인데 이 단어의 뜻은 <어제증정청문감>에 "sese dosimbume jodoho ilhangga suje be. dardan sembi.(金絲 入絲하여 짠 무늬 있는 비단을 'dardan'이라고 한다."로 되어 있다. 'dardan'에 대해서는 <어제청문감>이나 <어제증정청문감> 모두 특별한 설명을 하지 않고 있는데 다른 만주어 사전들에서는 이를 모두 粧緞으로 풀이하고 있어서 동어반복적인 양상을 보인다. 'dardan'이 혹시 "금실을 입사한 비단"을 가리키던 몽골어가 아닌지 의심스럽다.

47) puse noho suje : 補緞 비단 위에 일정한 문양을 덧대 놓은 비단을 가리킨다. <어제청문 감>에서는 puse noho suje에 대해서 "sese be muheliyen muduri arame jodoho suje.(金絲를/金絲로 둥그렇게 용을 만들어 짠 비단"으로 풀이해 놓았고 <어제증정청문감>에

　　　4　補　　　　緞　　둘　　　　　石淸緞　　하나

wang ni fei de
왕　의 비 에게

šangnara amba gacuhari juwe　　　　　juwangduwan juwe
下賜할　　큰　　蟒龍段(蟒緞) 둘　　　　　粧緞　　둘

　　giltasikū juwe　　　　　　　　　cekemu[49] juwe
　　錦緞　둘　　　　　　　　　　　倭緞　둘

　　alha[50] juwe　　　　　　　　　　kamkū[51] juwe

서는 이 단어가 sabirgi noho suje[흉배 全體 비단]과 같은 뜻을 지닌 단어로 "sese be muduri noho mulfiyen arame jodoho suje.(金絲를/金絲로 龍 全體 環을 만들어 짠 비단.)"이라고 풀이되어 있다. 둘다 같은 뜻이기는 하나 후자가 좀더 격식화된 표현인 것으로 생각된다. 'noho'는 '全體', 'mulfiyen'은 '천 가운데에 둥그렇게 만들어 붙이는 천'이라는 뜻으로 쓰는 말이다.

48) genggiyen: 石淸素緞 石淸緞. 감청빛의 무늬 없는 천. <어제청문감>에서는 "suje i gebu.. tumin lamun ilha akūngge be. genggiyen sembi..(비단의 이름이다. 짙은 남색 무늬 없는 것을 genggiyen이라고 한다.)"고 풀이해 놓았고 <어제증정청문감>에서는 'genggiyen3'의 뜻풀이를 "suje i gebu wehe lamun ilha akūngge.(비단의 이름이 돌 藍 무늬 없는 것이다.)"라고 해 놓았다. 후자의 'wehe lamun'은 '石淸'을 직접 번역한 것으로 보인다. 전체적인 의미는 "'짙은 남색' 혹은 '석청빛'의 무늬 없는 비단"을 가리키는 것으로 볼 수 있으며 그런 점에서 '감청빛(짙고 산뜻한 남색)의 무늬 없는 비단'이라는 뜻도 나쁘지 않다.

49) cekemu: 倭緞 <어제청문감>에서는 "tuku ergide subeliyen be funiyehe gese fisin teksin tucibume jodohongge be. cekemu sembi.(옷겉쪽에 융사(絨絲)를 털 따위로 가늘고 가지런하게 드러내어 짠 것을 倭緞이라고 한다)"라고 정의하고 "geli ilha arame jodohongge be. hoto cekemu sembi.. geli funiyehe den cekemu bi.. an i cekemu ci funiyehe majige golmin..(또 꽃을 만들어 짠 것을 花倭緞이라고 한다. 또 털이 높은 倭緞도 있는데 보통의 왜단보다 털이 조금 길다." 등의 보충 설명과 용법을 추가하였는데 <어제증정청문감>에서는 "tuku ergi de subeliyen be fisin teksin celmen tucibume jodohongge be. cekemu sembi."라고만 풀이하여 두었다. <참고자료 2>

50) 만주어로 'alha'는 '얼룩' 또는 '무늬'라는 뜻이다. '閃緞'은 [섬단] 혹은 [선단]으로 읽히며 '線緞'과 통용하여 쓰이기도 한다. <어제청문감>과 <어제증정청문감> 모두 "ilha na be juwe bocoi subeliyen i faksalame jodohongge be. alha sembi.(무늬 곳을 두 색의 熟絲로 갈라내어 짠 것을 'alha'라 한다.)"로 풀이하였다. 즉 'alha[閃緞/線緞]'은 "무늬가 있는 곳을 두 가지 색의 熟絲로 구별하여 짠 비단."을 가리키는 말이다.

閃緞 둘

帽緞 　둘

isu[52] juwe
衣素緞 둘

amba suje ilan
큰　비단 셋

pangduwan[53] ilan
彭緞　　 셋

genggiyen juwe
石淸緞　 둘

fangse[54] duin
紡絲비단 넷

še[55] duin
紗 넷

hūwaliyasun[56] tob[57] i ilaci aniya aniya biyai orin juwe de
雍[온화하고] 正[바른]의 3 　년 　정월의 　20 　2일 에

---

51) kamkū: 帽緞 감투[kamtu]의 겉을 싸는 비단.
52) <어제증정청문감>에서는 'isu'의 한자 대당어를 '衣素'가 아니라 '靑素緞'으로 해놓고 그 뜻풀이는 "ilha akū yacin suje be. isu sembi.(무늬 없는 종류의 비단을 isu라 한다." 로 하였다. <어제청문감>의 뜻풀이도 같다. 중세 국어의 '몐비단<번박 상:47>'에 해당한다.
53) <어제증정청문감>에서는 '彭緞'의 만주어를 'kofon suje'로 대응해 놓고 "nilgiyan suje ci majige kofori bime. ilha be meyen meyen i hetu faidame jodohongge be. kofon suje sembi.(윤이 나는 비단에서 조금 부풀어 올라 있어서 무늬를 한 땀 한 땀 옆으로 벌려서 짠 것을 'kofon 비단'이라고 한다.)"라고 풀이하였다. 'kofon'은 <청노>에 'kofun'으로 나오기도 하는데 그 뜻은 '거품진' 혹은 '부푼'의 뜻으로 이해해 볼 수 있다.
54) <어제청문감>에서 fangse는 "suje i gebu.. etuku i doko. gahari dorgi etuku de baitalambi.(비단의 이름. 옷의 안, 적삼 안쪽 옷에 쓴다."으로 풀이되어 있는데 <어제증정청문감>에서는 이 단어를 'sirgeri'와 유의어인 것으로 보고 "urebuhe sirge i jodohongge be sirgeri sembi.. etuku i doko gahari. dorgi etuku de baitalambi.(익힌 실로 짠 것을 sirgeri라고 한다. 옷의 안 적삼 안쪽 옷에 쓴다."로 풀이되어 있다. 전체적인 내용으로 볼 때, "熟絲로 짠 속옷용(혹은 적삼용) 천"을 가리키는 말로 볼 수 있다.
55) še는 '紗'의 음차이다. 이 단어의 만주어 대응어는 'cece'이며 'cece'에 대한 <어제청문감>, <어제증정청문감>의 뜻풀이는 "na be seriken ilha be yangsangga obume jodohongge be. cece sembi.(바탕을 성근 무늬를 새겨넣게 하여 짠 것을 cece라고 한다)"이다.
56) 화(和), 옹(雍).
57) 정(正).

4. 결론

이상에서 한국학중앙연구원(韓國學中央硏究院) 소재(所在) 만한합벽(滿漢合璧) 영조(英祖) 고명(誥命) 자료의 만문(滿文)에 대하여 살펴보았다. 이들 자료는 청대 조선 왕실의 책봉(冊封) 고명(誥命) 가운데 영조(英祖)와 관련된 청황제 발급 고명으로 장서각(藏書閣)에 소장된 것으로 그 역사적 의의와 중요성은 비교적 일찍 알려져 왔으나 이 자료의 한 축을 담당하는 만주어 자료에 대해서는 아직 국내에서 충분히 논의된 바가 없다. 본고는 한문 고명 부분과의 대역과 관련하여 만주어 부분을 현대 한국어로 옮기고 이에 대한 주석을 통해 이들 자료를 활용할 수 있는 기초를 제공하고자 한 것이다. 향후 이들 자료 이외의 만주어본 번역과 주석을 통해 이들 자료의 역사적 가치가 분명히 드러날 것으로 생각된다.

<參考文献>

김양진. 2010. "'십간(十干)'의 어휘 의미에 대하여", 문헌과 해석 52. 문헌과해석사. pp.135-157.
심재석. 2002. 고려국왕 책봉 연구. 혜안.
한국정신문화연구원. 1992. 고문서집성 十 -장서각편 I-. 한국정신문화연구원.
한국학중앙연구원 장서각. 2009. 장서각명품선. 한국학중앙연구원 장서각.
장을연. 2010. "청대 조선왕실 책봉고명과 조선 교명의 형태 비교연구", 장서각 24. 135-168.

□ 성명 : 김양진
주소 : (130-701) 서울시 동대문구 경희대로 26 경희대학교 교수회관 312호
전화 : +82-2-961-2334
전자우편 : kimrj@khu.ac.kr

□ 이 논문은 2013년 12월 31일에 투고되어
2014년 1월 13일부터 2월 14일까지 심사하고
2014년 2월 28일 편집회의에서 게재 결정되었음.

2014年 國際譯學書學會 第6次 國際學術會議 日程

○ 主題: 譯學書의 文化史的 意義와 言語學的 考察
○ 日時: 2014年 3月 15日(土) ~ 3月 16日(日)
○ 場所: 中國 北京大學
○ 共同主催: 國際譯學書學會 · 北京大學 朝鮮文化研究所
○ 後援: 韓國學中央研究院, 韓國CJ集團 中國本社

3月 15日(土)	第1日次	*各 發表 30分
9:00 ~ 9:10	**開會式**	司會: 金亮鎭(慶熙大, 總務理事)
	開會辭	梁伍鎭(德成女大, 國際譯學書學會長)
	歡迎辭	王 丹(北京大, 朝鮮文化研究所長)
9:10 ~ 10:00	**基調講演**	司會: 李商赫(漢城大)
°鄭 光(高麗大, 名譽敎授)	"訓民正音和元音和諧"	
10:00 ~ 10:10	**寫眞 撮影**	
10:10 ~ 12:10	**午前 發表**	座長: 太平武(中央民族大)
°張 敏(北京大)	"中韓譯學機構的近代變遷"	
°金文京(京都大)	"朴通事二則一成書年代以及與元曲的關係"	
°張西平(北京外大)	"近代以來漢籍西學在東亞的傳播研究"	
°金 蘭(北京大)	"朝鮮朝大典與司譯院譯學政策"	
12:10 ~ 13:40	**中 食**	
13:40 ~ 15:10	**午後 發表 1**	座長: 金文京(京都大)
°汪維輝(浙江大)	"《老乞大新釋》與《重刊老乞大》的關係之謎"	
°孟柱億(韓國外大)	"老乞大 譯文을 通해 본 朝鮮 譯者의 中國語 統辭規則 把握上의 偏差"	
°姚 駿(北京大)	"《老乞大諺解》元音音變研究"	
15:10 ~ 15:30	**休 息**	
15:30 ~ 17:30	**午後 發表 2**	座長: 張 敏(北京大)
°竹越 孝(神戸外大)	"這個台詞是哪一方說的?——近代以前東亞會話教材的說話者標記"	
°趙 杰(北京大)	"韓滿語同源詞音變軌跡探析"	
°烏雲高娃(中國社會科學院)	"朝鮮司譯院蒙學 及《蒙語類解》"	

◦陳崗龍(北京大)	"關於 ≪蒙語老乞大≫ 的幾個問題"
17:30 ~ 17:50	**國際譯學書學會 總會**
17:50 ~	**晚　餐**

3月 16日(日)	第2日次	**・各 發表 30分**
9:00 ~ 10:30	**午前 發表 1**	座長：金靑龍(中央民族大)
◦任玉函(浙江財經大) "會話書≪騎著一匹≫系列中的東北方言成分分析"		
◦何華珍(浙江財經大) "國際俗字與國別俗字—基於漢字文化圈的視角"		
◦太平武(中央民族大) "語言對比與中國語教學—以韓中語言對比爲中心"		
10:30 ~ 10:40	**休　息**	
10:40 ~ 12:10	**午前 發表 2**	座長：孟柱億(韓國外大)
◦鄭光・李宅善(高麗大·成均館大) "朝鮮 前期 中國 歸化人들의 役割-言語標準의 變化 와 外交 標準 領域에서의 活動을 中心으로-"		
◦李雪濤(北京外大) "作爲直毛種語言之一的漢語—19世紀人種語言學家弗里德里希・ 穆勒對漢語的認識"		
◦吳格非(中國礦業大) "≪楊貴妃≫：大唐鄕愁里的愛情悲劇"		
12:10 ~ 13:40	**中　食**	
13:40 ~ 15:10	**午後 發表 1**	座長: 竹越 孝(神戸外大)
◦岸田文隆(大阪大學) "対馬宗家文書朝鮮語ハングル書簡類の解読作業について"		
◦朴眞完(京都産業大) "草梁語學所의 朝鮮語 教育 方式 研究-≪復文錄≫의 分析을 通해"		
◦金裕正(高麗大) ≪交隣須知≫의 連結語尾 分布에서 나타나는 言語 敎材로서의 特徵 研究"		
15:10 ~ 15:30	**休　息**	
15:30 ~ 17:00	**午後 發表 2** 座長: 李承妍(世宗大)	
◦金亮鎭・余彩麗(慶熙大) "≪朴通事≫ 內 難解 漢語의 語彙史的 研究"		
◦但明潔(慶熙大) "中韓漢字語分類詞歷史的 研究-以動物性分類詞爲中心"		
◦徐炳國・金日煥(全北大·高麗大) "≪飜譯老乞大≫의 中世 韓國語에 對한 計量的 研究"		
17:00 ~ 17:20	**閉會式**	社會: 金亮鎭(慶熙大, 總務理事)
17:20 ~	**閉會 晚餐 (韓國CJ集團 中國本社 提供)**	

국제역학서학회 임원 현황 (학회 조직)

顧問 : 姜信沆(成均館大 名譽敎授), 鄭光(高麗大 名譽敎授)
會長 : 梁伍鎭(德成女大)
副會長 : 金文京(日本 京都大), 朴在淵(鮮文大)
監事 : 鄭丞惠(水原女大)

總務理事 : 金亮鎭(慶熙大), 遠藤光曉(日本 靑山學院大)
硏究理事 : 權仁瀚(成均館大), 岸田文隆(日本 大阪大)
出版理事 : 李承姸(世宗大), 竹越孝(日本 愛知県立大)
財務理事 : 朴美英(國立國語院), 朴眞完(日本 京都産業大)
涉外理事 : 張香實(尙志大), 廣剛(東서울大)
情報理事 : 徐炯國(全北大), 曹瑞炯(中國社會科學院)
地域理事 : 伊藤英人(日本 東京外大), 苗春梅(中國 北京外大)

編輯委員會

編輯委員長 : 鄭光(高麗大)
編輯委員 : 中國語-金文京(京都大), 梁伍鎭(德成女大)
          日本語-藤本幸夫(京都大), 福井玲(東京大)
          韓國語-李賢熙(서울大), 金亮鎭(慶熙大)
          英語-Ross King(UBC)

國際譯學書學會 會則

제1장 總則

제1조(名稱) 本會는 '國際譯學書學會'라 稱한다.

제2조(目的) 本會는 譯學書 研究를 통하여 韓國語, 中國語, 日本語, 滿洲語, 몽골語의 歷史와 言語를 통한 東아시아의 歷史·文化의 제반 교류 과정을 밝힘으로써 東아시아학의 發達에 寄與하는 것을 目的으로 한다.

제3조(事務所) 本會의 事務所는 會長의 勤務處에 두는 것을 原則으로 하되, 會長의 有故時 總務理事의 勤務處에 둘 수 있다.

제2장 事業

제4조(事業) 本會의 目的을 達成하기 위해 다음의 事業을 한다.
    1. 學會誌 <譯學과 譯學書>의 刊行
    2. 每年 國際學術大會 開催
    3. 譯學 資料의 發掘, 調査, 整理, 影印, 出版과 情報化하는 일과 譯學書 을 통한 言語史 및 言語·文化 交流史를 연구하는 일을 수행한다.
    4. 其他 本會의 目的 達成에 필요한 사업을 수행한다.

제3장 會員

제5조(會員) 本會의 會員은 다음과 같다.
    1. 顧問 : 본회와 譯學書 관련 학문의 발전에 功이 뚜렷하여 총회의 추대를 받은 분.

2. 正會員 : 本會의 目的에 찬동하는 석사 이상의 학력과 경력을 갖춘 사람.

3. 準會員 : 本會의 目的에 찬동하는 사람.

4. 機關會員 : 本會의 目的에 찬동하는 각급 기관이나 단체.

5. 名譽會員 : 本會의 目的에 찬동하여 발전을 도운 사람으로 運營委員會의 推戴를 받은 분.

제6조(加入 節次) 本會의 會員이 되고자 하는 者는 所定의 會費와 함께 入會願書를 本會에 提出하여 總會의 同意를 받아야 한다.

제7조(資格 喪失) 會員이 정당한 사유 없이 소정회비를 3년 이상 납입하지 않을 때에는 그 자격을 상실한다.

제8조(脫退) 회원은 본인의 의사에 따라 자유로이 본회를 탈퇴할 수 있다.

제9조(除名) 본회의 명예를 훼손하거나 본회의 목적에 위배된 행위를 한 사람은 운영위원회의 의결로 제명할 수 있다.

제10조(權限과 義務) 본회의 회원은 다음 각 호에 해당하는 權限과 義務를 갖는다.

1. 任員 選出 및 被選擧權 : 正會員 및 準會員, 名譽會員은 總會의 構成員이 되며, 임원 선출 및 피선거권을 갖는다.

2. 회비 납입의 의무 : 顧問과 名譽會員을 제외한 모든 회원은 소정의 회비를 납입하여야 한다.

第4章 任 員

제11조(任員) 本會는 다음의 任員을 둘 수 있다.

1. 會長 1인
2. 副會長 2인
3. 總務理事 2인
4. 硏究理事 2인
5. 出版理事 2인

6. 財務理事 2인
7. 涉外理事 2인
8. 情報理事 2인
9. 地域理事 若干名

제12조(任務)

1. 會長은 學會를 代表하고 會務를 總括하며 運營委員會와 總會를 소집하여 그 議長이 된다.
2. 副會長은 會長과 함께 學會를 代表하고 會長의 有故時 會長의 役割을 代理한다.
3. 總務理事는 회원의 연락 및 서무에 관한 사항을 주관한다.
4. 硏究理事는 연구발표회를 비롯하여 연구에 관한 사항을 주관한다.
5. 出版理事는 학회지 편집 및 출판 업무와 기타 학회 도서 출판과 관련한 사항을 주관한다.
6. 財務理事는 재정에 관한 사항을 주관한다.
7. 涉外理事는 본회의 섭외 활동을 주관한다.
8. 情報理事는 본회의 홈페이지 관리 및 홍보 업무를 주관한다.
9. 地域理事는 각국에서의 학회 홍보를 담당하고 해당국에서 진행되는 학술대회를 총무이사와 공동으로 추진한다.

제13조(選出 및 任命) 회장은 정기총회에서 선출하며, 이사는 회장이 임명한다.
제14조(任期) 임원의 임기는 선출 및 선임된 해의 10월 1일부터 2년으로 하되 동일 직위에 대한 연임은 1차에 한한다.

제5장 監 事

제15조(監事) 本會의 활동 및 업무 전반에 관한 監査를 위하여 2인 이내의 監事를 둔다.

제16조(權限과 義務) 監事는 다음 각 호의 권한과 의무를 갖는다.

1. 운영위원회 및 편집위원회에 대해 본회의 활동 및 업무 전반에 대해
   감사하기 위한 자료의 제출을 요구할 권한을 갖는다.
2. 운영위원회 및 본회의 각종 위원회에 참석할 권한을 갖는다.
3. 연1회 이상 회계를 감사하여 그 결과를 정기총회에 보고한다.

제17조(選出) 감사는 정기총회에서 선출한다.

제18조(任期) 감사의 임기는 2년으로 한다.

제6장 會 議

제1절 總會

제19조(總會) 본회는 회무에 관한 중요한 사항을 의결하기 위하여 총회를
　　　　둔다.

제20조(種類) 총회는 정기총회와 임시총회로 나눈다.

제21조(召集) 정기총회는 定期學術大會 시 召集하는 것을 原則으로 하며
　　　　임시총회는 회장 또는 운영위원 과반수, 또는 회원 5분의 1 이상의
　　　　요구에 의하여 소집한다.

제22조(成立과 議決) 총회는 참석인원으로 성립되며 참석인원 과반수의 승
　　　　인으로 의결한다.

제23조(權限) 총회에서는 다음 사항을 의결, 승인 또는 동의한다.

1. 회칙의 개정 및 보완, 내규의 제정과 개정
2. 고문 추대에 대한 동의
3. 회장, 부회장, 감사의 선출
4. 회원의 입회 및 제명처분에 대한 동의
5. 입회비 및 연회비의 책정과 재정에 관한 사항 승인
6. 기타 회무에 관한 중요사항

제2절 運營委員會

제24조(設置) 본회의 중요한 업무 및 방침 등에 관하여 심의, 의결하기 위하

여 운영위원회를 둔다.

제25조(構成) 운영위원회는 임원 전원, 고문, 감사 및 본회의 업무 추진을 위하여 필요하다고 판단되는 회원을 포함한다.

제26조(召集) 운영위원회는 회장 또는 운영위원 3분의 1 이상의 요구에 의하여 소집한다.

제27조(權限) 운영위원회에서는 다음 사항을 심의 또는 의결한다.

1. 회칙의 변경 및 내규의 제정에 관한 사항
2. 고문 추대에 관한 사항
3. 회원의 입회 및 제명에 관한 사항
4. 입회비 및 연회비의 책정과 재정에 관한 사항
5. 학회지의 편집 및 발행과 출판에 관한 제반 사항
6. 회원의 연구윤리 위반 및 그에 따른 징계에 관한 사항
7. 기타 필요한 사항

제7장 財 政

제28조(財政) 본회의 재정은 入會費, 年會費, 寄附金과 각종 수입금으로 충당한다.

제29조(會費의 策定) 입회비 및 연회비 책정에 관한 사항은 운영위원회의 의결과 총회의 승인에 따라 시행한다.

제30조(會計年度) 본회의 회계연도는 10월 1일부터 다음해 9월 말일까지로 한다.

제8장 學會誌 發行 및 論文의 投稿와 審查

제31조(學會誌 名稱) 본회의 학회지는 『역학과 역학서』로 칭한다. 본 학회지의 한자 표기는 『譯學과 譯學書』로 하고 영문 표기는 *Journal of the Study of Pre-modern Multilingual Textbooks (JSPMT)*로 한다.

제32조(학회지 발행 횟수 및 발행일자) 학회지는 연1회 3월 30일에 발행한
다. 단, 회칙의 개정을 통해 연 2회 이상의 발행을 결정할 수 있다.

제33조(학회지 논문의 투고·심사·편집) 본 학회에서 발행하는 학회지에
게재하는 논문의 투고 및 심사와 편집 등에 관한 제반 사항은 "학회지
논문의 투고와 심사에 관한 규정"에 따른다.

제34조(편집위원회)

1. 편집위원회는 한·중·일·영어 언어권별로 각 2인 이하로 구성하
며, 연구이사와 편집이사는 당연직으로 한다.

2. 편집위원장은 학회 회장이 학계의 권위자를 위촉한다.

3. 편집위원은 편집위원장의 제청으로 회장이 위촉한다.

4. 편집위원은 해당 학문 분야에 대해 연구 업적이 충실하고 연구 활동
이 활발한 사람으로 하며, 대학의 부교수급 이상으로 한다.

5. 편집위원회의 임무는 편집방침에 따른다.

6. 정기 편집위원회는 학회지 발간 30일 전에 소집한다. 단, 필요에 따
라 편집위원장이 임시 편집위원회를 소집할 수 있다.

부칙 제1호 제1조 본 회칙은 2009년 11월 13일부터 시행한다.

제2호 제1조 본 회칙은 2013년 10월 1일부터 시행한다.

학회지 논문의 편집 방침

국제역학서학회 학술지 <역학과 역학서>의
출판 방안과 편집 세부 방침

2013년 8월 3일에 개최된 역학서 학회의 총회에서 학회 명칭을 '國際譯學書 學會 (Association for the Study of Premodern Multilingual Textbooks (ASPMT)로 하고 이곳에서 발간하는 학회지는 Journal of the Study of Premodern Multilingual Textbooks (JSPMT)로 정하면서 이 학회에서 간행 하는 학술지에 대하여 다음과 같은 사항을 논의하였다.

현재 한국에서는 모든 학술지 가운데 등재(후보)지를 따로 선정하여 韓國學 術 振興財團(현재 韓國硏究財團의 前身)에 등록하게 하고 각종 지원의 기준으 로 삼는 제도를 운영 중이다.

초창기에는 亂麻와 같이 얼크러진 각종 학술지를 체계적으로 정리하고 여 기저기 亂立한 학회를 정비하기 위한 것이었다. 따라서 어느 정도 규모의 학회 지가 아니면 재단 등재지로 신청할 수 없었으므로 초기에는 효과적이었다는 평가를 받았다. 그러나 날이 갈수록 학회는 늘어가고 그에 따라 제도는 심화되 었으며 각종 규제가 누적되어 이제는 도저히 걷잡을 수 없는 비대한 恐龍의 조직과 같이 되어 버렸다.

학회를 정비하기 위해서는 그 학회에서 간행하는 학술지에 대한 평가가 중 요한 잣대가 되었다. 이에 따라 학회지를 규제하는 여러 가지 제도가 계속해서 마련되었는데 그로 인해 많은 부작용을 낳게 되었다. 이 가운데 가장 폐해가 큰 것은 논문의 사전심사라고 할 수 있다.

현재 한국연구재단의 등재 및 등재후보지의 간행에서는 학술지에 투고된 논문을 반드시 동일분야, 또는 유사분야의 권위자에게 3인 이상의 심사를 거치는 것을 의무화하고 있다. 물론 취지는 해당 분야의 권위자에게 논문의 질과 정확성, 신뢰성을 검증하자는 것이었으나 이러한 제약은 실제로는 심사자들의 주장에 위배되는 논문이나 기존의 이론과 상반되는 주장을 사전에 걸러내는 역할도 없었다고 하기 어렵다. 이것은 학문의 자유와 새로운 학술연구의 발전에 상당한 장애가 되었다.

자신의 이름으로 게재하는 논문은 그 내용에 대하여 필자가 무한 책임을 지게 되는 것이므로 본 학회의 편집위원회에서는 이러한 논문심사는 사전 검열의 성격 이외에는 별다른 의미가 없다고 보아 다음과 같은 방침으로 게재논문의 투고 및 심사 규정을 개정한다.

1. 투고 및 발행일:
  1) 논문의 투고 기한은 매년 12월 말로 한다.
  2) 논문은 한국어, 중국어, 일본어, 영어 중 하나의 언어로 작성할 수 있다.
  3) 투고된 논문은 편집위원회의 심의를 거쳐 이듬해 3월 31일에 발행하는 학회지에 수록하는 것을 원칙으로 한다.

2. 심사: 해당 분야 전문가의 사전 심사는 생략한다. 다만 편집위원회 전체회의에서 1) 투고자격, 2) 논문 분량, 3) 학회지와의 관련성 항목만 심사한다.
  1) 투고자격은 석사학위자 이상으로 한다.
  2) 논문 분량은 A4 20매, 원고지 200매 내외로 하고 지나치게 많은 경우 조절한다.
  3) <역학서(Premodern Multilingual Textbooks)>에 관련된 주제를 다룬 논문으로 제한한다.
  4) 많은 논문이 투고되었을 경우 투고자격과 역학서와의 관련성에 의거하여 편집위원회에서 선정한다.
  5) 편집위원장은 원고 마감일 이후 1개월 이내에 편집위원회를 소집하고 투고자에게 논문 게재 여부를 통고한다.

3. 원고형식:

　　1) 전체 형식은 다음의 배열을 따른다.

　　　　제목-필자명(소속)-요약-핵심어-본문-참고문헌-필자사항

　　2) 요약은 A4 한 장 내외의 요약으로 본문의 언어와 다른 세 언어 중 한 가지의 언어로 작성하면 된다.(예: 한국어 논문-영어, 일본어, 중국어 요약문 중 택1 / 영어 논문-한국어, 일본어, 중국어 요약문 중 택1)

　　3) 원고는 자신의 논문을 가장 잘 표현할 수 있는 논문작성법으로 작성하고 원고형식에 특별한 제한을 두지 않는다. 다만 출판사에서 최종적으로 학술지를 편집할 때에 가장 일반적인 작성법을 사용할 수 있다.

The publication plan and specific editing methods
of *Journal of the Study of Premodern Multilingual Textbooks*
of The Association for the Study
of Premodern Multilingual Textbooks

In the general assembly of the Association for the Study of Premodern Multilingual Textbooks, held on August 3rd 2013, the name of the association was decided as Association for the Study of Premodern Multilingual Textbooks (ASPMT) and the name of the journal was decided as Journal of the Study of Premodern Multilingual Textbooks (JSPMT), and the following was discussed about the journal issued by the association.

Currently in Korea, the articles for publication or for candidacy for any research journals are to be selected and registered in Korea Research Foundation (which is the former form of the current National Research Foundation of Korea), and there are systems prepared for providing various support. This was initially designed to systematically organize chaotic journals and random associations.

Therefore, associations that did not reach certain scale could not apply their journals to be registered in the Foundation, and it was considered effective in the beginning. However, the number of journals increased as days went by while the systems intensified and regulations accumulated accordingly, and now it has become an uncontrollably large organization as a Leviathan.

To organize associations, the research journals issued by the associations have become the most important standard for evaluation. Thus, more and more systems have been created to regulate journal issues which led to more side effects. Among these, the biggest problem has been the preliminary review of the articles.

The preliminary review of articles, mandated for all journal publications, require the articles submitted to journals to be reviewed by three or more experts in the same or similar filed of research. Of course, the purpose of this is for the experts to verify the quality, accuracy, and reliability of the articles, but in reality, there have been cases in which the articles that conflicted with the arguments of the experts or that contradicted the existing theories were filtered out in the process. This has become a great obstacle to the freedom of learning and the development of new academic research.

Since the authors have unlimited liability for the articles issued under their names, the Editing Committee of this Association has decided that preliminary review has no value other than the function of pre-censorship, and so the articles will be selected by the following policy.

1. Evaluation: Preliminary review of the experts of the related fields of study will be omitted.

   However, in the general meeting of the Editing Committee, 1) qualification of the submission 2) quantity of the articles, and 3) relationship with the journal will be evaluated.

   1) Those with Master's degree or above qualify for the submission.
   2) The article should be around 20 A4 size pages or 200 pages of manuscript paper, and should be adjusted if exceeds the limit.
   3) The submissions are limited to the topics related to *Old Multilingual Textbooks*.
   4) When there are many submissions, the Editing Committee will make selections based on the qualification of submission and the relevancy to the *Old Multilingual Textbooks*.
   5) Within one month after the application process, the Editing Committee will convene, and the result of the submission will be notified to the

applicants.

2. Acceptable languages for the articles: Korean, Japanese, Chinese, English

3. Format of the Articles
   1) The overall format should follow the following arrangement.
      Title - Name of the author (Affiliation) - Abstract - Key words - Main text - References - Notes/Contact Information about the author
   2) The abstract should be around 1 A4 page, written in any one of the three acceptable languages other than the language used in the main text. (e.g. Korean article - 1 choice of English, Japanese, or Chinese abstract / English article - 1 choice of Korean, Japanese, or Chinese abstract)
   3) The article should be written in any article style that demonstrates the best qualities of the article, and there are no specific limits. However, the publisher may use the most general style when making final editions to the journal.

〈The Editorial Staffs of JSPMT〉

Chinese Language - Prof. Kin, Bunkyo(Kyoto Univ.)
Prof. Yang, O-jin(Duksung Womens Univ.)
Japanese Language- Prof. Fujimoto, Yukio(Kyoto Univ.)
                  Prof. Fukui, Rei(Tokyo Univ.)
Korean Language- Prof. Lee, Hyun-hee(Seoul National Univ.)
                Prof. Kim, Ryang-jin(Kyunghee Univ.)
English - Prof. Ross King(UBC, Canada)
Editor-in Chief - Chung, Kwang(Korea Univ.)

訳学書学会の学術誌『訳学書研究』の
出版及び具体的な編集方針について

　2013年8月3日に開催された訳学書学会の総会で、学会の名称を「国際訳学書学会」(Association for the Study of Premodern Multilingual Textbooks: ASPMT)とし、この学会から発刊される 学会誌『訳学と訳学書』を『訳学書研究』(Journal of the Study of Premodern Multilingual Textbooks:JSPMT)へと改名することが決められ、その際にこの学術誌について、次のような論議が行われた。

　現在、韓国では、すべての学術誌の中から「登載誌」、または「登載候補誌」を選定し、韓国学術振興財団(現在の韓国研究財団の前身)に登録させ、各種支援に当たるという制度が設けられている。創始期においては、乱麻のごとく絡まっていた各種学術誌を体系的に整理し、乱立していた学会を整備するという趣旨のものであった。
　これは、ある程度の規模のある学会誌でなければ、財団に登載誌として申し込むことができなかったので、当初においては効果的だったという評価を受けていた。しかし、日増しに学会は増えていき、それに伴って制度による各種の規制が累積し、今はもう到底取り留めようもない、恐竜のような肥大化した組職になってしまったのである。
　学会を整備する際、それぞれの学会を評価するための最も重要な物差しとなったのはその学会から刊行される学術誌であった。そのために、現在、学会誌を規制する様々な制度が設けられており、またそれによる多くの副作用も生じている。その中でも最も大きな弊害は論文の事前審査だと言える。
　現在、すべての学術誌はその刊行において掲載論文への選定審査が義務付けられており、学術誌に投稿された論文は必ず同一分野、または類似分野の権威者で構成された三名以上の審査委員による審査を通さなければならないと規定されている。もちろん、その趣旨は各分野の権威者に論文の質や正確

性、信頼性を検証してもらうところにあるが、実際は自分と反対の主張を展開する論文や既存の理論と相反する主張を事前に取り除く機能をしていることも完全には否定できない。これが学問の自由と新しい学術研究の発展において大きな障害となっているのである。

　自分の名前で掲載する論文はその内容に対して筆者自身が無限責任を負うことになっているので、本学会の編集委員会では、このような従来における論文審査を事前検閲の性格以外は特別な意味を持たないものとして見なし、下記のような方針によって掲載論文を選定する。

1. **審査**: 該当分野の専門家による事前審査は省略する。

　　ただし、1)投稿資格、2)論文の分量、3)学会誌との関連性については編集委員会の全体会議で審 査を行う。

　1) 投稿資格は原則として修士以上の学位を有する者とする。

　2) 論文の分量はA4用紙20枚・400字づめ原稿用紙100枚前後とし、多すぎる場合は調整する。

　3)「訳学書」(Premodern Multilingual Textbooks)関係の主題を扱った論文に制限する。

　4) 投稿された論文が多い場合、投稿資格や訳学書との関連性に基づいて編集委員会で選定する。

　5) 投稿の締め切り日から1ヶ月以内に編集委員会を召集し、投稿者に掲載の可否を通知する。

2. **論文作成の言語**: 韓国語、日本語、中国語、英語

3. **原稿形式**
　1) 全体的形式は次の順序に従うこと。
　　題目→筆者名(所属)→要約→キーワード→本文→参考文献→筆者に関する事項
　2) 要約はA4用紙1枚程度にまとめる。要約を作成する際は、上記の言語の

中で本文の言語と異なる一つ　の言語を選んで作成すること。(例: 韓国
語論文の場合は英語、日本語、中国語の中から一つを選ん　で要約文を
作成する。英語論文の場合は韓国語、日本語、中国語の中から一つを選
んで要約文を作成する。)

3) 論文作成法に関しては制限を設けないので、自分の論文に最もふさわし
い方法で作成すれば良いだろう。ただし、最終的に出版社によって学術
誌が編集される際に、最も一般的な作成法が取られ　ることはある。

─── 〈國際譯學書學會 編輯委員〉 ───────
中國語- 金文京(京都大)、 梁伍鎭(德成女大)
日本語-藤本幸夫(京都大)、福井玲(東京大)
韓國語-李賢熙(서울大)、金亮鎭(慶熙大)
英語- Ross King(UBC)、
委員長-鄭光(高麗大)

对译学书学会学术刊物≪译学书研究≫的
出版方案与具体编辑方针

在2013年8月3日举办的译学书学会总会中指定名称为"国际译学书学会
(Association for the Study of Premodern Multilingual Textbooks
(ASPMT))"，并将在此发行的学会刊物指定名称为"Journal of the Study of
Premodern Multilingual Textbooks (JSPMT)"。对本协会发行的学术刊物相
关如下事项进行讨论。

现今在韩国，将所有学术刊物均选定为刊登或刊登候补，在韩国学术振兴财
团 (现今韩国研究财团的前身) 进行登记，并成立各种相关支援制度。这是为
了将过去错综复杂的各种学术刊物进行体系化的整理，并将四处胡乱设立的学
会进行整合。

因此如果不是有一定规模的学会刊物，就不能申请财团刊物。这种方法在初
期得到好评。但随着时间推移学会增加，其制度也因此变得更加深化。各种制
约积累下来到现在已经成为无法控制的庞大如恐龙般的组织。

为了整理学会，各学会中发行的学术刊物成为最重要的评价尺度。还有持续
形成诸多制约及由此引发了很多副作用。可以说其中问题最大的就是论文的事
前审查。

在所有学术刊物发行中，对刊登论文的事前审查事项上，规定投稿到学术刊
物的论文必须经过同一领域及类似领域的3名以上权威人士的审查。当然这是
为了各领域权威者保证论文的质量与正确性及信赖性的过程，但实际上也有可
能起到权威者预先筛除违背自己主张的论文或与原有理论相异的主张的作用。
这对学问的自由与新学术研究的发展成为相当严重的阻碍。

对于以自己的名字刊登的论文，笔者须对其内容负无限责任。因此本学会的
编辑委员会判断这种对论文审查除了事前检阅的性质之外毫无任何意义，所以
选定如下方针:

1. 审查：省略各领域专家的事前审查。

但在编辑委员会总会上只对1) 投稿资格2) 论文分量3) 对与学会刊物的关联性项目进行审查。

1) 投稿资格上需要硕士以上学位。

2) 论文分量为A4纸 20张、原稿纸200张左右，过多时进行调整。

3) 只限于与《译学书（Old Multilingual Textbooks）》相关主题的论文。

4) 投稿论文较多时，根据投稿资格和与译学书的关联性由编辑委员会选定。

5) 论文征集期间之后在一个月以内应召集编辑委员会，给投稿者下达论文刊登与否的通知。

2. **论文制作语言**：韩国语、日本语、中国语、英语

3. **论文形式**

1) 整体形式上按照如下排列顺序：

题目-作者名称（所属单位）-摘要-关键词-正文-参考文献-作者事项

2) 摘要在一张A4纸左右范围内进行，并使用与正文不同的上述三个语言中的任何一个语言撰写即可。（例如：韩国语论文；可在英语、日语、中国语中选一，英语论文；可在韩国语、日语、中国语中选一种语言撰写摘要。）

3) 选择最能表现自己论文的方法撰写论文，不设特别的限制。但最终在出版社编辑学术刊物时，可使用最普遍的编辑法。

譯學과 譯學書 第5號

發行日   2014年 3月 30日

發行處   國際譯學書學會
         (우) 130-701
              서울시 동대문구 경희대로 26
              경희대학교 교수회관 312호
         Tel .(02) 961 | 2334
         Fax .(02) 3408 | 4301
         e-mail: kimrj@khu.ac.kr

製作處   圖書出版 博文社
         Tel .(02) 992 | 3253
         e-mail: bakmunsa@hanmail.net
         http://www.jncbms.co.kr

ISBN 978-89-98468-32-3 94710   정가 16,000원